Ulrich F. Sackstedt

USA
Handbuch für Auswanderer

pietsch

Einbandgestaltung: Luis dos Santos
Titelbild: Günter Schliewert
Bildnachweis: s. Bildlegenden

Preise ändern sich schnell. Deshalb dienen die Preis- und Kostenangaben in diesem Buch lediglich der Orientierung. Der Leser wird gebeten, sich in jedem Einzelfall immer nach den aktuellen Preisen zu erkundigen.

Weder der Autor noch der Verlag oder seine Beauftragten können bei Verwendung dieses Handbuches einen erfolgreichen Bescheid über einen Antrag auf Bewilligung der Green Card, eines Einwanderungsvisums bzw. den Erwerb der US-amerikanischen Staatsbürgerschaft garantieren oder darauf in irgendeiner Weise Einfluss nehmen. In jedem Einzelfall entscheiden darüber ausschließlich die zuständigen Behörden der USA.

Eine Haftung des Autors oder des Verlages und seiner Beauftragten für Personen-, Sach- und Vermögensschäden ist ausgeschlossen.

ISBN 978-3-613-50600-8

1. Auflage 2009

Ein Unternehmen der Paul Pietsch-Verlage GmbH & Co.

Sie finden uns im Internet unter www.pietsch-verlag.de

Lektorat: Joachim Köster
Innengestaltung: Satz & mehr, R. Günl, 74354 Besigheim
Druck und Bindung: Graspo, CZ-76302 Zlin
Printed in Czech Republic

Ulrich F. Sackstedt · USA – Handbuch für Auswanderer

Inhalt

Vorwort

Das vorliegende Handbuch ist für Deutsche, Österreicher und Schweizer gleichermaßen geeignet, da sie alle dem deutschen Sprachraum angehören. Die in diesem Buch angegebenen Kontaktadressen von Institutionen, Vereinen und Personen sind somit für sie alle von Nutzen.

Dieses Buch, nunmehr das zweite des Autors in dieser Buchreihe, richtet sich an den Kreis all derjenigen Personen aus dem deutschsprachigen Mitteleuropa, die sich schon einmal Gedanken darüber gemacht haben, ob sie vielleicht lieber in die USA gehen sollten, um dort ihre beruflichen und privaten Ziele besser verfolgen oder eher erreichen zu können. Ganz sicher haben Sie, liebe Leser, schon so einiges über die USA gehört oder gesehen und möchten nun ihr Wissen in dieser oder jener Richtung erweitern. Viele von Ihnen werden schon ein oder mehrere Male als Touristen in den Vereinigten Staaten gewesen sein und auf diese Weise ein Stück weit in den »American way of live« eingedrungen sein, wozu wir auch dringend raten müssen.
Was werden Sie also von einem solchen Buch wie dem vorliegenden erwarten? Lassen Sie uns zunächst feststellen, was dieses Buch nicht sein kann. Dieses Buch will und kann kein neuer Reiseführer für die USA sein, es will sich aber auch nicht darin erschöpfen, den Leser mit endlosen Tabellen und Statistiken über die unterschiedlichsten Teilbereiche von Handel und Wirtschaft zu langweilen, deren Aussagewert für den individuellen Fall ohnehin nur begrenzt ist. Es kann auch nicht den Alltag in den USA in sämtlichen amerikanischen Bundesstaaten darstellen. Es kann keine Auskunft darüber geben, ob das Einkommen eines Mitarbeiters der IT-Branche mit bestimmter Vorbildung in Alabama höher ist als in Alaska. Es will auch nicht eine Aufzählung von Kontaktadressen sein oder eine mehr oder weniger amüsante Darstellung der Unterschiede zwischen europäischen und amerikanischen Lebensgewohnheiten. Und es kann letzten Endes auch kein Erfolgsrezept dafür wiedergeben, wie man am besten den Weg »nach oben« zurücklegt.
Dieses Buch kann nur eine Art Skelett sein, ein Grundgerüst aus Informationen unterschiedlichster Art, nach Lebensbereichen geordnet und aus

dem Blickwinkel des potentiellen Auswanderers in eine logische Reihenfolge gebracht. Es möchte Sie also ermuntern, dieses Skelett nun mit Fleisch zu füllen, mit persönlichen Daten anzureichern und das Ganze auf diese Weise zu einem lebendigen »Einwanderungsorganismus« zu machen. Schon dann hat es seinen Zweck erfüllt.

Noch ein Wort zur Aktualität: Natürlich ist es für einen solchen Ratgeber wie den vorliegenden ein selbstverständliches Erfordernis, so aktuell wie möglich zu sein. Bedenken Sie aber auch, dass in unserer schnelllebigen Zeit sich vieles von Tag zu Tag, von Woche zu Woche oder von Monat zu Monat ändert. Arbeitslosenzahlen, Aktienkurse, Benzinpreise, Immobilienwerte, Adressen und Telefonnummern sind keine festen Größen. Insofern ist Nachsicht erbeten, wenn manche Daten sich nach Erscheinen dieses Buches schon wieder verändert haben. Um das Buch nicht zu schnell veralten zu lassen, hat der Autor bewusst nur so viel kurzlebige Information darin untergebracht, wie zur Darstellung bestimmter Sachverhalte unbedingt nötig erschien.

Wenn es seinen Zweck erfüllen soll, muss ein Buch wie dieses so allgemein wie möglich und so differenziert wie nötig gehalten sein. Dann wird es seinen vorgegebenen Umfang nicht überdehnen und seinen geistigen Rahmen nicht überfordern. Es kann zum Beispiel Beschreibungen über bestimmte Segmente der Wirtschaft geben, es kann aber nicht auf die speziellen Interessen jeder einzelnen Berufsgruppe in einem bestimmten Zielgebiet eingehen.

Versuchen Sie also, liebe Leser, den vorliegenden Ratgeber als Leitfaden für die von Ihnen anvisierte Zukunft in den USA zu nutzen und holen Sie sich damit Ihr eigenes Stück aus dem großen amerikanischen Kuchen.

Vielleicht werden Sie schon bald Worte vernehmen wie:

»Hi, where are your from? From Germany? How are you doing? Did you have a nice time here?« – freundliche Worte, die mir ein Student in der Hitze eines Augusttages im Zentrum von Hartford/Connecticut sagte, als ich als Tourist ihn nach dem imposanten Gebäude der Staatsregierung fragte.

Und der freundliche Polizist in der City bot mir und meiner Bekannten an, für ein Foto hinter ihm auf seinem Polizeimotorrad Platz zu nehmen.

The police always helps you and gives you assistance ...

Vorwort zur 2. Auflage

Nun sind schon einige Jahre seit Erscheinen der 1. Auflage vergangen, und so wurde es erforderlich, Veränderungen in den Visumbestimmungen zu berücksichtigen sowie weitere Aktualisierungen vorzunehmen. Darüber hinaus haben wir weniger Wichtiges fortgelassen.
Hoffen wir nun, dass die finanziellen und politischen Auswirkungen des Irakkrieges und der jüngsten Bankenzusammenbrüche mittelfristig nicht so drastisch sein werden, dass Einwanderer vor einem Umzug in die USA zurückschrecken. Es zeigt nur, dass in den USA – wie auch anderswo – durch irrationale Gewinnsucht eine dünne Eisdecke auf dem See der unkontrollierbaren Finanzströme geschaffen wurde, in die die schwergewichtigsten nun zuerst einbrechen. Beruhigend zu sehen, dass jenseits des großen Teiches auch nur mit Wasser gewaschen wird.
Aber der Geist der Gründerzeit, in der sich Abertausende aufmachten, um politischen, religiösen und wirtschaftlichen Bevormundungen in Europa zu entgehen, wirkt auch heute noch und lockt nicht ohne Grund Menschen aus aller Welt in die Vereinigten Staaten von Amerika, auch wenn die Möglichkeiten inzwischen nicht mehr unbegrenzt sind. Wer fleißig und anpassungsfähig ist, wird es immer noch schaffen.
Das Thema »Auswandern« hat mittlerweile durch die entsprechenden Sendungen einiger privater deutscher TV-Sender zu einer neuen Popularität gefunden, obgleich wir dazu sagen müssen, dass dort manches in einem eigenartigen Licht erscheint, wenn man als Fernsehzuschauer mitbekommt, wie unvorbereitet Frau Hinz und Herr Kunz ins Ausland gestartet sind und welches Glück Familie Blauauge mit ihrem geringen Startkapital hatte.
Oft wird an diesen Beispielen deutlich, dass Auswandern eben mehr ist als eben mal den Kontinent zu wechseln, wie es in diesen Sendungen oft den Anschein hat. Oft hängt die gesamte Existenz an einem einzigen gemachten Fehler. Es ist so ähnlich wie bei einer Lebensgemeinschaft: Normalerweise heiratet man nicht, um sich nach ein oder zwei Jahren wieder scheiden zu lassen. Und wer auswandert, will nicht nach kurzer Zeit zurückkommen und sagen müssen: Ich habe es nicht geschafft. Deswegen gibt es dieses Buch nun in einer Neuauflage.
Wir wünschen allen Auswanderungswilligen Optimismus und Erfolg auf der ganzen Linie!

Verden, im Oktober 2008

1. Vorbereitung der Einwanderung

1.1 Warum auswandern in die Vereinigten Staaten?

»Vom Tellerwäscher zum Millionär«, »Land der unbegrenzten Möglichkeiten« oder »der amerikanische Traum« – dies sind die wohl bekanntesten Schlagworte über einen Kontinent, die aus der Sicht träumender Einwanderer oder von ihren Heimatländern enttäuschter Emigranten einst erfunden wurden. Worte, die mit der nordamerikanischen Realität meist genauso viel oder genauso wenig gemein haben wie die vorfreudigen Gefühle, Erwartungen und Zukunftshoffnungen von Millionen von Menschen, die dieses großartige Land seit nunmehr 200 Jahren besiedelten, zu ihrer neuen Heimat machten und noch immer machen. Dennoch waren die meisten von ihnen erfolgreich, weil sie es verstanden, sich den neuen Gegebenheiten, die sie vorfanden, anzupassen, um schließlich mehr daraus zu machen, ein Stückchen persönliches Amerikas dazuzubauen.

Welche Gründe nun führen überhaupt dazu, auszuwandern und sein Glück in der Fremde zu suchen? Waren es in früheren Zeiten ganz überwiegend in der Heimat nicht geduldete Glaubensbekenntnisse oder schlicht die wirtschaftliche Not, so wandelte sich das Bild der Einwanderungsgründe in der jüngsten Vergangenheit erheblich. Womit wir wieder beim amerikanischen Traum wären.

Denken wir einmal an Männer wie Johann Jakob Astor, der seine süddeutsche Heimat als blutjunger Mann im 19. Jahrhundert verließ, um den in Nordamerika lebenden Indianern und den weißhäutigen Fallenstellern ihre Felle abzukaufen, um damit Geld zu »machen«, dann ist dieser amerikanische Traum in Erfüllung gegangen. Seit langem schon prangt in der Eastside Midtown Manhattan an der Park Avenue Ecke East 50th Street ein Hotel, das seinen Namen trägt: das Waldorf-Astoria, Ausdruck des persönlichen Erfolges und unablässigen Ehrgeizes dieses ungewöhnlichen deutschen Aufsteigers. Sogar eine Zigarettenmarke wurde nach Astor benannt.

Wie sieht es nun heute aus? Welche Gründe haben (mehr oder weniger) junge Menschen, jenseits des »großen Teiches« etwas Neues zu versu-

chen? Nach dem Zweiten Weltkrieg waren es wieder einmal wirtschaftliche Gründe, die sie antrieben. Da war nicht nur Amerika, sondern auch Australien und Südafrika das Ziel ihrer Träume. Wohin man auch ging, es konnte woanders nur besser sein.
Ich erinnere mich an Schüler meines Vaters, die in den 50er Jahren aus unserem kleinen Dorf bei Helmstedt in die USA und nach Kanada gingen und dort mit ihrer einfachen aber soliden Volksschulbildung schon nach wenigen Jahren ihre beruflichen Karriereleitern emporstiegen. Viele erhaltene Briefe legen beredtes Zeugnis davon ab.
Seitdem haben sich die Zeiten gewandelt, dennoch aber sind es noch heute ähnliche Gründe, die Menschen auf die Idee bringen, auszuwandern: berufliche wie auch persönliche Ziele, unge(be)hinderte Entwicklungsmöglichkeiten, Selbständigkeit und Selbstverantwortung, der Wille zu Glück und Erfolg, »make money«.
All dies wird – vereinfacht ausgedrückt – mit einer Zukunft in den USA gleichgesetzt. Ich möchte aber schon hier vor falschen Erwartungen warnen, denn all die bekannten Slogans, die über die Vereinigten Staaten geprägt wurden, beruhen auf Simplifizierungen und Verallgemeinerungen. Letzten Endes muss jeder Einzelne seinen ganz individuellen Auswanderungsweg finden und gehen und oft mit großer Härte gegen sich selbst, mit Selbstbeherrschung und zäher Ausdauer sein Ziel – in den USA erfolgreich Fuß zu fassen – verfolgen. Nur Wenigen wird eine Auswanderung leichtgefallen. Am leichtesten ist immer noch der Weg allein oder zu zweit, mit Kindern wird's schwieriger. Bedenken Sie, dass das Schulsystem ein völlig anderes ist und dass soziale Beziehungen oft mit anderen Mitteln und auf anderen Wegen entstehen als hierzulande. Und auch die typisch amerikanischen Eigenarten sind teilweise gewöhnungsbedürftig, im positiven wie im negativen Sinne.
Um ein paar Dinge zu nennen: Mir ist sofort die offene, hilfsbereite und vor allen Dingen rücksichtsvolle Art des Amerikaners, um einmal so zu verallgemeinern, aufgefallen. Auch der zur Schau getragene Nationalstolz ist etwas Neues für einen Deutschen in den Staaten. Ebenso sein Hang zum Praktischen und zu pragmatischen Lösungen ohne große Umständlichkeiten, der besonders im Bildungssystem zu einer frühen Berufsorientiertheit führt. Ebenso fiel mir aber auch die große Wegwerfmentalität und das verschwenderische Umgehen mit den Ressourcen sehr ins Auge.

Was die klimatischen Bedingungen in den USA angeht, so findet man eine große Bandbreite von subtropisch über gemäßigt bis subpolar vor, ebenso von feucht bis trocken, das Ganze gepfeffert mit einer gehörigen Portion von Wirbelsturm- und neuerdings partiell auch Waldbrandgefahr. El nino lässt grüßen. Besonders die hohen Temperaturschwankungen zwischen Sommer und Winter fallen auf. Es gibt noch richtig knallige Sonne und noch richtig Schnee, wenn man in der richtigen Region wohnt.
In den Medien haben die Vereinigten Staaten von Amerika (eigentlich müsste es heißen: von Nordamerika) längst ihr Klischee. Showbusiness und Filmindustrie, Micky Maus, Kaugummi, Geldspiele, Land der Banken, weitentwickelte Militärtechnik mit der ewigen Siegerrolle, Straßenkreuzer, Zentrum der Innovation, Schnelllebigkeit und Geldgläubigkeit. Alles irgendwie wahr, aber das ist nicht das, was für Sie persönlich wichtig ist, zumindest nicht am Beginn Ihrer amerikanischen »Karriere«. Sie, liebe Leser, werden feststellen, dass, einmal in den USA angekommen, für Sie die Realität plötzlich ganz anders aussieht. Der vielzitierte kleine Mann auf der Straße hat ja ganz andere Sorgen! Und für diesen wurde das vorliegende Buch geschrieben, für alle diejenigen eben, die keinen reichen Onkel in Amerika besitzen und dennoch ihren Weg gehen wollen und auch gehen können. Nicht umsonst heißt es in dem berühmten USA-Song:
»This land is ***your*** *land, this land is* ***my*** *land, from California to the New York island, from the redwood forest to the Gulf stream waters, this land was made* ***for you and me.*** *«*
Bestimmte Regionen der USA erfreuen sich unter Einwanderern besonderer Beliebtheit. An erster Stelle rangiert Kalifornien, danach folgt schon New York, wobei natürlich in erster Linie New York City gemeint ist. Hier wie auch im benachbarten New Jersey ist das Gemisch der unterschiedlichen ethnischen Gruppen am buntesten. Ganz egal, wohin Sie gehen wollen, überall werden Sie mit den typisch amerikanischen Gepflogenheiten konfrontiert werden, die Sie sich schnell zu eigen machen sollten. Auch wenn dieses große und großartige Land – wie alle anderen in der Neuzeit von Weißen besiedelten auch – eine sehr blutige Vergangenheit hat, so sollte man doch den Blick statt nach rückwärts nach vorn richten, denn das Gewesene könne wir eh nicht mehr ändern. Fernab jeder unrealistischen Spinnerei sollte man sein Augenmerk auf die Werte richten, die nicht zufällig auch von einer bekannten Zigarettenmarke längst als die typisch amerikanischen verbalisiert worden sind: Freiheit und Abenteuer.

Nutzen Sie diese Freiheit! Leben Sie Ihr ganz persönliches Abenteuer, welches eine Auswanderung immer ist! So möchte ich Ihnen denn für Ihre Pläne Mut machen und viel Glück wünschen. Möge Ihnen dieses Buch dabei von Nutzen sein.

1.2 Welche Einwanderungskategorie passt für mich?

Allgemeine Hinweise:
Neu ist, dass die Einwanderungsbehörde nicht mehr INS, sondern **USCIS** (US Citizenship and Immigration Services) heißt. Jeder, der sich dauerhaft in den USA aufhalten will, benötigt ein Einwanderungsvisum. In den Kategorien **Priority workers** (bevorzugte Arbeitnehmer), **Investors** und **Diversity Immigrants** (Greencard-Lotterie) werden die Einwanderungsgesuche selbst eingereicht. Alle übrigen Visakategorien benötigen einen Verwandten oder einen zukünftigen Arbeitgeber, der dies für sie tut. Die vier Hauptkategorien für ein Visum zwecks Daueraufenthalt sind:

- Employment based (auf Beschäftigungsbasis)
- Diversity Immigrant Visa Program (Greencard-Lotterie)
- Immediate relatives (unmittelbare Angehörige)
- Family based (Familienangehörige)
- Dazu kommt noch die Möglichkeit, ein Visum zwecks Eheschließung (siehe 1.2.4) zu beantragen, welches aber eigentlich zu den temporären Visa gehört.

1.2.1 Einwanderung auf Beschäftigungsbasis

Hier ist ein konkretes Stellenangebot eines amerikanischen Arbeitgebers erforderlich. Dabei kann die Zahl der auszustellenden Visa auf ein bestimmtes jährliches Kontingent begrenzt sein. Aktuelle Informationen dazu entnehmen Sie bitte der Internetseite http://german.germany.usembassy.gov unter dem Suchwort »Visa Bulletin«.
Wir gehen nun auf die fünf Unterkategorien in diesem Visum ein.

1 Bevorzugte Arbeitnehmer (priority workers)
Hierzu zählen Fachleute aus den verschiedenen Gebieten von Wissenschaft, Wirtschaft, Bildung, Kunst und Sport, die man zur internationalen

Spitzengruppe zählt. Qualifikationsnachweise sind erforderlich. Von Antragsteller wird erwartet, dass er eine ernstzunehmende Bereicherung für die Vereinigten Staaten darstellt. Es müssen schriftliche Nachweise darüber vorgelegt werden, dass die berufliche Tätigkeit in den USA fortgesetzt werden soll. Wissenschaftliche Forscher müssen über eine mindestens dreijährige Tätigkeit verfügen, internationale Reputation haben und ein Stellenangebot vorweisen. Führungskräfte aus der Wirtschaft müssen in den zurückliegenden drei Jahren für mindestens ein Jahr bei einem Unternehmen beschäftigt gewesen sein, ihre Tätigkeit bei dem Unternehmen, einer Zweigniederlassung desselben oder einem Tochterunternehmen in den USA fortsetzen wollen. Der neue Arbeitgeber in den USA muss das zukünftige Aufgabengebiet schriftlich erläutern und zeigen, dass der/die Betreffende in der Geschäftsführung tätig sein wird.

2 **Bevorzugte Arbeitnehmer** (members of the professions), **Personen mit besonderen Fähigkeiten in Wissenschaft, Wirtschaft oder Kunst** (exceptional abilites in the sciences, business and arts)

In dieses Spektrum gehören zum Beispiel folgende Berufsgruppen: Ärzte, Architekten, Ingenieure, Lehrer an allen Schulformen einschließlich Universität, Rechtsanwälte aber auch solche, die nur einen Bachelor-Abschluss (oder einen damit vergleichbaren Abschluss) haben. Ein Bachelor-Abschluss und zusätzliche fünf Jahre akademische Berufserfahrung dagegen sind mit einem Master-Abschluss gleichzusetzen. Personen mit besonderen Fähigkeiten müssen den Vereinigten Staaten auf ihrem Gebiet einen Nutzen bringen. Ein Diplom oder ein sonstiger fachlichen Abschluss ist dabei nicht automatisch die Gewähr, dass der Antragsteller als besonders qualifiziert eingeschätzt wird. Ein über dem normalen Maß liegendes Talent und eine besondere Begabung sind erforderlich.

3 **Facharbeiter, Akademiker und andere Arbeitnehmer** (professionals, skilled and unskilled workers)

Hierzu sind zunächst wieder die akademischen Berufsgruppen der vorherigen Kategorie zu zählen sowie Personen mit einem Bachelor-Abschluss. Weiterhin kommen alle Facharbeiter in Frage , die eine mindestens zweijährige Ausbildung oder entsprechende Berufserfahrung nachweisen können. Wer sich als Facharbeiter bewerben will, muss wissen, dass in seinem Beruf keine vergleichbaren Arbeitskräfte in den USA vorhanden sein dürfen. D.h., er muss eine Tätigkeit anbieten, für die ein Mangel besteht. Außerdem werden temporäre oder saisonale Tätigkeiten nicht anerkannt. Andere Arbeitnehmer sind solche, deren Beruf weniger als zwei Jahre Ausbildung erfordert hat. Ansonsten gelten dieselben Bedingungen wie oben.

4 Besondere Einwanderer (special immigrants)
Hierzu zählen Geistliche und andere Angehörige religiöser Berufsgruppen. Es muss sich um in den USA anerkannte religiöse Organisationen handeln. Die betreffende Organisation muss nachweisen, dass sie die Dienste des Antragstellers benötigt und ggf. auch seine Familienangehörigen finanziell unterstützen kann. Der Antragsteller muss seine Tätigkeit in den zurückliegenden zwei Jahren ohne Unterbrechung in seinem Heimatland ausgeübt haben. Das notwendige Formular ist das Formular I-360, welches beim USCIS eingereicht werden muss.

5 Investoren (Investors)
Diese Kategorie betrifft Personen, die in den USA neue Arbeitsplätze schaffen wollen. Sie müssen dort nach Einreise ein neues Unternehmen gründen, das mindestens zehn Arbeitsplätze schafft. Das erforderliche Kapital muss mindestens eine Million US-Dollar betragen. In einigen wirtschaftlich schwächeren Gebieten der USA ist diese Summe niedriger.

Wie werden diese Visa beantragt?

In den fünf genannten Beschäftigungskategorien werden die Anträge auf Einwanderung auf unterschiedlich Art gestellt:
Bewerber der **Kategorie 1** nehmen die Antragstellung selbst vor, laden sich auf der Webseite der US-Botschaft das Formular **I-140** »Immigration Petition for Alien Worker« (pdf) herunter und schicken es ausgefüllt an

U.S. Citizenship and Immigration
Services
U.S. Consulate General Frankfurt
Giessener Str.30
60435 Frankfurt

In **Kategorie 2** muss sich der zukünftige US-Arbeitgeber mit dem zuständigem Arbeitsamt (US Department of Labor) in Verbindung setzen, um für den Antragsteller eine Arbeitserlaubnis zu beantragen. Diese muss er zusammen mit dem ausgefüllten Formular **I-140** (pdf, wie oben) beim USCIS vorlegen.
Gebühr: 475 USD.
In **Katgeorie 3**: wie Kategorie 2.
Für Antragsteller in der **Katgeorie 4** muss die in den USA ansässige religiöse Organisation beim USCIS das Formular **I-360** einreichen.
Antragsteller in der **Kategorie 5** stellen den Antrag selbst. Das Formular heißt **I-526** »Immigration Petition by Alien Entrepreneur« und wird wie bei **1** in Frankfurt eingereicht.
Gebühr: 1435 USD.

1.2.2 Greencard-Lotterie

Jährlich können Interessenten der Greencard im Oktober und November an der Verlosung der DV (Diversity Visa) - Lotterie für das folgende Jahr teilnehmen, wenn Sie Staatsbürger in einem der teilnahmeberechtigten Länder sind (Deutschland, Österreich, Schweiz sind berechtigt!). Registrierung und Teilnahme können nur auf elektronischem Wege erfolgen *(www.dvlottery.state.gov)*, Papierformen werden nicht akzeptiert. Die Sache läuft so ab: Per computergestützter, zufallsgesteuerter Ziehung werden Personen ausgewählt, die ein DV-Visum beantragen können. Die Visa – bis zu 55.000 Stück – werden so auf sechs geografische Gebiete verteilt, dass Regionen mit niedrigen Einwandererzahlen in die USA mehr Visa zugeteilt bekommen als die anderen.
Wer an der DV-Lotterie teilnehmen will, muss bestimmte Anforderungen entweder zur Schulausbildung oder zur Berufsbildung erfüllen. Das bedeutet für die deutschsprachigen Länder mindestens einen **Realschulabschluss** oder einen vergleichbaren Schulabschluss, der »... als erfolgreicher Abschluss einer 12-jährigen Grund- und Sekundarschulbildung definiert wird ...«. Oder aber er kann nachweisen, dass er während der zurückliegenden fünf Jahre **zwei Jahre lang Erfahrung in einem Beruf** gesammelt hat, welcher wiederum eine mindestens zweijährige Ausbildung erforderte. Hier sind aber nicht zwingend deutsche Ausbildungsstandards notwendig.

Im Antrag (»Electronic Diversity Visa Entry Form«) wird ausführlich nach persönlichen Daten, dem Bildungsstand, der Berufserfahrung, dem Ehepartner, den Kindern gefragt und es werden Fotos aller Familienmitglieder gefordert. Ebenso gibt es genaue Bedingungen zu beachten, wie die Fotos aussehen müssen. Auch die Fotos müssen elektronisch übermittelt werden.
Ein halbes Jahr nach Ende der Lotterie werden die Ausgelosten dann **per Post** benachrichtigt, nicht per Email.
Achtung: Wer seine Chance durch mehrmaliges Einreichen eines Antrags erhöhen will, wird vom Verfahren ausgeschlossen. Solcherlei Chancenbeeinflussung ist zwecklos.

1.2.3 Unmittelbare Angehörige

In dieser Kategorie (immediate relatives) können sich bewerben

- Ehepartner oder minderjährige Kinder eines US-Staatsbürgers
- Eltern eines US-Staatsbürgers
- Stiefeltern oder Stiefkinder eines US-Staatsbürgers
- Ehepartner eines verstorbenen US-Staatsbürgers,
- die Eheleute müssen mindestens zwei Jahre verheiratet gewesen sein
- Ehepartner, Kinder oder Eltern eines Angehörigen (US-Staatsbürgers) der US-Streitkräfte

Wie wird das Visum beantragt?
Der betreffende Familienangehörige benutzt das Formular **I-130** »Petition for Alien Relative« und wendet sich an das zuständige USCIS-Büro. Gebühr: 355 USD.

1.2.4 Familienangehörige

Die Kategorie Familienangehörige (family based) umfasst

- unverheiratete Söhne oder Töchter von US-Staatsbürgern
- Ehepartner, Kinder oder unverheiratete Kinder von Einwohnern mit Daueraufenthaltserlaubnis
- Verheiratete Kinder von US-Staatsbürgern
- Brüder oder Schwestern von US-Staatsbürgern

Dies ist eine jährlich zahlenmäßig begrenzte Kategorie. Daraus ergibt sich für Antragsteller eine Wartefrist vom Tag des Einreichens bis zum Tag der

Bearbeitung. Die jeweils aktuellen Bearbeitungstermine können dem »Visa Bulletin« (siehe 1.2.1) entnommen werden.

Wie wird dieses Visum beantragt?
Der betreffende Verwandte in den USA (US-Staatsbürger oder Einwohner mit Daueraufenthaltserlaubnis) stellt beim zuständigen USCIS-Büro ein Einwanderungsgesuch für seinen einwanderungswilligen Verwandten. Dazu benutzt er das Formular **I-130** »Petition for Alien Relative«. In Deutschland lebende US-Bürger können den Antrag beim USCIS-Büro in Frankfurt stellen.
Gebühr: 355 USD.

1.2.5 Visum für Verlobte

Wer mit einem/r US-Staatsbürger/in verlobt ist und zwecks Eheschließung in die USA einreisen möchte, geht folgendermaßen vor:
Der US-Staatsbürger füllt das Formular **I-129F** »Petition for Alien Fiance(e)« aus und legt dies bei seinem zuständigen USCIS-Büro vor. Von dort wird der Antrag an das National Visa Center weitergeleitet, das seinerseits die bearbeiteten Papiere an das US-Konsulat schickt, das für den/die in Deutschland (...) wohnende/n Verlobte/n zuständig ist.
Die Eheschließung muss nach erfolgter Genehmigung innerhalb von 90 Tagen in den USA vorgenommen werden, auch wenn das Visum in der Regel sechs Monate gültig ist.
Gebühr: 455 USD.

1.3 Temporäre Visa

Temporäre Visa gibt es ca. 20 verschiedene. Der Zielsetzung dieses Buches entsprechend, sich auf die meistbenutzten und wichtigsten Kategorien zu beschränken, richten wir unser Augenmerk nun auf Visa für Geschäftsleute und für Studenten bzw. Austauschschüler.

1.3.1 Handels- und Investorenvisum

Für die Dauer ihrer geschäftlichen Tätigkeit können sich Unternehmer und Investoren mit ihrer Familie in den USA aufhalten. Wer die Kategorie **Handelsvisum (E-1)** beantragt, beabsichtigt Handels- und Geschäftsaktivitäten zwischen den Vereinigten Staaten und seinem Heimatland. Dies bezieht sich auf den Austausch von Gütern, technologischen und anderen Dienstleistungen.
Ein Visum in der Kategorie Investor (E-2) beantragt derjenige, der in den USA ein Unternehmen gründen oder leiten möchte und deshalb ein beträchtliches Kapital in dieses investiert hat oder investieren wird.

Visa-Informationsdienst
Für beide Visa ist es erforderlich, dass Sie vorab einen Termin mit dem Visa-Informationsdienst vereinbaren, um den Visumsantrag und die biometrische Datensammlung zu beantragen sowie einen Interviewtermin mit dem US-Konsul zu vereinbaren.
Telefonkontakt ist: **0900 1-850 055** (1,86 € /min aus dem Festnetz), Mo–Fr von 7–20 Uhr.
Wer die 0900-Nr. nicht nutzen kann, wählt **09131-772 2270** (15 € pro Anruf, Zahlung per Visa oder Mastercard) Mo–Fr von 7–20 Uhr.
Interviewtermine können auch unter www.usvisa-germany.com vereinbart werden. Ohne eine Terminvereinbarung können Sie beim Konsulat in Frankfurt nicht vorsprechen. Erstmalige Antragsteller in der Kategorie E-1 oder E-2 müssen zuerst ihren Antrag einreichen, bevor Sie einen Interviewtermin bekommen. Ebenso solche, die weniger als 25 Mitarbeiter beschäftigen und ihr Visum erneuern möchten.

1.3.2 Austauschschüler, Studenten, Au-pair-Kräfte, Praktikanten, Ferienjobber

Bewerber in dieser Kategorie, benötigen das **J-Visum oder das Q-Visum**. Austauschschüler (J-Visum) müssen sich von ihrer Austauschorganisation das Formular **DS-2019** ausstellen und zusenden lassen. Achtung: Wer aber im Rahmen seines Medizinstudiums eine Famulatur an einem amerikanischen Universitätskrankenhaus machen möchte, beantragt stattdessen ein **B-1/B-2-Visum.** Details dazu müssen beim Visa-Infodienst (s.o.) erfragt werden.

Wer sollte ein J-Visum beantragen?
Schüler, Studenten, Auszubildende aus Firmen, Behörden oder Institutionen und aus medizinischen oder verwandten Bereichen, Lehrkräfte aller Schularten, Professoren, Wissenschaftler sowie internationale Besucher, die sich mit kulturellen, wissenschaftlichen oder anderweitigen spezialisierten Aufgabenstellungen in den USA aufhalten wollen.

Wer sollte ein Q-Visum beantragen?
Dieses ist für Personen geeignet, die kulturelle und/oder geschichtliche Informationen aus ihrem Heimatland in die USA transferieren wollen. In diesem Rahmen können in den USA praktische Ausbildungen absolviert sowie Arbeit aufgenommen werden. Für den Aufenthalt müssen vom Antragsteller ausreichende persönliche finanzielle Mittel bereitgestellt oder durch ein Stipendium einer Austauschorganisation ermöglicht werden. In der Kategorie »Q-Visum« bezahlen US-Arbeitgeber den gleichen Lohn wie bei einheimischen Arbeitskräften.

Weitere Voraussetzungen sind:
J-Visum-Bewerber müssen über eine ausreichende schulische Vorbildung und über englische Sprachkenntnisse verfügen, außer wenn das Austauschprogramm ohne Englischkenntnisse absolviert werden kann.
Q-Visum-Bewerber müssen mindestens 18 Jahre alt sein und kulturelle Kenntnisse aus ihrem Heimatland vermitteln können.
Bewerber der Kategorie Q-Visum füllen das Formblatt **I-129** »Petition for Nonimmigrant Worker« aus und reichen es beim USCIS-Büro in Frankfurt ein. Von dort aus wird auch der Sponsor des Bewerbers benachrichtigt. Gebühr: 320 USD.

Welche Unterlagen sind für den Antrag auf ein J- oder Q-Visum erforderlich?
- ein gültiger Reisepass
- das elektronisch übermittelte Antragsformular **DS-156** unter http://evisaforms.state.gov
- für alle männlichen Bewerber: das Formblatt **DS-157**
- das Formblatt **DS-158**
- ein neueres Passbild

- Nachweis der Absicht, die USA nach dem Aufenthalt wieder zu verlassen (wie, das ist vom Einzelfall abhängig)
- für Antragsteller des J-Visums das Formular **DS-2019** (s.o.), für Antragsteller des Q-Visums die »Notice of Action/Approval **I-797;** diese Unterlagen erhält man bei den Austauschorganisationen bzw. Arbeitgebern
- die Visa-Zahlungsbestätigung über die Antragsgebühr
- einen adressierten Freiumschlag für die Rücksendung des Reisepasses

SEVIS-Programm

Dies ist ein durch das Internet gestütztes Sicherheitsprogramm (**Se**curity **Vis**a) des US-Ministeriums für innere Sicherheit (Department of Homeland Security), welches alle F-, M- und J-Visa-Teilnehmer über die gesamte Dauer ihres Aufenthalts in den USA beobachtet (!). Für die meisten Antragsteller ist dafür eine Gebühr von 100 USD fällig, d.h. der Visumsinhaber zahlt für seine eigene Überwachung.

Hinweise für Studenten

Wer in den USA studieren möchte, benötigt dafür entweder ein Visum der Kategorie F-1oder M-1. Das F-1 Visum ist für akademische Studien, das M-1 Visum für nichtakademische oder berufsbezogene Studien vorgesehen.

Schüler bzw. Studenten müssen in ihrem Heimatland erfolgreich Studienkurse abgeschlossen haben, die für die Anmeldung zu einem entsprechenden Studium in den USA vorausgesetzt werden. Der Antragsteller muss die englische Sprache hinreichend beherrschen, außer wenn muttersprachliche Studiengänge beabsichtigt sind oder der Aufenthalt extra zum Studium der englischen Sprache erfolgen soll. Nachweise, dass der Aufenthalt über die gesamte beabsichtigte Dauer finanziell abgesichert ist, müssen durch schriftliche Belege erbracht werden. Dazu zählen sowohl Lebensunterhalt als auch Studiengebühren.

Während des ersten Studienjahres dürfen Visuminhaber F-1 keine Arbeit außerhalb des Hochschulgeländes aufnehmen. Im zweiten Jahr kann eine Arbeitserlaubnis unter bestimmten Voraussetzungen gewährt werden. Inhaber des M-1-Visums dürfen lediglich temporär eine Arbeit in Form eines Praktikums aufnehmen.

Die Hoch- oder Fachhochschule, an der der Antragsteller in seinem Heimatland studiert, muss ihm eine ordnungsgemäß ausgefüllte und von einem befugten Vertreter dieser Schule unterzeichnete »Bescheinigung der Zulassungsfähigkeit für ein Nichteinwanderungsvisum« (**I-20A-B** für akademische bzw. **I-20M-N** für nichtakademische Bewerber) aushändigen, welche er dann selbst zu unterschreiben hat, um sie dann dem Konsulat vorzulegen.

Hinweis für die Hoch-/Fachhochschule im Heimatland:
Die Formblätter **I-20A-B** und **I-20M-N** können nur von den Studieninstituten der USA, an denen der Bewerber studieren möchte, angefordert werden.
Der Antrag sollte so früh wie möglich gestellt werden. Nach amerikanischem Gesetz können erstmalige F- und M-Visa frühestens 120 Tage vor Beginn des beabsichtigten Studiums ausgestellt werden. Eine Einreise ist frühestens 30 Tage vor Studienbeginn möglich.
Achtung: Der Erhalt des Visums ist noch keine Einreisegarantie! Die USCIS hat das Recht, eine Einreise trotz Visums zu verweigern und kann den Aufenthalt auf eine bestimmte Zeit begrenzen. Bei der Ankunft notiert der Einwanderungsbeamte im Flughafen die genehmigte Aufenthaltserlaubnis auf dem Formblatt **I-94** »Record of Arrival-Departure« (Protokoll über Ankunft und Rückkehr).

Was ist noch notwendig?
Unterlagen für den Visumsantrag (aber ohne DS-2019 und I-797) und SEVIS-Programm-Gebühr wie unter 1.3.2. Die Botschaft weist darauf hin, dass die Antragsteller »... alle Unterlagen in einer offenen, durchsichtigen Plastikmappe mitbringen.« In undurchsichtigen Umschlägen und Mappen darf nichts mit ins Konsulat gebracht werden.
Der **Visa-Informationsdienst** wird wie unter 1.3.1 für die Vereinbarung eines Interviews benutzt.
Achtung: Aus Sicherheitsgründen dürfen elektronische Geräte jedweder Art nicht zum Interview mitgebracht werden, auch keine Mobiltelefone. Ebenso keine Rucksäcke, Koffer oder Aktenkoffer.
Alle Visa-Katgeorien und die dazugehörigen Gebühren findet man unter: *www.uscis.gov/portal/site/uscis*, wo man dann bei »immigration forms« anklickt.

1.4 Hilfe durchs Internet

Ohne weltweite Datenübermittlung läuft heute eigentlich nichts mehr. So nehmen auch wir das Internet für unsere Zwecke in Anspruch und zapfen damit Ressourcen an, auf die wir eigentlich nicht verzichten können. Für uns, für Sie, für jeden potentiellen Auswanderer ist eine erfolgreiche Auswanderung nichts, was wir dem Zufall überlassen wollen. Also, wenn ein Internet-Anschluss vorhanden ist, loggen Sie sich ein und stellen die richtigen Verbindungen her!
Hier eine Auflistung einiger für Sie nützlicher URLs zum Thema »USA/Auswandern«. Mehr finden Sie über die Suchmaschinen.

Einwandern

US Citizenship and Immigration Service (USCIS)	*www.uscis.gov*
USA-Team	*www.usa-team.de*
USA-Informationen	*www.usatoday.com*
Einwanderungsagent	*www.imminfo.com*
Forum zu Einwandererthemen USA	*www.roundtable-usa.com*
Amerikaforum (USA/Kanada)	*www.amerika-forum.de*
Einwanderungsratgeber	*www.americandream.de*
Einwanderungsagent CKLA	*www.ckla.com*
Auswanderungsforum (Fam. Spallek)	*www.auswandern-usa.com*
Aufbruch ins Land der ...	*www.aufbruch.com*
Auswandern in die USA	*www.united-states-info.de*
Neu-England-Staaten	*www.neu-england.de*
Informationen über die 50 Bundesstaaten	*www.50states.com*

Geschäft/Beruf

Deutsche Firmen in den USA	*www.gaccwest.org/deutsch.html*
Deutsch-amerikanische Handelskammer	*www.ahk-usa.com*
Deutsch-amerik. Handelskammer New York	*www.gaccny.com/de*
Deutsch-amerik. Handelskammer Texas	*www.gacctexas.com*
Studieren in den USA	*www.taube-online.de/USA*
Informationen für Geschäftsleute	*www.stat-usa.gov*

Kleinunternehmen	*www.sba.gov*
Kleinunternehmen	*www.uspto.gov/smallbusiness*
Handelskammern, weltweit	*chamber-of-commerce.com*
Informationen zur Berufskarriere	*www.acinet.org/acinet/crl/library.aspx*

Übersee-Umzüge

Intern. Transp. Org. ITO	*www.umzug-uebersee.de*
Henk International Euromovers	*/www.henk-international.eu/site/umzug/ueberseeumzug/umzug-in-die-usa*
Internationale Umzüge	*www.internationalerumzug.de/*
Schenker Deutschland AG	*www.schenker-btl.de*

Wohnung/Haus

Hauskauf in den USA	*www.immobilien-usa.net/3.html*
Wohnung finden	*www.apartments.com*
Wohnung finden	*www.craigslist.org*

Kulturelles

German Corner	*www.germancorner.com*
Deutsche Zeitungen und Magazine online	*www.glpnews.com*
Deutscher Kulturverein St. Louis	*www.germanstl.org*

Studium/Ausbildung

Studieren in den USA	*www.studis-online.de/Studieren/Auslandsstudium/usa.php*

Alltagsnutzen

Rechte von Wohnungsmietern	*http://tenant.net*
Praxiswissen für den Autokauf	*www.carbuyingtips.com*
Radio, Funk und Elektronik	*www.radioshack.com*

Jobsuche-URLs finden Sie im Kapitel 1.6.1

1.5 Der Umzug nach Übersee

1.5.1 Umzugsgut

Welche Möbel mitnehmen?
Andere Länder, andere Sitten, könnte man hier vorwegschicken, denn Sie sollten bei Ihrem geplanten Umzug nach Übersee nicht an all Ihrem Mobiliar hängen, es könnte sonst schwierig werden, dies unterzubringen.
Die Küchen sind in amerikanischen Häusern bereits voll funktionsfähig eingerichtet, sodass man Einbauküchen auf keinen Fall mitnehmen sollte. Diese würden ja sowieso nie mit den vorgefundenen Raumgrundrissen übereinstimmen. Dazu kommen die unterschiedlichen Normen der Rohranschlüsse von Spülen und die nicht passende elektrische Versorgungsspannung von Herd, Kühlschrank, Geschirrspüler, etc.
Wohnzimmerschränke, Sideboards, Couchtische, Sessel, Sofas, Esstische und Stühle sind natürlich problemlos weiterzuverwenden. Schlafzimmerschränke sind in den USA fehl am Platze, da Sie diese bereits in die Wand eingebaut vorfinden werden. Somit hätte ein zusätzlicher Schrank gar keine Stellfläche. Dagegen können Sie Ihre Bettgestelle, Matratzen und Bettwäsche getrost in den Container packen, wenn Sie diese Teile in den USA nicht neu kaufen wollen. Nach Jahren könnte es allerdings problematisch werden, verbrauchte Matratzen zu erneuern, da die Maße nicht mit den deutschen übereinstimmen.
Kinderzimmermobiliar, Büromöbel und Hobbyraumausstattung (Werkbank) sollten Sie mit in Ihr Umzugsgut einschließen. Allerdings sollte davon ausgegangen werden, dass man in amerikanischen Häusern meist keine Keller und Dachböden als Nebengelasse vorfindet. Eine Werkbank o.ä. müsste dann in einer genügend großen Garage ihren Platz finden. Auch eine Gefriertruhe lässt sich in einer solchen Garage leicht mit unterbringen. Häufig verfügen Häuser über Doppelgaragen, weil dies den Notwendigkeiten des amerikanischen Lebensstils Rechnung trägt. Zwei Autos in der Familie, teilweise sogar drei, sind kein Luxus, sondern notwendige Individualtransportmittel, besonders wenn man in einer Kleinstadt auf dem Lande oder einem großstädtischen Vorort j. w. d. wohnt.

Elektrogeräte mitnehmen?

Grundsätzlich sei hier schon gesagt: nein, es sei denn, das betreffende Gerät weist eine Umschaltmöglichkeit von 230 auf 110/115 Volt auf. Dies ist zum Beispiel bei manchen Trockenrasierern, Handy-Ladegeräten und bei manchen elektronischen Geräten der Fall.

Leider muss Ihre Sammlung elektrischer Werkzeuge wie Bohrmaschine, Handkreissäge, Winkelschleifer, etc. in Deutschland zurückbleiben, da diese nur für die hier übliche Spannung ausgelegt sind. Das gleiche gilt auch für die praktischen Küchenhelfer. Auch von der Mitnahme von Lampen raten wir wegen der unterschiedlichen Netzspannung und Verdrahtung ab.

Alle batteriebetriebenen Geräte können natürlich weiterbenutzt werden, da Batterien (Micro-, Mignon-, Baby- und Monozellen) weltweit genormt sind (ein Wunder!). Auch die ersatzweise für Batterien verwendbaren Akkus kann man weiterverwenden, leider aber die deutschen Ladegeräte nicht, es sei denn, diese sind umschaltbar. Dies ist auch bei sogenannten Akkuschraubern zu beachten.

Da zu den Elektrogeräten auch Fernseher, Videorecorder und Stereoanlagen zählen, gilt hier das gleiche wie schon gesagt: Nur mitnehmen, falls umschaltbar. Von Fernsehgeräten und Videorecordern raten wir ab, da die amerikanische Norm der Bildaufbereitung (NTSC) nicht mit der deutschen Pal-Norm kompatibel ist, es sei denn, das Gerät kann beide Normen verarbeiten.

Computer und Monitore passen ebenfalls wegen der Netzspannung nicht, es sei denn, die ist umschaltbar. Bedenken Sie auch, dass Sie zukünftig auch mit englischsprachiger Software umgehen müssen.

Tipp

Wer von hier einen oder mehrere leistungsstarke Transformatoren (möglichst 1 kW) mitnehmen möchte, kann damit in den USA die Elektrogeräte weiter beitreiben, an denen sein Herz hängt. Bitte erkundigen Sie sich vorher über die jeweils in dem Gebiet vorherrschende Netzspannung (meist 110/115 V), damit Sie den Trafo danach kaufen können (115 auf 230 Volt), zum Beispiel bei Firma HENRI-electronic GmbH, 73441 Bopfingen www.netzgeraet.de

Bitte auch beachten, ob die US-Netzfrequenz von 60 Hz sich mit Ihren 50 Hz-Geräten verträgt (siehe Typenschild). E-Motoren laufen dann langsamer.

Foto- und Videoausrüstung
In Deutschland gekaufte Fotokameras können weltweit benutzt werden, Diaprojektoren hingegen nicht, da diese auf 230 Volt ausgelegt sind. Für Videokameras gilt das oben bereits bezüglich der Akkus Gesagte.

Welche Kleidung für welches Gebiet?
Es kommt ganz darauf an, in welchen Teil der USA Sie einwandern, welche Kriterien Sie an die Wahl der mitzunehmenden Kleidung anlegen. Die Vereinigten Staaten umfassen mehrere Klimazonen von gemäßigt bis subtropisch, von kontinental (sommerheiß, winterkalt, im mittleren Westen) bis zu maritim-gemäßigt (West- und Ostküste). Ist Ihr Ziel beispielsweise Kalifornien, Arizona oder Florida, so können Sie auf allzu warme Sachen getrost verzichten, auch wenn das Wetter in den letzten Jahren in Florida – wie auch anderswo – schon die tollsten Kapriolen geschlagen hat. Wer dagegen nach Washington, Oregon, nach Connecticut oder New York zu gehen vorhat, der kann mit mitteleuropäischem Klima rechnen, auch wenn die Sommer an der Ostküste mitunter heißer und die Winter kälter sind als bei uns. Dasselbe gilt in verstärktem Maß für die Staaten im Innern Nordamerikas, wo der ausgleichende Einfluss des Meeres wegfällt.

Sonstiges
Alle anderen Gegenstände wie Porzellan, Geschirr, Bestecke, Handwerkszeug, Schmuck, Figurensammlungen, Spielzeug, Modelleisenbahnen (Achtung: Zusatztransformator von 110 auf 230 Volt nötig) und vieles mehr können selbstverständlich mit in die USA genommen werden. Sortieren Sie aber besser aus, was nicht unbedingt nötig ist: Bücher, die Sie nicht mehr benötigen und Kleidung, die Sie nicht mehr tragen. Das spart Gewicht und Platz in Ihrem Umzugscontainer. Vorhandene deutsche Schulbücher für Ihre Kinder, Lexika, Kochbücher, Hobbyliteratur u.ä. können teilweise weiterhin nützlich sein.
Fahrräder wären eine gute Sache, auch wenn gesagt werden muss, dass die Amerikaner auf Radfahrer praktisch nicht eingestellt sind. Warum das so ist, kann ich nicht genau sagen. Sicherlich hängt es mit den großen Entfernungen zwischen Wohnort und Arbeitsstelle, den weitläufig angelegten Stadtgrundrissen und der allgemeinen landschaftsräumlichen Verschwendung zusammen, die das Radfahren zu einer Langstreckenbewäl-

tigung machen würde. Es fehlt aber auch die Tradition dazu. Man sieht also keine Radwege und (fast) keine Radfahrer, wenn man einmal von einigen Radsportlern auf ihren Rennmaschinen absieht.

PKW einführen?

Wenn Sie Ihr Fahrzeug aus Europa mit in die USA nehmen wollen, sollten Sie Folgendes wissen. Es lohnt sich nur, wenn es sich um ein hochwertiges, nicht zu altes Fahrzeug handelt und wenn dieses Fahrzeug als baugleiches Modell auch in die USA exportiert wird bzw. wurde. Ansonsten sind eine Wartung und damit häufig auch verbundene Reparaturen wegen nicht beschaffbarer Ersatzteile unmöglich.

Weiterhin sollte man wissen, dass europäische Fahrzeuge auf US-Standards umgerüstet werden müssen. Hierbei handelt es sich im Wesentlichen um die Beleuchtungsanlage (zum Beispiel kein asymmetrisches Abblendlicht in den USA) sowie den Einbau eines anderen Tachometers mit Meileneinteilung sowie dessen Anpassung an das Fahrzeug. Dies kann Kosten von ca. 2000 $ bis 3000 $ bedeuten. Man kann auch in den häufig mit Fahrzeugen mitgelieferten weltweiten Händlerlisten nach der dem zukünftigen Wohnort nächstgelegenen Vertragswerkstatt suchen, diese anschreiben und um Auskunft hinsichtlich der Umrüstungskosten nachfragen.

Hat man sich zur Verschiffung seines Autos entschlossen, kommen Kosten von ca. 1000 bis 1500 Euro auf einen zu. Nach der Anlandung verlangt dann der Zoll noch einmal 2,5 Prozent des Kaufpreises bzw. des aktuellen Wertes. An diesen Zahlen lässt sich unschwer erkennen, dass nur wirklich wertvolle Fahrzeuge eine Mitnahme lohnen.

1.5.2 Was ist noch zu organisieren?

Rentenanspruch klären

Wenn Sie bisher als Angestellter gearbeitet haben, wird es für Sie wichtig sein, den bisher aufgelaufenen Rentenanspruch für die Versorgung im Alter im Auge zu behalten. Bei einer Auswanderung können die von Ihnen eingezahlten Beiträge – nicht jedoch der Arbeitgeberanteil – auf einmal ausgezahlt oder aber für das Alter aufbewahrt werden. Man kann auch seine Beiträge freiwillig für die deutsche Rente weiterbezahlen und sich damit kontinuierlich weiterversichern. Durch das gegenseitige Sozialversicherungsabkommen werden bei Erreichen der Altersgrenze die

jeweils im anderen Land aufgelaufenen Ansprüche in das Aufenthaltsland überwiesen, je nachdem, ob der Betreffende mit Beginn seines Rentenalters in den USA oder wieder in Deutschland lebt. Da es zum Beispiel bei der Ausbezahlung der Rente eine bestimmte zeitliche Grenze gibt, erkundigen Sie sich bitte bei der *Bundesversicherungsanstalt für Angestellte (BfA)* in Berlin nach den für die Rente wichtigen Bestimmungen und nach Einzelheiten. Die BfA hat auch Broschüren über zwischenstaatliche Regelungen und Berufstätigkeit in den USA herausgegeben.
Für Fachkräfte, die von ihrer deutschen Firma in die USA geschickt werden, gelten wieder andere Regelungen. Normalerweise werden diese Personen weiter von ihrer deutschen Firma bezahlt und damit auch weiterhin sozialversicherungstechnisch in Deutschland geführt. Details vermitteln die genannten Publikationen.
Jemand, der auf eigene Faust in den USA einen Job gesucht und gefunden hat, wird nach den geltenden US-Vorschriften behandelt.
Wer eine Lebensversicherung im Heimatland abgeschlossen hat, tut gut daran, diese aufrechtzuerhalten, weil im Auszahlungsfall ein beträchtlicher Verlust eintreten würde und dieser Schutz nach diesem Zeitpunkt nicht mehr vorhanden wäre. Das würde dem Sinn einer Lebensversicherung grundsätzlich zuwiderlaufen.
Befinden Sie sich bereits in den Vereinigten Staaten, so müssen Sie von dort aus mit der *BfA* über folgende Adresse Kontakt aufnehmen, um einen Antrag auf Rentenzahlung aus deutschem Anspruch zu stellen:
Social Security Administration, Office of International Operations Totalizations , P.O.Box 17049, Baltimore, MD 21235 oder deren Zweigstellen in den Bundesstaaten.

Wohnung kündigen

Wer eine Mietwohnung bewohnt, sollte hier rechtzeitig in seinem Vertrag nachlesen, in welcher Frist die Kündigung zu erfolgen hat. Ebenso sollte er auf Passagen achten, in denen auf Abschlussrenovierung oder andere Vereinbarungen eingegangen wird. Auch Kautionsrückzahlungen werden häufig mit dem Auszug fällig. Wichtig ist dann, dass die Wohnung keine von Ihnen herbeigeführten Mängel aufweist.
Sprechen Sie mit dem Vermieter ab, dass Sie bis zum Abreisetag in der Wohnung verbleiben können, sonst müssten Sie vorher noch ins Hotel ziehen.

Haus verkaufen oder vermieten

Als Hausbesitzer sollte man es sich schon zweimal überlegen, ob man mit dem Verkauf seines Hauses eine wertvolle Brücke in die Heimat abbricht. Eine Weitervermietung kann zwar Ärger mit dem Mieter einbringen, erhält aber die Wohnmöglichkeit. Hier sollte dann eine bestimmte Mietzeit mit dem Nachfolger vereinbart werden, um Probleme mit dem späteren eigenen Wiedereinzug zu vermeiden. Verkaufen Sie aber auf keinen Fall, bevor Sie nicht Ihre Greencard in den Händen halten.
Sprechen Sie mit dem zukünftigen Mieter bzw. dem Käufer ab, dass Sie bis zum Abreisetag im Haus verbleiben können.

Arbeit kündigen

Diesen Punkt dürften die wenigsten potentiellen Auswanderer vergessen. Auch hier sollten Fristen beachtet werden. Vielleicht kann es auch zu einer Vereinbarung für einen möglichen späteren Wiedereinstieg in die Firma kommen, falls es in den USA nicht so läuft, wie Sie es sich gedacht haben.

Auslandskrankenversicherung abschließen

Um eine EXPAT-Versicherung abzuschließen, muss man sich als Mitglied im BDAE e.V. anmelden. Sinnvoll ist das deshalb, weil man in der Mehrzahl der Fälle für die erste Zeit in den USA noch nicht über eine Krankenversicherung verfügt. Man kann diese für 36 oder 60 Monate abschließen. Nachfolgend finden Sie einen Auszug der Bedingungen und Leistungen (Stand 15.10.08): TARIF EXPAT®36/60
Hanse-Merkur Reiseversicherung AG
Dienstleistungsgesellschaft für den Bund der Auslandserwerbstätigen (BDAE) mbH Mitglieder des BDAE e.V. (natürliche und juristische Personen)
Mitglieder und Mitarbeiter von Mitgliedsunternehmen des BDAE e.V., die sich aus beruflichen Gründen oder zur Berufsausbildung im Ausland aufhalten und deren Familienangehörige bis zu einem Alter von 65 Jahren. Als Familienangehörige gelten ausschließlich in häuslicher Gemeinschaft lebende Lebenspartner und Kinder.

a) VERTRAGLICHE GRUNDLAGEN: Versicherungsbedingungen für Kranken- und Krankentagegeldversicherung der EXPAT®-Reihe Teil I und Teil II (Tarif EXPAT®36/60). Weltweit, mit Ausnahme des Heimatlandes. Im Heimatland besteht Versicherungsschutz für drei

Monate (kumuliert) pro Versicherungsjahr. Zum beantragten Zeitpunkt, jedoch nicht vor Beginn des Auslandsaufenthaltes.

b) VERSICHERUNGSJAHR: Das Versicherungsjahr entspricht dem Kalenderjahr.

c) VORZEITIGE BEENDIGUNG: Die Versicherung kann jederzeit von der versicherten Person schriftlich gekündigt werden. Sie endet dann mit dem Ablauf des auf die Kündigung folgenden Monats.

d) BEITRAGSZAHLUNG: Der Beitrag ist ein Jahresbeitrag, der in gleichen Monatsraten ausgewiesen wird. **Er ist bis zum Ende der Vertragslaufzeit, maximal jedoch bis zu 12 Monate im Voraus fällig und zahlbar.**

ANGABEN ZUM GESUNDHEITSZUSTAND:

e) Keine; auf die Versicherungsbedingungen für die Kranken- und Krankentagegeldversicherung der EXPAT®-Reihe Teil I, Allgemeiner Teil, § 6, Nr. 5 wird besonders hingewiesen.

f) LEISTUNGEN:

- AMBULANTE HEILBEHANDLUNG: 100 Prozent des Rechnungsbetrages für medizinisch notwendige ambulante Heilbehandlung als Privatpatient.
- STATIONÄRE HEILBEHANDLUNG: 100 Prozent der erstattungsfähigen Kosten einer medizinisch notwendigen stationären Heilbehandlung im Krankenhaus, einschließlich Operationen, Röntgen-, Strahlenbehandlung und -diagnostik; im Ausland als Privatpatient und in der Bundesrepublik Deutschland, soweit der Tarif Leistungen vorsieht, in der allgemeinen Pflegeklasse (gesetzliche Grundversorgung).
- ARZNEI-, VERBANDS- UND HEILMITTEL: 100 Prozent, soweit ärztlich verordnet
- ZAHNMEDIZINISCHE HEILBEHANDLUNG: 100 Prozent des Rechnungsbetrages für medizinisch notwendige ambulante zahnärztliche Behandlung und Zahnfüllungen in einfacher Ausfertigung. Inlays, Onlays und Kronen sind nicht versichert. Pro Jahr Vertragslaufzeit ist eine einmalige Vorsorgeuntersuchung, jedoch keine Vorsorgebehandlung, mitversichert.
- VORSORGEUNTERSUCHUNGEN: Nicht versichert
- LEISTUNGEN IM ZUSAMMENHANG MIT SCHWANGERSCHAFT UND ENTBINDUNG: Nicht versichert
- ZAHNERSATZ: Nicht versichert

- HILFSMITTEL: nicht versichert

g) SONSTIGE LEISTUNGEN:

- 100 Prozent der Arzt-Wegegebühren oder der Fahrkosten zur oder von der nächsterreichbaren, geeigneten ambulanten Heilbehandlung werden erstattet, wenn am Aufenthaltsort kein Arzt praktiziert oder bei ärztlich bestätigter Gehunfähigkeit.
- 100 Prozent für Transportkosten zum nächstgelegenen geeigneten Krankenhaus
- Der Versicherer erstattet für Rücktransport oder Überführung an den ständigen Wohnsitz innerhalb eines Kontinentes bis 5.000 EUR, kontinentübergreifend bis 10.000 EUR. Muss für einen Rücktransport ein zugelassenes Sanitätsflugzeug in Anspruch genommen werden, entfällt die Leistungsbegrenzung. Für den Rücktransport ist das jeweils kostengünstigste Transportmittel zu wählen, soweit dies aus medizinischen Gründen möglich ist.

h) WARTEZEIT: Keine

i) VERSICHERUNGSDAUER: 15. MONATSBEITRAG: USA und Kanada EXPAT36, maximal 36 Monate: 176 € EXPAT60, maximal 60 Monate: 226 € (Stand: 01.01.2008)

j) SONSTIGES: Ein nachträglicher Wechsel zwischen den Tarifen EXPAT®36 und EXPAT®60 ist nicht möglich.

Versicherungen kündigen

Hierzu zählen private Krankenversicherungen, die Kfz-Versicherung, Gebäude- und Inventarversicherung, Haftpflichtversicherungen für Personen und/oder Haustiere, Rechtschutzversicherungen, um die wichtigsten zu nennen. Sprechen Sie längere Zeit vorher mit den jeweiligen Unternehmen und erläutern Sie ihre Situation, damit Ihnen keine unnötigen Nachteile entstehen.

Auto u.a. verkaufen

Alle nicht mehr notwendigen Gebrauchsgegenstände, Geräte und Fahrzeuge sollte man schon sehr rechtzeitig abstoßen, damit nicht unnötiger Stress aufkommt.

Abonnements und Mitgliedschaften kündigen
Zeitschriften und Zeitungen brauchen Sie in den USA nicht mehr. Mitgliedschaften in bestimmten Vereinigungen sind bei einem Auslandsaufenthalt ebenso unnötig, in manchen Fällen aber wollen Sie weiterhin Mitglied einer Organisation bleiben. Dann müssen Sie Ihre Beitragsrechnungen von drüben bezahlen und sich Vereinsmagazine rüberschicken lassen.

Energieunternehmen benachrichtigen
Strom, Gas, Wasser und Abwasser sind ebenfalls Dinge, die man vor dem Wegzug rechtzeitig kündigen muss. Hier sind die EVUs oder die örtliche Gemeinde zuständig.

Kinder von der Schule abmelden
Gehen Sie einige Tage vor dem Abreisetag in die Schule Ihres Kindes/Ihrer Kinder, um es/sie von der Schule abzumelden.

Abmelden
Last but not least müssen Sie sich (und ihre Familie) in Ihrer Gemeinde beim Meldeamt abmelden. Dies dürfte ein für alle gewohnter Vorgang sein.

Speditionsfirma beauftragen
Ein Umzug nach Übersee ist natürlich ein wenig anders als das, was man sonst vom Umziehen gewohnt ist. Sicherlich sind im Prinzip die zu berücksichtigenden Dinge dieselben wie bei einem Umzug innerhalb des Heimatlandes, dennoch gibt es Unterschiede, die mit der Logistik eines Fernumzuges zu tun haben. Aus diesem Grunde empfehlen wir schon bei der Auswahl des Umzugsunternehmens, auf eine erfahrene Überseespedition zurückzugreifen. Diese bietet Ihnen das nötige know-how, angefangen vom persönlichen Besuch ihres Umzugsberaters, über die Erstellung und Übersetzung der detaillierten Packliste (amerik.: »goods to follow«) bis hin zur Zollabfertigung bei der Ankunft des Containers, dem Zwischenlagern in einer dafür lizensierten Speditionsfirma (siehe dazu: *www.bbb.org*, Tel.: 212-533 6200) oder dem Weitertransport zu Ihrer neuen Wohnung, falls schon vorhanden.

Dazu sollten Sie sich Angebote von mehreren entsprechenden Unternehmen einholen. *Anschriften* finden Sie im hinteren Teil des Buches.
Manche Transportunternehmen bieten einen gestaffelten Service. Bei einem Vollservice kann man praktisch alles vom Einpacken bis zur Übersetzung der Packlisten und zur Erstellung des notwendigen Papierkrams von der beauftragten Firma erledigen lassen. In der Kategorie »wirtschaftlicher Umzug« leistet man zum Beispiel das Einpacken, Beladen und die Erstellung der Packliste selbst und überlässt den Rest der Umzugsfirma.
Beachten Sie noch Folgendes: Am Tage Ihres Umzuges muss wie bei jedem anderen Umzug auch genügend Parkraum für den LKW, der den Container transportiert, vorhanden sein. Im Normalfall sollte alles in drei Stunden im Container verstaut sein. Dies wird von Umzugsfirmen mit Fachpersonal so eingeplant. Bei Eigenleistung könnte es zeitlich aber sehr eng werden, da man nicht über die nötigen Staukenntnisse verfügt. Standzeit kostet jedoch Geld. Ebenso ist es in ihrem neuen Wohnort in den USA.

Übergangswohnen

Vergessen Sie nicht, für die Tage bis zu Ihrem Flug das Übergangswohnen zu regeln, da Sie ja nicht in Ihrer leeren Wohnung verbleiben können.

Umzugskosten ermitteln

Schauen wir bei der Firma **ITO (Internationale Transport-Organisation)** hinein, die eine der bedeutendsten Umzugsspeditionen für Überseeumzüge in Deutschland ist: *www.umzug-uebersee.de*
Hier lässt sich recht schnell und unkompliziert errechnen, welche Kosten auf Sie zukommen.
Die Firma bietet drei Dienstleistungspakete an:

1. Basis-Paket: Containergestellung zur Selbstbeladung vor der Wohnung, Transport zum Seehafen, Zollabfertigung und Seetransport bis frei Ankunft Zielhafen in Übersee
2. Komfort-Paket: Verpackung des Umzugsgutes in der Wohnung (inkl. Materialkosten), Containergestellung und Beladung/Stauen, Transport zum Seehafen, Zollabfertigung und Seetransport bis frei Ankunft Zielhafen in Übersee
3. Haus-zu-Haus Service: normale Zollabfertigung und Hafengebühren im Zielhafen, Weitertransport bis zum neuen Wohnort und wahlweise

Gestellung zur Selbstentladung oder »full service« inkl. Entladung und Auspacken.

Paket 1 und 2 lassen sich vorausberechnen, da diese Dienstleistung sich nur bis zum Zielhafen (zum Beispiel New York) erstreckt. Paket 3 muss für jeden Zielort individuell berechnet werden. Deswegen sind auch Durchschnittsangaben hier nicht möglich.

Beispiele (Stand 15.10.08):

- 20 Fuß Container (passend für eine 3-Zimmer-Wohnung) von Bremen nach New York, Basispaket, Umzugsmonat September: 1527 €.
  Dasselbe als Komfortpaket: 3327 €.
- 20 Fuß Container von Bremen nach Los Angeles, Basispaket, Monat September: 2064 €.
  Dasselbe als Komfortpaket: 3864 €.
- Umzugskiste (Move Box) 2.6 cbm, von Bremen nach New York, Basispaket, Monat September: 674 €.
  Dasselbe als Komfortpaket: 754 €.
  Für Zielhafen Los Angeles sind hier die Preise: 747 € bzw. 827 €

Sie können zwischen folgenden Kisten- bzw. Containergrößen wählen: 1.3 cbm – 2.6 cbm – 5.8 cbm – 11.6 cbm – 20 Fuß-Container – 40 Fuß-Container.

Wer im europäischen Hochsommer umzieht (Juni-Juli-August), muss mit einem Aufpreis von 50 bis 100 € rechnen, je nach Größe.

1.5.3 Haustiere mitbringen

Die Quarantänebestimmungen gelten selbstverständlich nicht nur für Besucher der USA, sondern auch für alle Einwanderer. Wer **Hunde oder Katzen** einführen will, muss eine tierärztliche Bescheinigung über deren Gesundheit (*health certificate*) vorweisen. Hunde müssen mindestens einen Monat vor der Einreise gegen Tollwut geimpft worden sein. Hierüber ist ein englischsprachiger Nachweis (*rabies vaccination certificate*) des ausführenden Tierarztes erforderlich. Liegt die Impfung nicht länger als ein Jahr zurück, benötigt man kein Datum des Impfschutzerlöschens (*expiration date*), sonst ja.

Ein Mitnahmeverbot für Hunde besteht in den USA für die öffentlichen Verkehrsmittel und für Restaurants. Für den Eintritt in Geschäfte gilt: Wenn ein Schild vor der Tür angebracht ist, dass Haustiere willkommen sind (pets welcome), darf man diese mit hineinnehmen.
Fast überall in den Städten besteht die Vorschrift zur Beseitigung von Hundekot auf öffentlichen Flächen. Darum erscheint es für jeden Hundebesitzer sinnvoll, eine spezielle (oder irgendeine andere) Plastiktüte bei Hundespaziergängen mit sich zu führen.
Auch mitgebrachte Katzen sollten gegen Tollwut geimpft sein. Der Halter muss die Katze seit mindestens drei Monaten in Besitz haben und ein in Englisch verfasstes Gesundheitszeugnis (*health certificate*) vorlegen, dass das Tier keine auf Menschen übertragbaren Krankheiten hat.
Fragen Sie vorher bei der Fluggesellschaft wegen der Unterbringung ihres Tieres im Flugzeug nach. Größere Hunde reisen im Frachtraum der Maschine in Boxen mit.

1.6 Neue Existenz in den USA

1.6.1 Arbeit suchen als Fachkraft

Um sich in seinem erlernten Beruf in den USA eine Arbeit zu suchen, müssen Sie dies auf jeden Fall **von Ihrem Heimatland aus** tun (siehe unter 1.2.1), denn es ist in den Fachkräftekategorien der Einwanderungsvisa Voraussetzung. Sie sind also gezwungen, vorab schon einen zukünftigen Arbeitgeber in den USA zu finden.

Wie finden Sie einen Arbeitgeber?
Wer nicht über private Beziehungen zu Unternehmern in den USA verfügt, kann folgende Wege beschreiten:

1. Annoncieren oder auf Angebote in einer der großen Tageszeitungen oder in berufsbezogenen Fachzeitschriften antworten
2. Sich bei einer der Internet-Jobbörsen bewerben
3. Sich bei einer privaten Arbeitsvermittlung in den USA bewerben
4. Sich bei der staatlichen Arbeitsvermittlung bewerben
5. Eigene »Initiativbewerbungen« an US-Unternehmen schicken

zu 1.: Einige bekannte Tageszeitungen sind:

USA Today	*www.usatoday.com*
New York Times	*www.nytimes.com*
Washington Post	*www.washingtonpost.com*
Wall Street Journal	*www.careerjournal.com*
Los Angeles Times	*www.latimes.com*
International Heralds Tribune	*www.iht.com*

zu 2.: Auswahl von Internet-Jobbörsen

www.careerbuilder.com	*www.job-hunt.org*
www.careercity.com	*www.job-search-engine.com*
www.comminternational.com/arbeiteninusa.htm	*www.jobstar.org*
www.cooljobs.com (»exotische« Tätigkeiten)	*www.jobtrak.com*
www.coolworks.com	*www.jobweb.com*
www.developers.net (IT-Berufe)	*www.monster.com*
www.employmenttodayonline.com	*www.nationjob.com*
www.headhunter.net	*www.net-temps.com*
www.hotjobs.com	*www.statejobs.com*
www.jobbankusa.com	*www.uscareers.com*

weitere Links zu Jobbörsen findet man unter: *http://directory.google.com/Top/Regional/North_America/United_States/Business_and_Economy/Employment* und bei *www.doi.gov/octc/private.html*

zu 3.: Private Arbeitsvermittlungen (Agenturen)

Eine kleine Auswahl:
www.bilingual-jobs.com (mehrsprachige Arbeitnehmer)
www.manpower.com
www.usadecco.com
www.us.randstad.com

zu 4.:

Die staatliche Arbeitsvermittlung nennt sich »State Employment Service« und hat landesweit etwa 2000 Büros. Die Jobangebote können natürlich auch online aufgerufen werden: *www.ajb.dni.us*

zu 5.: Initiativbewerbungen
Hinter den folgenden Internetadressen verbergen sich Branchenverzeichnisse, in denen Sie Kontakt zu amerikanischen Unternehmen finden, die zu Ihnen passen könnten:
www.bigbook.com
www.macraesbluebook.com
www.guidestar.org
www.thomasnet.com

Zusätzlich gibt es die Möglichkeit, über die deutschen Handelskammern in den USA Kontakte zu Arbeitgebern zu bekommen. Dies kostet aber eine Gebühr:
www.gaccny.com
www.gaccom.org
www.gaccphiladelphia.com
www.gaccsouth.com

Weiter bleibt dann noch die Suche in den gelben Seiten (»yellow pages«) der Telefonbücher, ebenfalls online möglich. Stichwörter hierfür sind: »employment agencies, recruitment service oder placement consultants«

Praktika, Au-pair, Freiwilligenarbeit
Hierfür gibt es spezielle Visa (s. 1.2.1). Praktika müssen in der Regel über eine staatlich anerkannte Organisation abgewickelt werden. In Frage kommen eigentlich nur junge Leute nach Abschluss ihrer Berufsausbildung oder während ihres Studiums.
Wer es dennoch auf eigene Faust versuchen will, sollte einen interessierten Arbeitgeber in den USA finden, der dann über eine Petition an die Einwanderungsbehörde für Sie aktiv werden kann.
Wer zwischen 18 und 26 Jahre alt ist, kann sich für eine Au-pair-Stelle bewerben. Aufenthaltsdauer ist 1 Jahr. Er/sie hilft dann in einer amerikanischen Familie im Haushalt und betreut die Kinder. Dafür gibt es ein angemessenes Taschengeld. Reise- und Aufenthaltskosten entstehen dem Bewerber nicht, er muss sich aber über eine anerkannte Vermittlungsorganisation bewerben. Englischkenntnisse, der Führerschein sowie Erfahrung bei der Kinderbetreuung sind Voraussetzung.

Freiwilligendienste unterliegen ebenfalls der Befristung auf 1 Jahr, Unterkunft und Verpflegung sind meist frei, Entlohnung entfällt. Einsatzgebiete sind im sozialen und ökologischen Bereich. Auch hier sind bei Interesse bestimmte Organisationen anzusprechen.

Sich beruflich verändern

Da es in den Vereinigten Staaten weniger darauf ankommt, welche Zeugnisse und beruflichen Abschlüsse jemand vorweisen kann, erscheint es durchaus geboten, sich seinen eigenen Fähigkeiten gemäß beruflich zu verändern, wenn man erst einmal Fuß gefasst hat. Haben Sie also genügend Selbstvertrauen und bewerben Sie sich um eine neue Tätigkeit, die entweder mehr gesucht ist als Ihre bisherige oder in der Sie mehr verdienen können oder die Ihnen mehr zusagt als Ihr erlernter Beruf.

Möglichkeiten gibt es verschiedene, entweder über die oben schon beschriebenen Agenturen, Zeitungen, direkt bei Firmen oder aber bei sogenannten »job fairs« (Jobmessen), die meist in den Presseorganen vorher angekündigt werden. Hier findet man Stände der verschiedenen Firmen, an denen man seinen Lebenslauf vorlegen und sich persönlich präsentieren kann.

Mund-zu-Mund-Propaganda unter Freunden und Bekannten bietet ebenfalls die Chance, eine passende neue Tätigkeit zu finden.

In manchen Gegenden ist es unter Geschäftsleuten auch üblich, Schilder ins Schaufenster zu hängen, um Personal zu suchen, da sind dann Texte wie »Hiring« oder »Help Wanted« zu lesen.

Wie der aktuelle US-amerikanische **Arbeitsmarkt** aussieht, können Sie sehr detailliert auf der Webseite *www.bls.gov/oes/current/oes_alph.htm* nachlesen. Hier sind Hunderte von Berufen aufgelistet, alphabetisch geordnet, es gibt Informationen über das Einkommen, den Stundenlohn und die Beschäftigtenzahlen. Auf anderen Seiten dieser Webseite findet man weiteres statistisches Material, den Arbeitsmarkt betreffend.

Die derzeit zahlenmäßig am **schnellsten wachsenden beruflichen Tätigkeiten** (2007/08) sind:

1. Home Health Aides / Hauskrankenpfleger(in)
2. **Network System & Data Communications Analysts**
3. Medical Assistants / Medizinischer Fachangestellter (MFA)

4. **Physician Asssistants / Arzthelfer**
5. **Computer Software Engeneers – Applications**
6. **Physical Therapist Assistants / Krankengymnast-Helfer**
7. **Dental Hygienists / Zahnhygieniker**
8. **Computer Software Engineers – Software**
9. Dental Assistants / Zahnarzthelfer
10. Personal and Homecare Aides / Persönlicher häusliche Pfleger
11. **Network and Computer Systems Administrators**
12. **Database Administrators**
13. **Physical Therapists / Krankengymnast**
14. **Forensic Science Technicians / Techniker der Gerichtswissenschaften**
15. **Veterinary Technologists and Technicians / Tierärztliche Verfahrenstechniker**
16. **Diagnostic medical Sonographers / Ultraschallspezialist**
17. Physical Therapist Aides / Krankengymnastik-Helfer
18. Occupational Therapists Aides / Ergotherapeuten-Helfer
19. **Medical Scientists / Medizinwissenschaftler**
20. **Occupational Therapists / Ergotherapeut**

Fettgedruckt: Diese Tätigkeit benötigt ein Bachelor Degree oder anderes post-secondary degree (Berufsausbildung)

Bewerbung schreiben

Wenn Sie genügend Informationen über die Firmen gesammelt haben, bei denen Sie sich bewerben wollen, können Sie mit dem Abfassen Ihrer Bewerbung beginnen. Zu dieser gehören das eigentliche Bewerbungsschreiben (*cover letter*) sowie der Lebenslauf (*resume*). **Passbild, Zeugniskopien u.a. gehören nicht in eine amerikanische Bewerbung**.(s.u.) Der »cover letter« (das Anschreiben) öffnet Ihnen die erste Tür zu einem möglichen Arbeitgeber. Deswegen sollte man einige Dinge beim Abfassen dieses Schreibens beachten:

- Formulieren Sie deutlich, dass die betreffende Zeitungsannonce Ihr besonderes Interesse geweckt hat. Gehen Sie dabei auch auf alle im Inserat erwähnten Punkte ein. (zum Beispiel *Dear Mr. Brian Smith: Your July 4th advertisement in the »Continental Observer« caught my attention immediately ... the offered position is exactly what I'm looking for / is a new challenge for my professional skills ...*)

- Zeigen Sie nun in einem kurzen Rückblick auf die letzte Zeit Ihre Tätigkeiten in den von Ihnen ausgefüllten beruflichen Bereichen auf.
- Gehen Sie dann auf die in diesen Tätigkeiten gewonnen Erfahrungen und Qualifikationen ein und erwähnen Sie zusätzliche Kenntnisse (zum Beispiel Sprache), die Sie besitzen. Vergessen sie nicht, Referenzen von anderen Personen über Sie beizufügen.
- Betonen Sie nun den möglichen Nutzen, den die Firma durch Ihre Mitarbeit haben würde und weisen Sie auf den beigefügten Lebenslauf hin. Zum Schluss bitten Sie höflich um ein Vorstellungsgespräch. (z. B. *I would like to provide you with some additional information in a personal meeting.*)
- Gliedern Sie das Schreiben gut in Absätze, die nicht zu lang sein sollen.
- Umlaute (ä, ö, ü) sowie ß sind in ae, oe, ue und ss zu schreiben (engl. Schreibweise).
- Der »cover letter« soll nicht mehr als eine DIN-A4-Seite umfassen.

Formales:
In die linke obere Ecke kommt wie bei uns auch der Briefkopf, allerdings **ohne den Namen**, bestehend aus Straße, Postleitzahl, Ort, Land, Telefonnummer (mit Landesvorwahl 01149, wenn Sie noch in Europa sind) und eine (seriöse!) Email-Adresse (also nicht yogibear@bigboss.com o.ä.). In einigem Abstand darunter schreiben Sie das Datum, in US-Schreibweise: MM/TT/JJ. Wieder ein paar Leerzeilen tiefer folgt die Adressierung mit Name, Funktion, Firmenname und Anschrift der Firma. Darunter folgt die Anrede mit »Dear Mr./Mrs ...« oder, falls kein Ansprechpartner bekannt »to whom it may concern«: (übersetzt ungefähr: wen es betrifft). Nach der Anrede wird ein Doppelpunkt gesetzt, danach neue Zeile beginnen. Ihr Bewerbungsschreiben sollte mit »Sincerely« oder »Cordially«, gefolgt von Ihrem getippten Namen plus Unterschrift, beendet werden. Darunter können Sie noch auf die beigefügten Schriftstücke hinweisen, in dem Sie »attached find please« oder »enclosed find please« oder einfach »enclosures« (~ Anlagen) schreiben.

Lebenslauf (resume) verfassen

Ein ansprechend und richtig abgefasster Lebenslauf ist Ihre Visitenkarte bei der Bewerbung. Er kann viel bewirken. Deshalb geben wir Ihnen hier Tipps:

- Links oben der Briefkopf **mit Ihrem Namen**, Adresse, Telefonnummer.
- Es werden **keine** Angaben zum Alter, Familienstand oder ethnischer Zugehörigkeit gemacht (Antidiskriminierungsgesetze).
- Er enthält keine Überschrift »Lebenslauf« bzw. »resume« und auch keine Unterschrift.
- Auch er ist nicht länger als eine DIN-A4-Seite.
- Er wird chronologisch rückwärts verfasst, also die letzte Berufstätigkeit steht ganz oben.
- Folgende Abschnitte sollen darin enthalten sein (von unten nach oben!): beruflicher Bildungsweg (Lehre, Fachschule, Universität, u.ä.), berufliche Tätigkeitsbereiche, durchgeführte Aufgaben und Projekte und dabei erworbene Qualifikationen, besondere zusätzliche Fähigkeiten, sonstige (Neben-) Tätigkeiten, ehrenamtliche Tätigkeiten, Belobigungen – Preise – Ehrungen.
- Ist der Lebenslauf mehr funktionell ausgerichtet, so sollten Sie ganz oben noch Ihr berufliches Ziel (»career target«) nennen und am Schluss Referenzen erwähnen.
- Nennen Sie im Lebenslauf auch Ihre genaue Berufsbezeichnung, den (die) Namen und den (die) Ort(e) der Firma(en) sowie den (die) Beschäftigungszeitraum(räume).
- Gliedern Sie auch Ihren Lebenslauf übersichtlich in Sinnzusammenhängen und Absätzen.

Bewerbung im Internet

Mehr und mehr werden vorgefertigte Bewerbungsformulare von Firmen oder Jobagenturen im Internet zur Verfügung gestellt. Diese schematisierten »Kurzbewerbungen« brauchen Sie nur nach den dort geforderten Angaben vervollständigen. Achtung: Diese Internet-Formulare sind auf US-Adressformat (Angabe eines US-Staates, einer Stadt, des Zip-Codes, der Telefonnummer) und auch typisch amerikanische Ausbildungsgänge und berufliche Werdegänge ausgerichtet, die Sie, so gut es geht, mit Ihren typisch deutschen bzw. europäischen Inhalten ausfüllen müssen. Werden Ihre Einträge von der

Software jedoch nicht akzeptiert, weil irgendetwas fehlt oder nicht so vorgesehen ist, wie Sie es eingetragen haben, so bleibt Ihnen nur der Weg der direkten Email, wenn diese auf der Website genannt wird, ansonsten nur der postalische Weg. Unter *www.emurse.com* gibt es die Möglichkeit, seinen Lebenslauf dort zu deponieren und allen Interessierten zugänglich zu machen. Der (Wunsch-) Name wird in die Internetadresse integriert.

Vorstellungsgespräch

Das *job interview* sollte man wegen seiner Bedeutung für den Bewerbungsvorgang keinesfalls unterschätzen.

Der erste Eindruck ist der beste, sagt ein altes Sprichwort. Und so sollten Sie, wenn Sie zum Vorstellungsgespräch eingeladen sind, diese Chance so gut wie möglich nutzen. Ein positiver Eindruck, was Kleidung, Körperhaltung, Gesichtsausdruck und Ausstrahlung betrifft, kann sehr viel bewirken. Sie sollten also

- optimistisch sein und ein freundliches Lächeln zeigen
- ernsthaftes Interesse an der Stelle zeigen (auch wenn dies nicht die einzige für Sie ist)
- Positives über ihren beruflichen Werdegang berichten
- von Ihren Stärken berichten
- frühere Arbeitgeber nicht schlecht machen
- bescheiden über eigene Erfolge sprechen
- darlegen, warum Sie sich etwas von der angebotenen Stelle versprechen
- wenn Sie auf eigene Schwächen angesprochen werden, diese relativieren
- Gründe für Ihre derzeitige Arbeitslosigkeit angeben (auf Nachfrage!)
- schon etwas über die Firma wissen, bei der Sie sich gerade vorstellen (siehe Webseite der Firma)

Wichtig sind weiterhin Zielorientiertheit und Teamarbeitsfähigkeit, nach denen Sie sicherlich gefragt werden.

Man bekommt meist nie sofort nach dem Interview »den Zuschlag«, sondern der Arbeitgeber entscheidet sich zwischen mehreren Bewerbern.

Es macht einen guten Eindruck, sich einige Tage nach dem Gespräch noch einmal schriftlich für dieses zu bedanken und zu betonen, man sei weiterhin an diesem Job interessiert.

Bei positivem Ausgang werden Sie in der Regel vom zukünftigen Arbeitgeber telefonisch benachrichtigt, während ein negativer Bescheid entweder durch Nichtbenachrichtigung oder aber durch eine kurze Nachricht ergeht.

Bezahlung, Zusatzleistungen, Kündigung

Lohn bzw. Gehalt wird im Allgemeinen zweiwöchentlich oder monatlich ausgezahlt. Dabei wird entweder ein *paycheck* (Verrechnungsscheck) ausgestellt, den man in seiner Bank einlöst, oder man bekommt das Gehalt wie bei uns aufs Konto überwiesen (*direct deposit*). Zusätzlich wird in beiden Fällen ein Papier ausgehändigt, auf dem alle Beträge wie Einkommen und Abzüge aufgeführt sind. Wer als (Stunden-) Lohnempfänger (*hourly employee*) arbeitet, hat den Anspruch, Überstunden extra bezahlt zu bekommen, während Angestellte, die ein Gehalt bekommen, monatlich den gleichen Betrag bekommen (*salaried employee*).

Firmen vereinbaren mit ihren Mitarbeitern freiwillig, in welchem Umfang Krankheits- bzw. Fehltage bezahlt werden. In der Regel kann man von 1 bis 2 Wochen ausgehen. Gesetzliche Garantien für eine Lohnfortzahlung im Krankheitsfall gibt es in den USA aber nicht.

Bei den Urlaubstagen gibt es Unterschiede, die von der Branche, der Größe des Unternehmens und davon abhängen, wie lange Sie schon Mitarbeiter sind. Hier können Sie von etwa 14 Tagen ausgehen, für deutsche Verhältnisse eine ungewohnt kurze Zeit!

Zusätzlich werden Ihnen einige Tage zur persönlichen Verfügung gegeben, die für private Angelegenheiten, Krankenpflege in der Familie u.ä. verwendet werden können. Für gesetzliche Feiertage (»holidays«) gibt es ebenfalls keinen Anspruch auf Bezahlung, jedoch ist es Praxis, dass eine gewisse Anzahl solcher Tage vertraglich abgesichert ist.

Darüber hinaus existieren betriebliche Zusatzleistungen, an denen man sich als Arbeitnehmer beteiligen muss. Hierzu gehören Krankenversicherung, Versicherung für zahnärztliche Behandlung, Versicherung für kurz- und für langfristige Arbeitsunfähigkeit, Lebensversicherung und Altersvorsorge.

Auch der Kündigungsschutz unterliegt keiner gesetzlichen Regelung. Wer gewerkschaftlich organisiert ist, hat jedoch über die vereinbarten Tarifverträge Kündigungsschutz. In allen anderen Fällen können Mitarbeiter und Unternehmer das Arbeitsverhältnis beiderseitig zu jeder Zeit ohne

Einhaltung von Fristen lösen. Als Arbeitnehmer empfiehlt es sich, eine zweiwöchige Frist vor dem Ausscheiden aus der Firma einzuhalten, um der Firma größere Probleme zu ersparen und so in gutem Einvernehmen sich zu trennen.
Diese Kündigungsregeln können auch für Sie von Vorteil sein, wenn Ihnen Arbeitsbedingungen, private Gründe oder ein besseres Angebot so wichtig sind, dass Sie einen Job sehr schnell beenden wollen.

1.6.2 Ein Geschäft betreiben in den USA

Selbständige haben in den Vereinigten Staaten gute Chancen, ihre Vorstellungen von einem »business« in die Tat umzusetzen, denn sie befinden sich im Land des Unternehmertums schlechthin. Dennoch ist auf einiges hinzuweisen, was Geschäftsleute beachten müssen, ehe sie an die Gründung oder den Kauf eines Unternehmens gehen.

Vorschriften und Lizenzen

Es kann niemand mal so eben an der Ecke eine Werkstatt aufmachen oder ein Büro mieten und dann mit seinem Geschäft beginnen. Das ging in der Heimat nicht und das geht auch in den USA nicht. Es sind eine Reihe von Lizenzen zu beachten, die von verschiedenen politischen Ebenen vergeben werden.

1. Lizenzen auf Bundesebene (federal)
2. Lizenzen des jeweiligen Staates (state)
3. Lizenzen der örtlichen Gemeinde (local)

Welche Vorschriften und Lizenzen in Ihrem Falle zur Anwendung kommen, erfahren Sie beim *Department of State, Division of Licenses*, beim *Department of Consumer Affairs*, beim *State Office of Regulatory Assistance* und von sogenannten *Local Development Corporations*. Als einige wenige Beispiele für notwendige Lizenzen seien genannt: Kfz-Werkstätten, Restaurants, Friseursalons, Elektriker.

Rechtsformen

Über Marktanalyse, Konsumentenverhalten und Produktpromotion brauchen wir hier sicher nicht viele Worte zu verlieren, denn darauf haben sich potentielle US-Geschäftseinwanderer sicher längst vorbereitet. In manchen Branchen gibt es große Unterschiede zu Europa, in anderen wieder

nicht. Dies alles hängt mit dem Produkt selbst, mit der jeweiligen Zielgruppe und deren Einkommen, der national-geografischen Lage, dem soziologischen Aufbau der jeweiligen Stadt und den typisch amerikanischen Traditionen zusammen.
Wichtig ist, dass Geschäftsleute über die unterschiedlichen Rechtsformen möglicher Unternehmen informiert sind. Hierfür ist ausschlaggebend, welche Größe das Unternehmen haben soll, auf welche Weise die Geschäfte ablaufen werden, wie viel Geld man zu investieren und mit welchen Steuern man zu rechnen hat. Im Hinblick auf die Zielgruppe des vorliegenden Buches soll hier nur auf die sogenannten »small businesses« eingegangen werden. Das sind Unternehmen mit bis zu 500 Mitarbeitern.
Zunächst wäre da die sogenannte **Sole Proprietorship** zu nennen, in der Sie der alleinige Besitzer sind und mit Ihrem ganzen Vermögen haften.
Eine **Partnership** dagegen bietet zwei oder mehr Personen die Möglichkeit, gemeinsam ein Unternehmen zu betreiben. Hier wird nun wieder zwischen zwei unterschiedlichen Formen unterschieden, der *General Partnership*, in der alle Partner für die Verbindlichkeiten der Firma unbegrenzt mit ihrem Besitz haften und der *Limited Partnership*, in welcher der limited partner nur im Umfang seiner Investition haftet.
Eine rechtlich kompliziertere Organisationsform ist die sogenannte **Corporation**. In einem solchen Unternehmen haften die Anteilseigner nur in Höhe ihrer Einlage. Schließlich gibt es noch die Form der **Limited Liability Company**, die auch **S-Corporation** genannt wird. Sie ist eine partnership, hat aber den Vorteil der begrenzten Haftung wie die corporation.

Ungeschriebene Regeln für Geschäftsleute

Ausdrücklich möchten wir hier auf die besonderen Traditionen und Gepflogenheiten der amerikanischen Geschäftswelt hinweisen. Wer sie nicht beherrscht, wird trotz bester beruflicher Qualifikation und deutscher bzw. europäischer Geschäftserfahrung in den USA nicht den Erfolg haben, den er eigentlich hätte haben können. Dazu ist es notwendig, eine ganze Reihe ungeschriebener Regeln zu beherrschen, die im Umgang mit Geschäftspartnern wichtig sind und in der Geschäftwelt beachtet werden. Das fängt bei der Auswahl der richtigen Kleidung an, geht über Geschäftsetikette und das eigene richtige Auftreten, die richtige Einschätzung des Verhaltens der Geschäftspartner, professionelle Eigenarten und reicht bis in den Freizeit-

bereich. Ohne auf weitere Details einzugehen, die den Rahmen dieses Buches sprengen würden, weisen wir auf ein Buch hin, welches jeder angehende US-Geschäftsmann gelesen haben sollte: *Max Otte, Amerika für Geschäftsleute, Verlag Ullstein 1998, 2. Auflage, Paperback, 250 S.*
Zu allen Fragen der Gründung eines dieser Unternehmen und zur unterschiedlichen Besteuerung sollten Sie sich bei den entsprechenden Behörden näher erkundigen (*County Clerk's Office, Department of Labor, Department of Business Services / Business Administration, Department of State, Small Business Administration Offices*).
Zum statistisch untersuchten Käuferverhalten in Ihrem Zielgebiet erhalten Sie Hinweise durch das *U.S.Census Bureau*, auch unter der Website *http://factfinder.census.gov/java-prod/dads.ui.homePage.HomePage*

Publikationen des BfAI
Die *Bundesagentur für Außenhandelsinformation (BfAI)*, eine nachgeordnete Behörde des Bundesministeriums für Wirtschaft und Technologie, hat eine ganze Reihe von 253 Publikationen für Geschäftsleute aller möglichen Branchen vorrätig, die sehr nützliche Informationen für einen geschäftlichen Start in den USA geben. Diese können über die Webseite der BfAI bestellt werden.

Bundesagentur für Außenwirtschaft
Agrippastr. 87-93
50676 Köln
Postfach 10 05 22
50445 Köln
Tel.: +49 221 2057-0
Fax: +49 221 2057-212
Email: *info@bfai.de*
Internet: *www.bfai.de*

Liste der USA-Publikationen (mit Preisangaben in €)
Bilaterale Freihandelsabkommen – eine Bestandsaufnahme, 2007, 157 S., 25,– ISBN 3-86643-501-0
Erfolgreich investieren in den USA, 2008, 157 S., 40,–
Immobilienmarkt – USA, 2008, 23 S., 5,–
Investitionsklima und -risiken – USA, 2007, 22 S., 5,–

Lohn- und Lohnnebenkosten – USA, 2008, 21 S., 5,–
markets – Das Servicemagazin für Außenwirtschaft, August 2008, 48 S.
markets – Das Servicemagazin für Außenwirtschaft, Juni 2008, 46 S.
markets – Das Servicemagazin für Außenwirtschaft, Oktober 2008, 48 S.
Markt für Architekturleistungen – USA, 2008, 58 S., 13,–
Merkblatt über gewerbliche Wareneinfuhren – USA, 2006, 18 S., 5,–
Nationale und internationale Investitionsförderung – USA, 2008, 22 S., 5,–
Niederlassungsrecht – USA, 2007, 12 S., 5,–
Preise für Wasser, Energie und Telekommunikation – USA, 2006, 7 S., 5,–
Steuerrecht – USA, 2008, 8 S., 5,–
Transport und Logistik – USA, 2008, 13 S., 5,–
Verhandlungspraxis kompakt – USA, 2007, 10 S., 0,–
Vertrieb und Handelsvertretersuche – USA, 2008, 24 S., 5,–
Wirtschaftsstruktur und Chancen – USA, 2008, 14 S., 5,–
Zahlungsverkehr und Exportfinanzierung – USA, 2008, 16 S., 5,–

Wirtschaftsklima
Wirtschaftsdaten kompakt – USA, Mai 2008, 4 S., 0,–
Wirtschaftstrends am Jahreswechsel 2007/08 – USA, 28 S., 0,–
Wirtschaftstrends kompakt – USA, Jahresmitte 2008, 13 S., 0,–

Regionen und Sektoren
Energiewirtschaft – USA 2007, 10 S., 0,–
Industriestandorte in den USA, 2002, 166 S., 28,–

Marktanalysen
Abfallbehandlung – USA, 2003, 46 S., 35,–
Arzneimittel – USA, 2005, 46 S., 35,–
Biotechnische Produkte – USA, 2003, 52 S., 35,–
Branche kompakt – Bauwirtschaft – USA, 2008, 5 S., 0,–
Branche kompakt – Chemie-, chemische Industrie – USA, 2008, 5 S., 0,–
Branche kompakt – Kfz-Industrie und Kfz-Teile – USA, 2008, 6 S., 0,–
Branche kompakt – Maschinenbau und Anlagenbau – USA, 2008, 5 S., 0,–
Druckmaschinen – USA, 2004, 42 S., 35,–
Elektromechanische Bauelemente/Schalttechnik – USA, 2003, 44 S., 35,–

Elektromedizinische Geräte – USA, 2004, 42 S., 35,–
Gesundheitsmarkt – USA, 2008, 72 S., 30,–
Großküchentechnik – USA, 2005, 43 S., 35,–
Kühl- und Klimatechnik – USA, 2003, 44 S., 35,–
Kunststoffe und Kunststoffprodukte – USA, 2003, 38 S., 35,–
Sanitärkeramik und keramische Fliesen – USA, 2004, 45 S., 35,–
Solartechnik – USA, 2004, 46 S., 35,–
Textilien und Bekleidung – Weltmärkte – Chancen und Risiken nach dem Wegfall der ATC-Quoten, 2005, 89 S.
Windkraftanlagen – USA, 2003, 34 S., 30,–

Recht, Einfuhrverfahren, Zoll

Geschäftspraxis USA – Einfuhrbestimmungen, Recht und Gesetz, Zoll, US-Exportkontrolle, April 2006 – Sept. 2008, jeweils ca. 30 S., 12,–
Gestaltung von Exportverträgen – USA, 2001, 206 S., ISBN 3-935381-06-9
Lizenzvergabe und gewerblicher Rechtsschutz in den USA, 2006, Hrsg.: Außenwirtschaft Österreich - AWO, 16 S., 18,–
Nichttarifäre Handelshemmnisse – Arzneimittel – USA, 2006, 54 S., 30,– ISBN 3-86643-469-3
Nichttarifäre Handelshemmnisse – Gefährliche Stoffe – USA, 2003, 36 S., 27,– ISBN 3-936737-49-5
Nichttarifäre Handelshemmnisse – Kosmetik – USA, 2004, 48 S., 27,– ISBN 3-937705-10-4
Nichttarifäre Handelshemmnisse – Medizinprodukte USA, 2005, 54 S., 30,– ISBN 3-937705-97-x
Recht kompakt – USA, April 2008, 11 S., 0,–
Rechtstipps für Exporteure – USA, 2004, 172 S., 35,– ISBN 3-936737-86-X
Umwelttechnik – USA, 2008, Hrsg.: Außenwirtschaft Österreich, AWO, 34 S., 18,– Visa und Arbeitserlaubnis für die USA, 2003, Hrsg.: AHK New York, 282 S., 50,–
Zolltarif USA + CD-ROM, 2004, Hrsg.: Zollbüro Brüssel, 776 S., 46, 56
Zolltarifgesetz von 1930 – USA, 1997, 188 S., 20,–
Zolltipps USA, 2006, 69 S., 30,–ISBN 3-86643-483-9

2. Die neue Heimat

2.1 Auf sich selbst vertrauen

Zugegeben – die Überschrift klingt vielsagend, oder auch nicht. Ganz wie man will. Aber dennoch steckt ein Körnchen Wahrheit in diesem Satz, denn Selbstvertrauen ist die Grundlage für alles Neue, was wir schaffen. Ob also die Vereinigten Staaten von Amerika wirklich zu Ihrer neuen Heimat werden, kommt ganz überwiegend auf Sie selbst an. Ihr ganz persönlicher amerikanischer Traum kann zu Ihrer persönlichen amerikanischen Realität werden. Setzen Sie Ihre Spielräume dafür aber nicht zu eng. Flexibilität und Mobilität sind ganz wichtige Eigenschaften, um zu überleben und schließlich zum Erfolg zu kommen. Nachdem Sie die erste Hürde genommen und Ihr Einwanderungsvisum erhalten haben, gilt es nun, wie man so schön sagt »Nägel mit Köpfen zu machen«. Werden Sie über die Kategorie *employment based immigration* einwandern, dann verfügen Sie bereits über einen Arbeitsplatz. Kommen Sie hingegen über die *Diversity Lottery*, also die Greencard-Lotterie ins Land oder über die *family based immigration*, dann müssen Sie sich noch auf die Suche nach einem Arbeitsplatz begeben. Schauen Sie sich unter den Kapiteln 1.2 und 1.6 an, was Sie tun können.

Wir möchten Ihnen auch wünschen, dass Sie recht genau wissen, wie Sie mit Ihren neuen Mitmenschen umgehen sollten, von denen Sie ja irgendwie mehr oder minder abhängig sein werden, denn gerade am Anfang benötigen Sie viel Hilfe. Einfühlungsvermögen, Taktgefühl, Zurückhaltung, wo es angebracht ist, und Mut und Entscheidungsstärke, wo sie hingehören, das alles sind sehr pauschale, aber doch wichtige Ratschläge, die für jedes Land der Welt gelten, auch für Ihre und unsere Heimat in Mitteleuropa. Es ist auch nicht verkehrt, dieses oder jenes weiterführende Buch über Amerika und seine Menschen zu lesen, bevor man einwandert. Alle mehr detaillierten Angaben würden den Rahmen dieses Ratgebers sprengen, so dass wir auf solche Lektüre gern weiterverweisen.

Wenn Sie dann nach einem halben oder nach einem Jahr in den USA Bilanz ziehen und sich sagen: So habe ich mir das doch nicht vorgestellt, dann verzagen Sie nicht, sondern verfolgen unnachgiebig und in Auflehnung gegen alle menschengemäße Bequemlichkeit Ihr Ziel weiter. Sie

haben die Möglichkeiten, denn Sie verfügen über eine gute Schul- und Berufsbildung. Und sollte es mit der amerikanischen Sprache nicht so klappen, wie gewünscht, dann lernen Sie weiter. Nicht jeder passt sich gleich schnell an den neuen Klang der Sprache an, nicht jeder ist sprachlich begabt. Aber er kann es dennoch schaffen und braucht sich nicht zu isolieren. An dieser Stelle möchten wir Ihnen ein Buch sehr ans Herz legen, von einer klugen Frau geschrieben, die als Kind mit ihren Eltern in die USA kam, die später erfolgreich ein Studium in den USA absolviert hat und bereits mit Auftritten im Fernsehen von sich reden machte: »Raimonda Mikatavage, Immigrants & Refugees – Create Your New Life in America« (siehe auch Literaturliste). Hier erhalten Sie viel psychologische Anleitung für ein erfolgreiches amerikanisches Leben.
Erfolg lässt sich auch nicht immer in Heller und Pfennig, besser in EURO messen. Erfolg bedeutet auch, durchzuhalten, harte Zeiten zu überstehen, in der Familie und/oder mit Freunden zusammenzuhalten. Da kann der hart erarbeitete Erfolg des »kleinen Mannes« durchaus schwerer wiegen als die durch gute Anlagekenntnis gewonnenen Geldbeträge eines reichen Investors. Dies gilt auch und gerade im Bereich der selbständigen Tätigkeiten. Seien Sie also – getreu den Zehn Geboten – nicht neidisch auf die Erfolge anderer. Viele haben mehr riskiert oder haben schon einen längeren Weg hinter sich als Sie. Und außerdem – Geld allein macht nicht glücklich ...(auch wenn man ohne Geld sicherlich unglücklich ist.)

2.2 Amerikaner sind anders

Menschliches Miteinander

Die offene, hilfsbereite und freundliche Art, mit ihren Mitmenschen umzugehen, fällt auch dem Touristen sehr schnell auf. Hier könnten wir uns eine Menge abschauen. Auch der geschäftliche Konkurrent ist kein persönlicher Feind, man gönnt ihm seinen Erfolg, denn dafür hat er fast immer hart gearbeitet. Außerdem verfügt der amerikanische Binnenmarkt weiterhin über freie Kapazitäten. Dies beruht u.a. auch darauf, dass die Situation des Marktes durch die ständig vorhandene Nachfrage nach immer neuen Gütern und Dienstleistungen in Bewegung gehalten wird.
Wenn auch das Tempo in Großstädten wie New York etwas hastiger ist als im Landesdurchschnitt, der Mitmensch liegt dennoch im Blickfeld des

Amerikaners, wird beachtet und respektiert. Dies zeigt sich zum Beispiel in der Geduld, mit der man sich in eine Warteschlange einreiht wie auch auf dem Highway, wo Überholen kein Sport, sondern langsames Vorbeifahren ist und Raserei nicht stattfindet. Auch der Besitz eines Sportwagens nötigt hier nicht zur Angeberei, wie sie sich in Europa häufig in rücksichtslosem Gebrauch des Fortbewegungsmittels »Auto« ausdrückt. Der Amerikaner nimmt das Auto tatsächlich als Gebrauchsgegenstand und nicht als Statussymbol. Vorsicht geboten ist allerdings bei den häufig besonders schnell fahrenden langen Container-Sattelschleppern. Auch Hupsignale als Zeichen des Unwillens haben wir nie feststellen können. Trotz eiliger Auslieferung scheint man nicht im Stress zu sein.
Auch im allgemeinen täglichen Umgang wird die mitmenschliche Bereitwilligkeit immer wieder deutlich. Eine Nachfrage nach dem Weg oder einem bestimmten Artikel im Geschäft wird immer mit freundlichem Gesicht und zuvorkommend beantwortet. Stehe ich im Supermarkt vor dem Regal, weil ich dort nach einem bestimmten Produkt suche und es geht jemand vor mir – meine Blickrichtung unterbrechend – durch, so entschuldigt diese Person sich durch ein kurzes »excuse me«. Dies passiert nicht ein Mal, sondern ist die Regel.

Konkurrenz und Freundschaft

Trotz starker Konkurrenz auf den Märkten herrschen in den USA Teamgeist und sportliche Fairness. Und das ist auch kein Naturwunder, denn diese Charakterhaltung wie sie in der Identifikation mit der Gruppe, der Abteilung, der Firma in Erscheinung tritt, wird ja schon in den vielen sportlichen Aktivitäten während der Schulzeit eines jungen Menschen trainiert. Viel mehr als bei uns. So tut man auch als Einwanderer gut daran, sich nicht als Einzelkämpfer zu isolieren, sondern eine Gruppe um sich herum aufzubauen, der man vertrauen kann. Dies gilt sowohl geschäftlich als auch privat.
Bewerten Sie deshalb aber den Begriff »friend« in den USA nicht über, denn als solche(r) wird meist ein(e) gute(r) Bekannte(r) bezeichnet. Es gelingt aber leichter, Freunde zu gewinnen, da die Anforderungen an eine Freundschaft nicht so tief und umfassend, sondern mehr spezialisiert sind. So hat man einen »buddy« für den Basketball, einen für die Kneipe, einen, der sich ebenfalls für eine bestimmte Art von Jazz interessiert usw. Wirklich tiefe Freundschaften, bei denen sich die Freunde auch in den persön-

lichsten Bereichen austauschen, erfordern viel längere Anläufe und sind dementsprechend selten.

Sprache als Werkzeug

Typisch ist der Hang der Amerikaner zu Abkürzungen. Das fängt schon bei den Vornamen an, die man möglichst auf zwei oder drei Buchstaben reduziert (zum Beispiel Dan statt Daniel, Pat statt Patricia, Ed statt Edward). Diese Eigenart findet sich auch in den Straßenbezeichnungen auf Adressen wieder (Ave für Avenue, St für street, Pl für Place und so weiter). In den letzten Jahren hat sich diese Vereinfachungstendenz bis in die Schriftsprache der Werbung und sogar in den privaten Schreibbereich hinein fortgesetzt, wenn man an Beispiele wie *cu* an Stelle von see you oder *nite* statt night, die man sowohl auf billboards (Werbetafeln) als auch in Emails etc. wiederfindet. Auch das Internet gibt mit seiner Abkürzungssprache hier seinen Einfluss weiter. Der Amerikaner macht sich alles so einfach, kurz und schnell wie möglich. Dies ist ebenso wie *fastfood* letztlich auch Ausdruck eines *fast and easy going life*.

Sex wird verdeckt

Auffällig in den Neuenglandstaaten ist die relativ strenge äußere Moral, die sich in der Zurückhaltung in Bezug auf die Darstellung oder besser Zurschaustellung des nackten menschlichen (besonders des weiblichen) Körpers in der Werbung zeigt. Dies erschien uns positiv, wenn man mal mit dem vergleicht, was hierzulande Einzug gehalten hat. Das heißt nicht, dass in diesem Teil der USA kein Sex in der Werbung eingesetzt würde, dies aber eben nur mit Maßen und nicht so hüllenlos wie in Europa. Hauptursache hierfür ist der Einfluss und die Bedeutung alter christlicher Werte, die noch aus den Zeiten des Puritanismus stammen.
Es ließen sich noch weitere Facetten bei Verhaltensunterschieden finden, die wir an dieser Stelle aber nicht erschöpfend wiedergeben können. Eine umfangreiche und sehr tiefsinnige Darstellung amerikanischen Verhaltens und amerikanischer Sitten gibt uns zum Beispiel Dieter Thomä in seinem Buch »Unter Amerikanern – eine Lebensart wird besichtigt« (siehe Literaturliste).

2.3 Erste Unterkunft finden

Den Punkt »erste Unterkunft in den USA« sollten Sie auf jeden Fall schon von Ihrer Heimat aus geregelt haben. Da Hotelaufenthalte in den Vereinigten Staaten kein billiger Spaß sind, bleibt nur die rechtzeitige Anmietung einer Wohnung mit Hilfe amerikanische Freunde oder, falls der Platz und das Angebot dafür vorhanden sind, das direkte Wohnen bei dieser Familie. Theoretisch könnte man vorübergehend auch in einem Wohnwagen oder Mobilheim wohnen, wenn man in einer wärmeren Gegend der USA ist. Hierbei ist wichtig, wo die betreffende Unterkunft steht, zum Beispiel auf dem Grundstück von Freunden.
Ein Hauskauf erscheint dann problematisch, wenn Sie nicht mit aus Europa transferiertem Geld bezahlen können, sondern auf ein Darlehen (home loan) angewiesen sind. Dieses werden Sie von einer US-Bank nur erhalten, wenn Sie eine »credit history« (s. Kap. 2.5) vorweisen können, die Sie als Tourist aber nicht haben. Ansonsten können Sie natürlich mit herübergebrachtem Geld ohne Probleme ein Haus kaufen.
Genauso wichtig, wenn nicht noch wichtiger, ist die »social security number«, die fast den gleichen Rang hat wie bei uns ein Personalausweis, den die USA in der Form nicht kennen. Diese Nummer erhalten Sie erst nach Einreise auf Antrag bei der Behörde. Details dazu geben wir weiter unten.
Auf der anderen Seite ist es natürlich auch empfehlenswerter, von dort aus in Ruhe den amerikanischen Immobilienmarkt (siehe auch das Kapitel »Immobilien«) zu studieren, bevor man sich für ein Objekt entscheidet.

2.4 Erste wichtige Schritte

Wenn Sie nun noch nicht über eine Mietwohnung verfügen und vom Hotel oder von der Wohnung Ihrer Freunde aus Ihre ersten wirklichen »amerikanischen Schritte« tun, gehen Sie folgendermaßen vor:

Social Security Card

Beantragen Sie als erstes im nächstgelegenen »Social Security Office« (im Telefonbuch unter »United States Governement« bzw. unter »Government« oder »Social Security Administration« zu finden) eine *Social Security card.* Adressen der Büros findet man auch unter *www.ssa.gov/locator*. Diese kommt in ihrer Bedeutung nämlich einem deutschen Personalausweis sehr nahe und ist eine unabdingbare Voraussetzung für die Aufnahme einer Arbeit, die Eröffnung eines Bankkontos und einiger anderer wichtiger Vorgänge. Für die Beantragung bringen Sie Ihren Reisepass, die Geburtsurkunde sowie Ihr Visum bzw. die Greencard mit. Innerhalb kurzer Zeit wird Ihnen dann diese wichtige Karte, auf der Ihre SSN (Social Security Number) steht, zugeschickt.

Wer einen Grund, beispielsweise die Eröffnung eines Bankkontos, angeben kann, der kann in einigen US-Staaten sogar als Tourist eine SSN erhalten. Eigentlich zum Zwecke der Speicherung von Einkommen und Abgaben für den Rentenanspruch der Arbeitnehmer geschaffen, ist die SSN de facto eine Personenkennzahl.

Für Ehepartner und Kinder kann man beim Internal Revenue Service (IRS) einen Antrag auf Zuteilung einer individuellen Steuernummer (ITIN) stellen. Näheres findet man unter *www.irs.gov*. Bitte bewahren Sie die Social Security Card, auf der die SSN steht, sowie auch alle anderen ähnlichen Dokumente zu Hause an einem sicheren Ort auf, statt sie mit sich umherzutragen.

Wohnung suchen

Nun gehen Sie, falls erforderlich, auf Wohnungssuche. Schauen Sie in die Anzeigenseiten der regionalen Tageszeitung und suchen Sie unter der Rubrik »real estate«. Hier finden sich sowohl private Inserate wie auch solche von Maklern (real estate agents).Bei Letzteren müssen Sie mit einer Vermittlungsprovision von 15 Prozent der Jahresmiete rechnen.

Sie können auch auf Anschlagtafeln (bulletin boards) bzw. Pinnwänden (pin walls) in Universitäten, Wohnheimen, kirchlichen Institutionen und im Supermarkt Wohnungsangebote finden. Für Einzelpersonen sind sicher auch Angebote von Wohngemeinschaften (sharing) interessant.

Die Höhe der Miete richtet sich wie bei uns auch nach der Größe, der Lage und dem Zustand des Objekts. Ganz grob: Rechnen Sie mit einer Spanne von 500 bis 3000 $ pro Monat.

Wichtig:

- Bei der Angabe der Zimmeranzahl bezieht sich diese immer auf die Anzahl der Schlafräume. Wohnzimmer, Esszimmer und Küche bilden eine räumliche Einheit und werden nicht extra erwähnt. Somit laufen auch Kinderzimmer unter »bedrooms«.

- Die Grundfläche, falls angegeben, wird in *Quadratfuß* ausgewiesen, nicht in Quadratmeter. Ein Quadratfuß beträgt nur ca. ein Zehntel eines Quadratmeters!
- »tenant, lessee« bedeutet Mieter, »landlord« oder »lessor« ist der Vermieter.

Mietvertrag machen

Erschrecken Sie nicht über das Misstrauen und die Neugier der Amerikaner nach Ihren persönlichen und Einkommensverhältnissen. Oftmals wird ein sogenannter *credit report* verlangt, der aber für Sie als Einwanderer noch nicht erstellt werden kann, Sie hatten ja noch keine US-Kredite. Günstig wäre es dann, wenn Sie Näheres über Ihren Job und das aktuelle oder zu erwartende Einkommen sagen können. Auch eine Referenz der Bank, bei der Sie Ihr neues US-Konto (bank account, checking account) haben, kann nützlich sein. Sollten Sie schon einmal eine Mietwohnung gehabt haben, bitten Sie Ihren früheren Vermieter um einen *letter of reference* (Empfehlungsschreiben). Ebenso sollten Sie Ihren Pass, die Geburtsurkunde (engl.), Ihren amerikanischen Führerschein (falls schon erworben) sowie die schon erwähnte *social security card* dabeihaben.

Grundsätzlich sind in den USA zwei Formen des Mietvertrags üblich. Der eine nennt sich *month-to-month rental agreement* und wird jeweils nur für die Dauer eines Monats geschlossen. Meist werden solche »Verträge« nur mündlich abgesprochen. Der Vorteil liegt darin, dass man für eine relativ kurze Zeit eine Bleibe hat. Für solche Fälle wäre es auch günstig, dass die Wohnung möbliert ist. Bei Monatsverträgen könnte der Vermieter die Miete auch monatlich heraufsetzen, wenn er dies einen Monat vorher ankündigt.

Ein *lease*-Mietvertrag dagegen wird für längere Zeit – meist ein Jahr – abgeschlossen. Nachteil hierbei ist, dass Sie diesen Vertrag, anders als bei uns, nicht vorzeitig durch Kündigung beenden können. Auch die Miethöhe ist für den vereinbarten Zeitraum festgeschrieben.

Fertigen Sie auf jeden Fall vor Abschluss eines Vertrages im Beisein von Zeugen ein Mängel- bzw. Übergabeprotokoll an und lassen sich dieses

vom Vermieter unterschreiben, um sich vor Schadenshaftung für Altschäden zu bewahren.
Achten Sie wie bei uns auch darauf, ob die Adresse, der monatliche Zahlungstermin, alle vereinbarten Leistungen sowie eventuelle Verpflichtungen hinsichtlich Renovierung oder Reparaturen von elektrischen und sanitären Installationen sowie Nebenkosten im Vertrag ausgewiesen sind.
Rechnen Sie mit der Forderung einer Mietkaution.
Auf der Website *http://tenant.net* finden Sie Informationen über die Rechte von Mietern.

Führerschein machen

Ihr europäischer Führerschein gilt in den USA maximal noch ein Jahr, in dieser Zeit – und nicht erst danach – sollten Sie sich rechtzeitig um den US-Führerschein bemühen.
Nach dem 11.9.2001 haben viele US-Bundesstaaten ihre Führerscheinbestimmungen dahingehend geändert, dass eine Fahrerlaubnis entweder nur bei Vorlage einer Aufenthaltserlaubnis für die USA (Green Card) oder einer US-Sozialversicherungsnummer erworben werden kann. Eine Fahrerlaubnis für Personen, die sich nur vorübergehend in den USA aufhalten (zum Beispiel Austauschschüler), wird von diesen Staaten nur bis zum Ende des Aufenthaltes bzw. bis zum Ablauf des Visums ausgestellt. Oft wird nur eine vorläufige Fahrerlaubnis in dem betreffenden Bundesstaat ausgestellt. In diesem Falle müssen noch bestimmte Voraussetzungen erfüllt werden, bevor die Fahrerlaubnis erteilt wird.
Das Department of Motor Vehicles (DMV) regelt die Führerscheinerteilung. Der Führerschein (*driver's license*) wird bei vielen Stellen, zum Beispiel auch bei Banken und Versicherungen als Identifikationsdokument benutzt, da es Personalausweise in der uns bekannten Form in den USA nicht gibt. Zusätzlich kann man beim DMV auch eine dem US-Führerschein ähnliche *identification card* beantragen.
Die DMVs aller Bundesstaaten kann man hier finden: *www. auswandern.us/fuehrerschein.html*

Allgemeine Voraussetzungen für die Erteilung eines Führerschein sind:

- eine schriftlichen Prüfung
- eine praktische Fahrprüfung
- ein Test über die Kenntnis der Verkehrszeichen

- ein Sehtest
- der Nachweis englischer Sprachkenntnisse
- der Nachweis einer Aufenthaltsberechtigung (Visum)

Viele, die diese Prüfung schon absolviert haben, bezeichnen sie als leichte Übung. Man sollte sich aber bewusst sein, dass US-Verkehrszeichen vielfach anders aussehen als europäische. Auch in den Verkehrsregeln gibt es manche Unterschiede. Da man einen praktischen als auch einen theoretischen Test ablegen muss, empfiehlt sich die Vorbereitung darauf mit Hilfe eines Buches. Dieses nennt sich *Driver's manual* und kann aus dem Internet von den Websites der *Departments of Motor Vehicles* als PDF-file (englisch!) heruntergeladen werden. Auf diesen Websites finden sich häufig auch »sample tests« mit Multiple-Choice-Fragen, ganz ähnlich aufgebaut wie der spätere Test. Diese kann man dann zur Probe ausfüllen und sein Ergebnis sofort danach sehen.

Fachausdrücke aus dem Bereich »Verkehr«:

intersection	Kreuzung
(to be) alert	Achtung (=wachsam sein)
to yield	Vorfahrt achten (=gewähren)
merge	einfädeln
right of way	Vorfahrt
soft shoulder	unbefestigter Seitenstreifen
road work	Straßenbaustelle
detour	Umleitung
rest area	Raststätte
train track	Eisenbahngleis, auch für: Bahnsteig (track 1, 2, ...)
driveway	Einfahrt
to pass	überholen
to turn	abbiegen
curb	Bordsteinkante
crossing gate	Eisenbahnschranke
walkway, sidewalk	Fußweg
pavement	Straßenoberfläche

Sofern eine praktische Prüfung von Ihnen verlangt wird, fällt diese – wie viele berichten – recht einfach aus und lässt sich von dem Besitzer eines

europäischen beziehungsweise deutschen Führerscheins unter Anwendung der hier erlernten Fähigkeiten und Kenntnisse sicherlich leicht bestehen. Der Fahrprüfer achtet besonders darauf, ob Sie sich rechtzeitig umgucken, in den Rückspiegel sehen und blinken, wenn Sie aus der Parklücke oder Einfahrt herausfahren oder die Fahrspur wechseln.
Erfahrungen zum Führerscheinerwerb im Bundesstaat Connecticut finden Sie in Kapitel 2.8

2.5 Geld und Bankkonto

Münzen, Scheine, Kreditkarte

Nachdem die alten Zeiten, als Münzen noch tatsächlich den Wert besaßen, den sie als Metallwert von Gold oder Silber darstellten, endgültig vorbei waren, sind sie heute eigentlich nicht mehr als eine verkleinerte Form des Papiergeldes. Der aufgedruckte Wert ist lediglich ein vereinbarter. So finden Sie in den USA heute überwiegend nur noch den Vierteldollar (Quarter Dollar), das 10-Cent-Stück (sogenannter »Dime«), das 5-Cent-Stück (sogenannter »Nickel«) und das 1-Cent-Stück (sogenannter »Penny«), Letzter auch in seiner kupfernen Farbe unserem Pfennig nicht unähnlich, nur größer.
Im alltäglichen Gebrauch am wichtigsten sind die Quarter-Dollar-Münzen, denn sie werden bei allen Gelegenheiten verwendet, zum Beispiel an Automaten, bei kleinen Käufen, bei Bustickets, als Telefonmünzen, als kleines Trinkgeld (sogenannter »Tipp«).
Ansonsten ist es nicht nur üblich, sondern auch notwendig, sich mit einem Bündel von Papiernoten auszurüsten, angefangen von der geradezu massenhaft auftretenden One-Dollar-Note bis hinauf zur 50-Dollar-Note. Alle Dollarnoten sehen gleich aus, unterscheiden sich nicht in Form und Farbe, sondern nur in der Abbildung des Kopfes und der Wertangabe. Alle Noten, die über 50 Dollar liegen (zum Beispiel schon die 100-Dollar-Note) könnte Misstrauen beim Bezahlen erwecken, da es eine große Zahl von gefälschten großen Banknoten gibt, vor denen man sich lieber vorsicht.
In den letzten Jahren hat sich aber die Bezahlung mit der Kreditkarte mehr und mehr auch zu kleinen Beträgen hin verbreitet. Mehrere Kreditkarten zu haben, ist normal. Allerdings ist diese Zahlart nicht bei Postämtern, bei öffentlichen Verkehrsmitteln, bei Kleinkäufen am Imbissstand, wie bei-

spielsweise für eine Schachtel Zigaretten, eine »chocolate bar«, Kaugummi, eine Zeitung oder auch für Taxifahrten möglich. Wenn Sie keine Kreditkarte besitzen, werden Sie immer wieder Probleme bekommen, da Ihre finanzielle Vertrauenswürdigkeit angezweifelt wird.
Als Barzahler sind Sie gewissermaßen ein unbeschriebenes Blatt, dem man kein Vertrauen entgegenbringt. Dazu muss man wissen, dass es in den USA umgekehrt ist wie bei uns: Nicht der Barzahler erweckt den Eindruck der Zuverlässigkeit und Ehrlichkeit, sondern derjenige, der im Laufe der Zeit durch pünktliche und regelmäßige Rückzahlung verschiedener Kredite seine Zahlungsfähigkeit bewiesen hat. Bar bezahlen könnte ja bedeuten, dass man auf diese Weise eine Art Geldwäsche durchführen will, also um Geld, das man auf kriminelle Weise bekam, in den legalen Markt zu bringen. Also besorgen Sie sich eine Kreditkarte. Wie aber, wenn die betreffende Bank Ihnen keine Kreditwürdigkeit zutraut? Dazu hilft Ihnen vielleicht der folgende kurze Bericht.

Wie baut man Kreditwürdigkeit auf?

Hans Beckmann (Name geändert), der vor einigen Jahren nach Arkansas einwanderte, berichtet, wie er seine Kreditwürdigkeit aufgebaut hat:
»Bei der Bank, bei der wir unser Konto eingerichtet hatten, bekamen wir eine Kreditkarte mit 500 $ Limit. Wir haben sie fleißig genutzt und sofort die volle Summe (für die mit der Kreditkarte gekaufte Ware) bezahlt, sobald wir unseren Kartenauszug (Kontoauszug des Kreditkartenkontos) erhielten. Dann bot das Kaufhaus »Sears« Sonderpreise an, wenn man mit der Sears-Karte bezahlt. Also hin und eine Karte beantragt, um damit unseren Kühlschrank billiger zu kaufen, hat auch geklappt. Die Karte hatte aber nur 500 $ Kreditrahmen. Diese Karte haben wir so oft wie möglich benutzt und die aufgelaufene Kreditsumme nach Erhalt des Auszugs immer sofort bezahlt (nicht etwa nur die erforderliche Mindestrückzahlung!). Das gleiche machten wir mit einer »Wal-Mart«-Karte und das über die ersten zwei Jahre unseres Hierseins.
Nach zwei Jahren wollten wir uns einen anderen, neuwertigen Minivan (Kombiwagen) zulegen. Wir gingen zu unserer Bank, um ihn finanzieren zu lassen, um damit auch unsere »credit history« aufzumotzen. Durch unsere saubere Kontoführung bei der Bank (keine geplatzten Schecks, Visa-Schulden, Überziehungen – man kennt hier keinen Dispositionskredit!) und die Tatsache, dass ich regelmäßiges Einkommen habe, bekamen

wir die gewünschte Finanzierung dann ohne Probleme. So haben wir nun *reports* von Visa, Sears, Wal-Mart und von unserer Hausbank, die von den drei »Schufa«-Unternehmen kontrolliert werden und damit unsere Kreditwürdigkeit beweisen. Wie hoch der mögliche Rahmen durch unsere doch noch recht kurze Kreditgeschichte ist, weiß ich natürlich nicht, aber die 15.000 $ für das Auto waren schon recht beachtlich.«

Wie und ob der Einzelne nun seine Kreditschulden bedient hat, das wird durch drei große Agenturen (Equifax, Experian, Trans Union) gesammelt, gespeichert und in sogenannten *credit reports* – ähnlich wie bei uns die SCHUFA – den Banken zugänglich gemacht. Jedermann kann seinen *credit report* einsehen, was in manchen US-Staaten gebührenpflichtig ist. Ab und zu sollte jeder in seine Kreditgeschichte einblicken, um festzustellen, ob dort eventuell ungerechtfertigte, falsche und versehentliche Einträge gemacht wurden.

Geldtransfer in die USA

Erspartes als Auswanderer mit in die Staaten zu bringen, ist nicht nur vorteilhaft, sondern häufig auch bitternötig, wenn Sie drüben noch kein Einkommen haben. Für den Geldtransfer von Europa nach USA bieten sich verschiedene Möglichkeiten an:

- Bargeld mitnehmen (bei mehr als 10.000 $ muss das Formular CF 4790 beim US-Zoll ausgefüllt werden).
- Statt dessen die gleiche Summe (oder auch zusätzlich) in Reiseschecks mitnehmen.
- Noch größere Beträge bargeldlos transferieren.

Für Letzteres bieten sich wieder mehrere Möglichkeiten:

- Falls ein US-Konto vorhanden, eine Auslandsüberweisung tätigen (Name, Adresse und Bankcode der US-Bank erforderlich).
- Falls noch kein Konto vorhanden, überweist Ihre Heimatbank den Betrag an eine Bank, mit der diese in geschäftlicher Verbindung steht; dort bekommen Sie dann Ihr Geld in Form eines Schecks ausgehändigt und können damit bei dieser oder einer anderen Bank ein Konto eröffnen.
- Sie nehmen Ihr Geld in Form eines Euroschecks mit und eröffnen damit Ihr US-Konto; informieren Sie ihre Heimatbank vorher über die geplante Abhebung eines großen Betrages.

Internationale Geldtransfers erfolgen in der Regel mit dem SWIFT-System, welches die Übertragung eines angeforderten Betrages noch am selben Tag ermöglicht. Außer dieser Möglichkeit gibt es noch den Service von »Western Union«, die mit allen größeren deutschen Postfilialen zusammenarbeitet. Dieser Dienst kostete im Juli 2001 für eine Summe bis zu umgerechnet 250 Euro eine Gebühr von 25 Euro. Von 250 Euro aufwärts kommen je 250 Euro weitere 7,50 Euro Gebühr hinzu. Dies ist die schnellste Geldüberweisungsmethode, da sie innerhalb von Minuten bis zu höchstens einer Stunde funktioniert. Der Einzahler in Europa erhält eine Codenummer, die er dem Empfänger in den USA telefonisch mitteilt. Dann geht dieser zur nächsten Bank bzw. zum Western-Union-Partner und erhält dort gegen Nennung der Codenummer den Betrag.

Bankkonten

Banken tragen entweder die Bezeichnung »Loan Bank« oder »Savings Bank«. Suchen Sie sich zur Eröffnung eines Kontos auf jeden Fall eine renommierte Bank. Dies erfragen Sie am besten bei Freunden, Bekannten oder Geschäftsfreunden. Günstige Kontoführungsgebühren gibt es bei den sogenannten »credit unions« (Genossenschaftsbanken), die aber nicht für alle Berufsgruppen in Frage kommen. Diese bieten auch höhere Guthabenzinsen (»positive account balance«) und niedrigere Kreditzinsen. Mehr dazu bei: *www.cuna.org*

Es gibt für Sie die Möglichkeit, ein Girokonto (»checking account«) oder ein Sparkonto (»Savings account«) zu eröffnen, manche Banken bieten eine Kombination aus beiden Kontoarten. Es ist nicht ungewöhnlich, wenn der Bankangestellte Sie nach Ihrer »Social Security Number« (s.o.) fragt. Die Starteinzahlungen für ein Konto liegen bei 100 bis 200 $. Achten Sie auf einen stets ausreichenden Kontostand (»minimum balance«), um hohe Zinskosten zu vermeiden. Manche Banken erheben Scheckgebühren oder Kontoführungsgebühren, andere wieder nicht.

Wenn Sie einen Scheck zur Bezahlung eines von Ihnen gekauften Produktes ausschreiben und Ihr Kontostand ist dafür schon zu klein, so ist der Scheck »geplatzt«, geht an den Einreichenden zurück und von Ihnen wird eine Gebühr von bis zu ca. 30 $ erhoben (!). Zusätzlich erhebt der Einreichende, wenn dies eine Firma ist, wo Sie mit Ihrem Scheck etwas kaufen wollten, eine zusätzliche Gebühr von Ihnen. Also sorgen Sie durch einen ausreichenden Kontostand vor, um gegen solche Fälle gewappnet zu sein.

Wenn Sie ein Scheckbuch bei Ihrer Bank beantragen, so können Sie dies ebenfalls gegen Kosten tun. Auf Wunsch wird ein privates Logo bzw. persönliches Symbol o.ä. mit eingedruckt.
Einen eingelösten Scheck bezeichnet man als »cancelled check«. Diese Schecks bekommen Sie von Ihrer Bank anschließend zugeschickt und haben so einen Überblick über Ihrer getätigten Scheckgeschäfte.
Vergessen Sie das (gute!) europäische Euro-Scheck-System mit automatischer Deckung bis zu einem gewissen Betrag. So etwas gibt es in den USA nicht.
Banküberweisungen mit sogenannten Einzahlungs- bzw. Überweisungsträgern, wie Sie bei uns alltäglich sind, kennt man ebenfalls nicht. Für solche Vorgänge werden ebenfalls Schecks benutzt. Auch Ihr wöchentlicher Lohn oder monatliches Gehalt wird Ihnen als Scheck zugestellt.

Abheben und bezahlen

Mit der *ATM card*, die Sie von Ihrem Geldinstitut bekommen, können Sie an einem Geldautomaten (Automatic Teller Machine – ATM) Geld von Ihrem Konto abheben. Wie bei unserer EC-Karte auch gehört eine vierstellige Geheimzahl dazu (PIN). Anders als bei uns kann man an der ATM beim Abheben zwischen seinem Girokonto (»checking account«) und seinem Sparkonto (»savings account«) wählen.
Kontoauszüge werden am Monatsende von der Bank auf dem Postweg zugesendet. Es gibt keine Kontoauszugsdrucker.
Außer der *ATM card* gibt es noch die sogenannte *debit card*, die auch *check card* genannt wird. Mit ihr kann man zum Beispiel an der Supermarktkasse bezahlen, da sie auf das eigene Konto zugreift. Die andere Bezahlmöglichkeit ist die mit der *credit card*, die über die entsprechende Kreditkartengesellschaft abgerechnet wird. Bei der debit card braucht man nicht zu unterschreiben.

Einige Geldbegriffe im Überblick

Einzahlung	deposit
Geld einzahlen; abheben	to pay in; to withdraw money
Konto	account
Kontoauszug	account statement
Kontostand	balance
Ratenzahlung	installment

Gehaltsscheck	pay check
Ersparnisse	savings
Betrag	amount
Zinsen	(bank) interest

Geld anlegen

Um die »Ware« Geld ertragreich anzulegen, gibt es mehrere Wege, die wir im Folgenden kurz darstellen wollen.

Das *Certificate of Deposit (CD)* stellt eine zeitlich befristete Anlage dar, für die betreffende Bank einen festen Zinssatz garantiert. Zinsen werden monatlich gutgeschrieben. Nach Ablauf der Laufzeit verlängert sich der Vertrag automatisch auf eine zweite Laufzeit, wenn Sie über Ihr Geld nicht verfügen wollen. Will man die Anlage also kündigen, dann legt man das Certificate vor, und füllt zur Vermeidung von Steuern ein Formular aus. Benötigt man das Geld jedoch vor Ablauf der Laufzeit, so sind Strafgebühren (sogenannte »penalty«) für den der Bank entgangenen Gewinn fällig. Laufzeiten sowie Zinssätze schwanken von Bank zu Bank.

Annuities sind Rentenbriefe und damit langfristige Kapitalanlagen bei Lebensversicherungen, jedoch keine Lebensversicherung selbst. Die Laufzeiten bewegen sich zwischen 10 und 30 Jahren. Einzelheiten sollten Sie erfragen und dann die Angebote der Gesellschaften miteinander vergleichen. Bei solchen Verträgen legt das jeweilige Unternehmen einen Mindestzinssatz fest, wobei der wirksame Zinssatz meistens höher liegt. Er richtet sich nach dem alljährlich neu festgelegten Diskontsatz. Annuities werden ohne Gebühren sowohl von Banken als auch von »Brokern« (Geldanlage-Agenten) vertrieben. Das eingesetzte Kapital wird überwiegend durch staatliche Fonds (»funds«) abgesichert.

Den *Mutual Fund* kann man mit dem deutschen Begriff »Fonds« übersetzen. Er ist eine Kapitalanlage, durch Broker oder Bank vermittelt, welche sich auf verschiedene Branchen der Wirtschaft im In- und Ausland verteilt. Auch Aktien und Schuldverschreibungen können darin enthalten sein. Es gibt mehr als 6000 solcher Fonds, welche an der Börse gehandelt werden und damit einem Schwankungsrisiko unterliegen. Um für Zeiten wirtschaftlichen Rückgangs gewappnet zu sein, empfiehlt es sich, unterschiedliche Fonds in einem Portfolio (Depot) einer Bank halten zu lassen. Dadurch mindert sich das Risiko. Die Laufzeit von Fonds ist meist unbe-

schränkt. Einzelne Fondanteile können beliebig ge- oder verkauft werden. Man ist mit mindestens 100 $ bei einer Fondanlage dabei.
Bonds sind Kapitalanlagen bei großen Unternehmen der Industrie, bei Versorgungsunternehmen, bei Städten und Gemeinden oder Landkreisen (Counties). Sie erstrecken sich über eine längere Laufzeit. Die Zinsen fallen oder steigen je nach Marktlage. Solche Papiere werden auch an den Börsen gehandelt. Das Konkursrisiko eines Bond-Herausgebers ist gering. Es gibt halb- oder ganzjährige Zinsgutschriften. Zu erhalten bei Brokern oder Banken, jederzeit ohne Gebühren verkäuflich.
Prinzipielle Unterschiede zwischen europäischen und US-amerikanischen Anlageformen gibt es nicht. Es wechseln nur die Begriffe und die praktische Handhabung vor Ort.

2.6 Haus kaufen

2.6.1 Amerikanische Häuser

Amerikaner bevorzugen, ähnlich wie auch Australier, das offene Wohnen. Wenn Sie also ein typisch amerikanisches Haus betreten, befinden Sie sich, meist ohne durch einen echten Flur gegangen zu sein, direkt im Wohn-, Ess- und Küchenbereich. Eine räumliche Trennung gibt es hier nicht. Häufig ist dieser »Lebensraum« auch ohne Zwischendecke ausgeführt, wenn das Haus einstöckig ist, da man auch keinen Dachboden kennt. Man blickt also, was durchaus den Charakter von Blockhausgemütlichkeit hat, bis zur Dachschräge empor. Diese ist mehr oder weniger aufwendig mit Brettern verschalt oder die Balken sind direkt sichtbar. Man erkennt unschwer, dass sich Amerikaner auf Funktionalität beschränken und sich auch nicht in ihren Häusern »einmauern« oder »wegschließen«.
Ganz überwiegend wird das traditionelle amerikanische Haus auch heute noch in Holzbauweise erstellt. Viele werden die holzbeplankten und in meist hellen, freundlichen Farben gestrichenen Gebäude aus Filmen kennen. Bei Häusern neueren Jahrgangs ist die Beplankung nicht mehr aus Holz, sondern in Kunststoff ausgeführt, was zu größerer Wetterfestigkeit führt und preiswertere Herstellung ermöglicht. Dennoch sieht die Beplankung aus größerem Abstand echtem Holz täuschend ähnlich.

Die Fenster sind fast immer und traditionell als Mehrfachschiebefenster ausgeführt, welche in den kühleren Regionen zwei Glasschiebefenster plus ein Fliegenfenster umfassen. Im Sommer wird eines der beiden oder beide Glasfenster nach oben weggeschoben. Auch Fenster werden zunehmend aus Kunststoff hergestellt.
Badewannen- oder Duschwannen sind ebenfalls häufig in Vollkunststoff ausgeführt und bilden oft – anstelle von Fliesen – mit der daneben liegenden Wandbedeckung gleichen Materials eine komplette Einheit.
Wasserhähne und Armaturen sind bedienungstechnisch häufig anders gestaltet, als man dies von Europa gewöhnt ist. Wir fanden über der Badewanne fast immer einen großen zentralen Drehknopf, der sowohl zum Aufdrehen und Abstellen des Wassers als auch zur Temperaturregelung da ist, sowie – darunter sitzend – einen kleinen Hebel bzw. Schieber, mit dem man den Wasserzulauf von Wanne auf Dusche umstellt.

Einige Fachausdrücke aus der Immobilienwelt:

Apartment, unit	Wohnung
condo (oder: condo apartment)	Eigentumswohnung in einer Wohnanlage (condominium)
condo townhouse	Reihenhaus, meist 2-stöckig
condo detached	einzeln stehendes Haus in einer Siedlung gleichartiger Häuser
condo semi detached	Häuser grenzen nur durch die Garagen aneinander
attached townhouse	Reihenhaus
single family home (detached home)	frei stehendes Einfamilienhaus
cottage	kleines Haus
duplex	zweistöckiges Doppelhaus
triplex	drei zweistöckige Häuser aneinander
store with apt/office	Laden mit zugehöriger Wohnung/Büro
vacant land	unbebautes Gelände
farm	Bauernhaus, evtl. mit Wirtschaftsgebäuden
fenced-in backyard	Garten/Hinterhof mit Zaun
one (two)-car garage	Garage für ein (zwei) Auto(s)
pre-manufactured homes	Fertighäuser
log homes	Blockhäuser

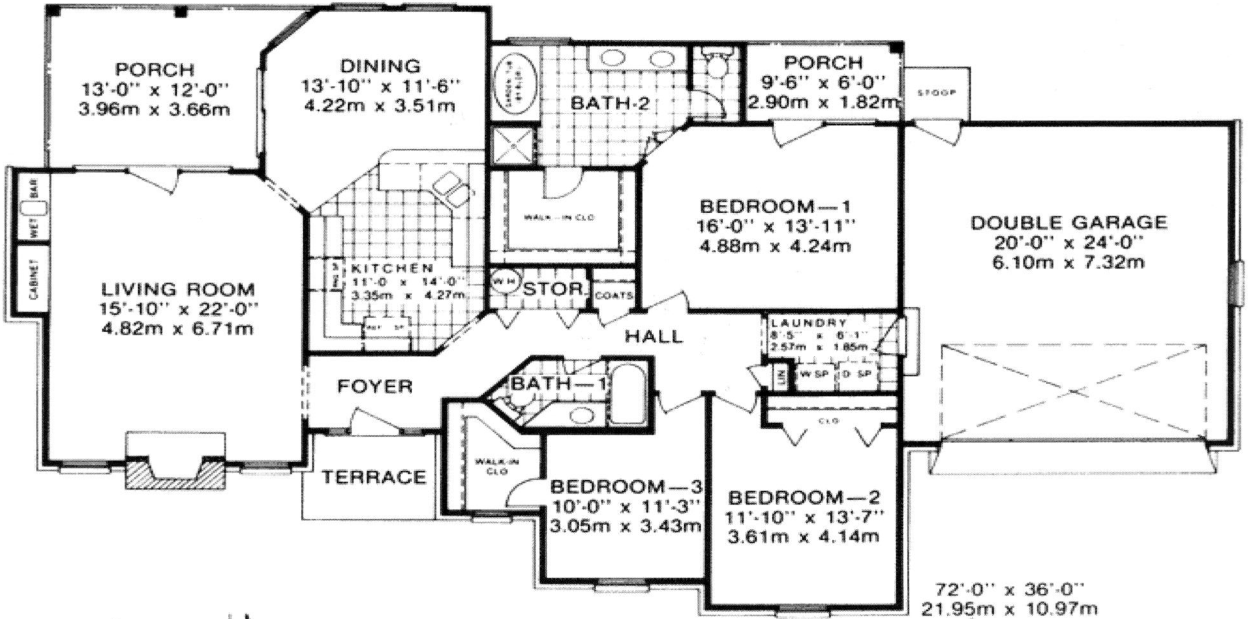

72'-0" x 36'-0"
21.95m x 10.97m

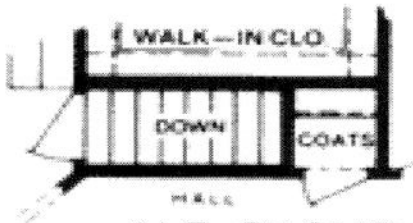

ALT. BASMT. STAIR

1720 SQ. FT. LIVING AREA—159.79m²
219 SQ. FT. PORCHES—20.35m²
480 SQ. FT. GARAGE—44.59m²
2419 TOTAL SQ. FT.—224.73m²

Fast immer werden in Kleinanzeigen Abkürzungen und Begriffe verwendet, wie zum Beispiel:

BR	bedroom
bths	bathrooms
kit	kitchen
bldg	building
1st flr	1st floor (1. Stockwerk, entspr. unserem Erdgeschoss!)
new flr	new floor (neuer Fußboden)
fplc	fireplace (Kamin)
gar	garage
porch	Veranda
skylite	Dachfenster, Oberlicht
renov	renovated (renoviert)
pvt	private

2.6.2 Erwerb eines Hauses/einer Wohnung

Wenn Sie als Neueinwanderer keine hohe Summe aus ihrem Heimatland für den Kauf eines Hauses in die Staaten transferieren können, sind Sie aus Sicht amerikanischer Banken wie jeder andere unbekannte Kreditnehmer ein Risiko, wenn Sie ein Darlehen haben wollen, um damit Wohneigentum zu kaufen, denn Sie haben, wie schon oben erwähnt, noch keine »credit history«. Bauen Sie sich diese zunächst mit einer kleinen Ratenzahlung bei irgendeinem Geschäft auf, zum Beispiel, um Möbel oder ein Auto zu kaufen. Sie können sich dann bei ihrer Bank um eine sogenannte »pre-qualification« kümmern, die Ihnen dann die Zusage einer »mortgage« bzw. eines »home loans« oder auch »mortgage loans« (Eigenheimkredit) eröffnet. Auch ein »real estate agent« (Makler) kann Ihre Kredit-Qualifikation begutachten.
Erst jetzt sollten Sie mit der Objektsuche beginnen. Wenn Sie von Ihrem Kreditgeber die Zusage für eine Hypothek bekommen haben, rutschen Sie in den Status des »pre-approval« (Vorbestätigung). Wenn Sie mit einer Ihnen zusagenden Immobilie fündig geworden sind, ziehen Sie zunächst einen Anwalt (wenn nicht Makler) zu Rate, bevor Sie eine Kaufzusage bzw. ein Angebot (binder, agreement, purchase offer, o.ä.) unterschreiben. Prüfen Sie das Objekt ausgiebig, um versteckte Mängel herauszufinden. Als jemand, der sich nicht mit amerikanischen Häusern auskennt, soll-

ten Sie auch hier wieder einen Fachmann (»home inspector«) einschalten. Bei einer Eigentumswohnung (»condo«) ist es wichtig, dass Sie sich über die Rechte aller Wohnungsinhaber, über die finanzielle Gesamtlage und die laufenden Verwaltungskosten des Kondominiums informieren.
Kreditgeber in den USA verlangen, wie schon erwähnt, bei Neukunden ungewöhnlich viele Informationen, bevor ein Kredit gewährt wird. Je höher der prozentuale Anteil von der Kaufsumme ist, den Sie finanzieren müssen oder wollen, desto neugieriger hinsichtlich Ihrer finanziellen Lage wird man sich anstellen.
Nehmen Sie auf jeden fall nur eine größere Bank für Ihr Darlehen in Anspruch, um sicher zu gehen, dass diese das Darlehen aus eigener Kraft bereitstellt und nicht nur mitverdienende Durchgangsstation für eine größere Bank hinter den Kulissen ist. Kleine Kreditgeber handeln regelrecht mit diesen Verträgen.

Sogenannter »Title«

Das Besitzrecht an einer Immobilie (»title«) kann mit bestimmten Lasten belegt sein, wie zum Beispiel noch nicht zurückgezahlte Hypotheken, noch ausstehende Steuerzahlungen oder bestimmte Pfandrechte. Dies kann zu Schwierigkeiten bei der Übertragung der Besitzrechte vom Verkäufer auf den Käufer verbunden sein. Der Besitztitel muss übertragbar sein. Um das herauszufinden, nehmen Sie sich einen Anwalt oder die Dienste einer sogenannten »Title Company« in Anspruch. Um allen Eventualitäten vorzubeugen, empfiehlt sich der Abschluss einer »title insurance« (Besitztitel-Versicherung), die jedoch Sie für sich selbst abschließen sollten. In einer sogenannten »warranty deed« (Garantieurkunde) versichert der Verkäufer dem Käufer, dass es keine Ansprüche Dritter auf die Immobilie oder andere, Sie als Käufer schädigende Interessen daran gibt.

Kaufvertrag

Wie auch in Deutschland üblich sollen im Vertrag enthalten sein:

- Anschrift der Immobilie
- Beschreibung der Immobilie
- Evtl. zusätzlich mitverkaufte Einrichtungen oder Geräte
- Vertragsparteien
- Kaufpreis

- Art der Bezahlung
- Die Qualität des Besitztitels
- Kauf- und Übernahmedatum

Vorsicht ist bei Objekten geboten, welche »as is« (wie besehen) angeboten werden. Hier sind wahrscheinlich mehr oder weniger verdeckte Mängel vorhanden.

Die Modalitäten des Vertragabschlusses belaufen sich darauf, dass Sie vom Immobilienagenten oder Ihrem Anwalt (der als Abschlussbeauftragter = »closing agent« tätig ist) einen Vertragsentwurf erhalten (»offer«), der dem Verkäufer zur Kenntnisnahme vorgelegt wird. Ist er mit dem Inhalt nicht einverstanden, kann er einen Gegenvertrag anfertigen (»counter offer«). Ist man sich dann einig, wird zunächst eine Anzahlung als Sicherheit (»security deposit«) bei einem Treuhänder hinterlegt. Innerhalb eines Monats hat der Käufer nun noch die Möglichkeit, Mängel zu beanstanden. Danach erfolgt dann der Vertragsabschluss (»closing«). Als Vorbedingung sollte unbedingt im Vertrag stehen, dass dieser vorbehaltlich der Zusage Ihres Bankkredites (»mortgage«) erfolgt. (»... the sale is subject to obtaining appropriate financing ...« o.ä.).

Grundbucheintragungen wie in Deutschland gibt es nicht. Der Eigentümerbrief (»deed«) gibt die Rechte des Verkäufers an den Käufer weiter. Dieser Vorgang wird rechtskräftig, wenn die Umschreibung beim zuständigen Gericht eingereicht und vollzogen wurde.

Zusätzliche Kosten

Außer der Anzahlung, die sich meist bei einem Fünftel der Kaufsumme bewegt, kommen weitere Kosten auf Sie zu, die wir zum Teil oben schon erwähnten. Als in den Kaufvertrag eingeschlossene Kosten (»closing costs«), für die Käufer wie Verkäufer gleichermaßen verantwortlich sind, kämen in Frage: *state/local fees, attorney fees, title search costs, transfer taxes, document fees, fees for credit report, document preparation fees, land survey fees, lender's attorney fees, lender's mortgage insurance, lender's title insurance, owner's title insurance, escrow account fee, inspection fees, loan discount points, application fees.*

Hypotheken

Da Häuser häufig billiger sind als bei uns, sieht man einmal von den guten Lagen am Rande der amerikanischen Großstädte ab, so können auch die

Laufzeiten der Rückzahlung kürzer ausfallen. Schauen Sie, um sich aktuell über Immobilien, Preise und Finanzierungen zu informieren, in die Immobilienteile der großen Tageszeitungen (zum Beispiel *New York Times*) und ins Internet (s.u.).
Obwohl man durch eine Vorab-Zusage (»pre-approval«) des Kreditgebers ein gutes Gefühl beim Kauf einer Immobilie hat, bedeutet diese keine Garantie, den Kredit auch tatsächlich zu bekommen. Dazu muss erst Ihre finanzielle Situation genau geprüft werden (s.o.). Warten Sie also mit anderen größeren Anschaffungen ab, bis Sie den Hypothekenkredit auch tatsächlich haben.
Solche Kredite bekommt man bei Banken, Federal Credit Unions, Savings and Loan Associations, Mortgage Companies und anderen. Um sich für eine bestimmte Kreditstelle zu entschließen, vergleichen und sprechen Sie bitte über die angebotenen Konditionen, zu denen nicht nur die monatlichen Zinsen, sondern auch die »closing costs« (s.o.) und eventuelle andere Gebühren gehören. Entweder suchen Sie in den gelben Seiten der Telefonbücher unter »mortgages«, oder Sie nehmen die Dienste eines sogenannten »mortgage brokers« (Finanzierungsmakler) in Anspruch, um den für Sie geeigneten Kreditgeber zu finden.

Viele Hausangebote findet man unter *www.realtor.com*

Einige Fachausdrücke

Kaufvertrag	sales agreement
Bedingungen	terms
Hausgutachter	home inspector
Schätzung	appraisal
Versicherung gegen Fehler im Besitztitel des zu kaufenden Hauses	title insurance policy
Gebäudeversicherung	replacement-cost policy
Mängelliste	disclosure statement
down payment	Anzahlung

2.7 Berufsleben

2.7.1 Arbeitsbedingungen und Gewerkschaften

Es ist nicht alles Gold, was glänzt ... so auch in den Vereinigten Staaten. Viele kennen die Floskel von »hire and fire« (»einstellen und feuern«). Es ist einfach eine andere Unternehmenskultur, eine andere Art von Einstellung zu Arbeit und Mitarbeit. Der US-Unternehmer hat keine Probleme damit, jemanden einzustellen, was oft unkomplizierter vonstatten geht als im europäischen Heimatland. Er hat aber genauso wenig Skrupel, Sie nach kurzer Zeit wieder zu entlassen, wenn betriebliche oder andere Gründe dies erforderlich machen. Dass dies möglich ist, liegt auch an dem nur geringen Einfluss amerikanischer Gewerkschaften.

Dies hat zur Folge, dass der amerikanische Arbeitnehmer sich nicht geschützt fühlt und deswegen bereit ist, länger zu arbeiten, als wir es kennen. Er möchte seine Arbeit ja nicht verlieren. So arbeiten fast 40 Prozent aller Arbeitnehmer länger als 50 Wochenstunden (!), haben niedrigere Einstiegsgehälter und nur zwei Wochen Jahresurlaub. Viele werden während ihres Urlaubs oder während krankheitsbedingter Abwesenheit nicht bezahlt. Andere, die nur ein geringes Einkommen aus einer Tätigkeit haben, sind gezwungen, mehrere Jobs parallel anzunehmen, eine Erscheinung, die jetzt auch bei uns um sich greift (»Lohndumping«) und eine negative Folge der sogenannten Globalisierung ist. Die Unternehmen suchen nach billigen Arbeitskräften, um sich gegen den Konkurrenzdruck der die Billiglohnländer zu wehren.

Wie William Hiscott die Rolle der Gewerkschaften als Interessenvertretung der Arbeiter und Angestellten in den USA einschätzt, gibt ein Textausschnitt wieder: (aus »Jungle World«, 15.2.07):

»Die vergangenen zwölf Jahre, in denen der Kongress von den Republikanern dominiert wurde, waren keine gute Zeit für die Gewerkschaften in den USA. Sie verloren Millionen von Mitgliedern, ihr Einfluss in den Betrieben und der Politik des Landes ist stark gesunken, und es ist eine neue Generation von Arbeitern herangewachsen, von denen viele kaum noch wissen, was eine gewerkschaftliche Interessenvertretung ist.

Es gibt nicht nur einzelne Firmen, (...), sondern sogar ganze Branchen wie die New Economy, in denen gewerkschaftliche Betätigung untersagt wird. Das erleichtert es den Unternehmen, die Löhne zu senken, die Beschäf-

tigten zur Arbeit zu zwingen, wann und wie der Chef es befiehlt, und sie zum Verzicht auf die in den USA wichtigen ***benefits*** *wie Krankenversicherung, Betriebsrente und bezahlten Urlaub zu bewegen.*
Der Versuch, Gewerkschaftsgruppen zu gründen, hat Tausende Aktivisten den Job gekostet. Solche »diskriminierenden Entlassungen« sind zwar illegal, doch die Strafen sind gering, und es ist kaum möglich, eine Wiedereinstellung gerichtlich zu erzwingen. Die jüngst von den Demokraten im Repräsentantenhaus eingebrachte Gesetzesvorlage »Employee Free Choice Act« (EFCA) soll das ändern. Vorgesehen ist es, die Bildung einer Gewerkschaftsvertretung auf Betriebsebene erheblich zu vereinfachen und illegale Entlassungen härter zu bestrafen. Eine Mehrheit von 230 Abgeordneten im Repräsentantenhaus unterstützt die Gesetzesvorlage, die Abstimmung ist für das Frühjahr geplant.«
Derzeit ist die Gründung einer Gewerkschaftsgruppe gegen den Willen der Betriebsleitung kaum möglich. *Um die Berechtigung ihres Interesses zu beweisen, müssen die Organisatoren von einer Mehrheit der Beschäftigten unterschriebene Autorisierungskarten abgeben. Darauf folgt eine gesetzlich festgeschriebene, betriebsinterne »Diskussionszeit«, bevor geheim abgestimmt wird. In dieser Zeit werden die Beschäftigten vom Management eingeschüchtert. Ist die Wirkung nicht auf Anhieb ausreichend, kann die Unternehmensleitung den Wahltermin verschieben und kurzfristig eine größere Anzahl gewerkschaftsfeindlicher Beschäftigter einstellen.* ***Während der »Diskussionszeit« oder nach ihrer Abstimmungsniederlage werden häufig die Aktivisten gefeuert, sofern sie dem Mobbing bis dahin standgehalten haben.*** *Der EFCA verkürzt die Prozedur, in Zukunft soll die Abgabe der Autorisierungskarten genügen ...«*

US-Gewerkschaften im Überblick
AFL-CIO: American Federation of Labor-Congress of Industrial Organizations (Dachverband der US-Gewerkschaften
AFSCME: American Federation of State, County and Municipal Employees (Gewerkschaft der Beschäftigten im Öffentlichen Dienst)
ACTWU: Amalgamated Clothing and Textile Workers Union (Vereinigte Bekleidungs- und Textilindustrie-Gewerkschaft)
AFT: American Federation of Teachers (Gewerkschaft der Lehrer)

Change to Win Coalition: Koalition aus International Brotherhood of Teamsters, LIUNA, UNITE HERE, SEIU, UFCW, deren Mitglieder großteils aus der AFL-CIO ausgetreten sind
GCC: Graphic Communications Conference (of the International Brotherhood of Teamsters) (Gewerkschaft der Beschäftigten in der graphischen Industrie)
ICWU: International Chemical Workers Union (Gewerkschaft der Beschäftigten in der Chemieindustrie)
ILGWU: International Ladies Garment Workers Union (Gewerkschaft der Beschäftigten in der Damenbekleidungsindustrie)
NUHHCE: National Union of Hospital and Health Care Employees (1199) (Gewerkschaft für Beschäftigte im Krankenhaus und im Gesundheitswesen)
NEA: National Education Association (Gewerkschaft der Beschäftigten im Bildungssektor)
NUP: New Unity Partnership (Neue Partnerschaft für Einheit)
OCAW: Oil, Chemical and Atomic Workers (Gewerkschaft der Arbeiter in der Öl-, Chemie- und Atomindustrie)
PACE: Paper, Allied-Industrial, Chemical and Energy Workers International Union (Gewerkschaft für Beschäftigte in der Papier- und Chemieindustrie, im Energiesektor und verwandte Industrien)
United Paperworkers International Union (Gewerkschaft der Beschäftigten in der Papierindustrie)
SEIU: Service Employees International Union (Gewerkschaft des öffentlichen Dienstes und des Dienstleistungssektors)
USWA: United Steelworkers of America (Gewerkschaft der Stahlarbeiter)
UBC: United Brotherhood of Carpenters and Joiners of America (Gewerkschaft der Zimmerleute und Tischler)
LIUNA: Laborers' International Union of North America (Arbeitergewerkschaft von Nord-Amerika)
International Brotherhood of Teamsters (Gewerkschaft der LKW-Fahrer)
UAW: United Automobile, Aerospace & Agricultural Implement Workers of America International Union (Gewerkschaft der Beschäftigten im Automobil-, Flugzeug- und Landwirtschafts-Maschinenbau)
UFCW: United Food and Commercial Workers International Union (Gewerkschaft der Beschäftigten in der Nahrungsmittelindustrie)

UFW: United Farm Workers (Gewerkschaft der Landarbeiter)
UNITE HERE (Gewerkschaft der Hotelangestellten und Textilarbeiter)

2.7.2 Berufsbezeichnungen

Die folgende Liste stellt natürlich nur eine kleine **Auswahl** gängiger Berufsbezeichnungen aus einer weitaus größeren Zahl dar.

Arzt	physician, doctor
Augenarzt	ophthalmologist, eye-doctor
Arzt, praktischer	general/medical practitioner
Agraringenieur	agricultural engineer
Apotheker	pharmacist
Arbeiter	laborer, worker
Autoelektriker	car electrician
Automechaniker	car mechanic
Chirurg	surgeon
Bäcker	baker
Bankangestellter	bank clerk
Berater	adviser, counselor
Bergwerksarbeiter	miner
Berufsberater	employment counselor
Betriebswirtschaftler	industrial management expert
Bibliothekar	librarian
Blechschlosser	sheet metal worker
Blumenhändler	florist
Buchhalter	book keeper, accountant
Buchhändler	bookseller
Büroangestellter	clerk
Busfahrer	bus driver
Chemiker	chemist
Dekorateur	decorator; window dresser
Diätspezialist	dietician
Einkäufer	purchasing agent
Elektriker	electrician
Fleischer	butcher, meat cutter
Fliesenleger	tile setter
Forscher	researcher, inquirer, scientist

Frauenarzt	gynecologist
Friseur	hairdresser, hairstylist
Fußpfleger	podiatrist
Altenpfleger	care worker
Handelsvertreter	mercantile agent
Handwerker	craftsman
Haushälterin	homemaker, servant
Hausmeister	janitor, porter
Herrenfriseur	barber
Immobilienmakler	real estate agent, realtor
Kellner(in)	waiter (waitress)
Kinderarzt	pediatrician
Klempner	plumber
Koch	cook
Kosmetikerin	cosmetologist
Kranführer	crane driver, crane operator
Krankenpfleger(in)	male (female) nurse
Küchenhilfe	kitchen help
Kühlmaschinentechniker	refrigeration mechanic
Künstler	artist
Lagerverwalter	store keeper, warehouseman
Landvermesser	surveyor
Landwirt	farmer, agriculturist
Lebensmitteltechnologe	food technologist
Lehrer	teacher
Leichenbestatter	mortician
LKW-Fahrer	truck driver, trucker
Maler, Lackierer	painter
Maurer	mason, bricklayer
Maschinenbauingenieur	mechanical engineer
Maschinenschlosser	machinist
Med.-tech. Assistentin (MTA)	medical laboratory technician
Monteur (Reparatur)	maintenance person, fitter
Notar	notary public
Optiker	optician, optometrician
Orthopäde	orthopedist
Polsterer	upholsterer

Rechtsanwalt (höhere Gerichte)	barrister
Rechtsanwalt (sonst)	lawyer, attorney
Redakteur	editor
Revisor, Buchprüfer	auditor
Schlosser	locksmith
Schneider	tailor
Schreiner, Tischler	cabinet maker, joiner
Schweißer	welder
Sekretär(in)	secretary
Sozialarbeiter	social worker
Spediteur	haulage contractor
Stenotypist(in)	stenotypist
Systemanalytiker	system analyst
Tankwart	gas station operator
Tapezierer	paperhanger
Tierarzt	veterinarian
Trockenbaumonteur	drywaller
Verkäufer	salesperson, shop assistent
Versicherungsagent	insurance agent
Verwaltungsbeamter	administrative officer
Verwaltungsangestellter	administrative assistent
Wachmann	security guard
Werbedesigner	advertising designer
Uhrmacher	watchmaker
Umzugsunternehmer	mover
Volkswirtschaftler	economist
Zahnarzt	dentist
Zahnarzthelferin	dentist assistent
Zahntechniker	dental technician
Zeichner	draftsman, designer
Zimmermann	carpenter
Zimmermädchen	chambermaid

2.8 Autofahren und Transportmittel

Die USA sind nicht nur eine autofahrende, sondern eine autoabhängige Nation. Es sind weit mehr als 200 Millionen Fahrzeuge registriert. Auf je 1000 Einwohner kommen 600 private Fahrzeuge, in Deutschland nur 480. Im Durchschnitt verbraucht jeder Amerikaner die stolze Menge von 1250 kg Benzin im Jahr, was einen beträchtlichen Anteil an der Kohlendioxid-Belastung ausmacht.
Beobachtet man den Lebensstil der Amerikaner, so bekommt man sehr schnell die Gewissheit, dass die Behauptung nicht übertrieben ist, Amerikaner machten nichts zu Fuß, sondern erledigen alles mit dem Auto. Dies zeigen vor allem die vielen drive-in-Schalter der Banken und der Schnellrestaurants. Wenn man Fußgänger auf der Straße sieht, so sind dies fast ausschließlich alte Menschen, Kinder oder sozial Unterprivilegierte. Ausnahme: Die Geschäftsstraßen der Innenstädte. Dementsprechend fehlen auch in den Wohngebieten die Fußwege.

2.8.1 US-Führerschein

Die wesentlichen Angaben, wie man den US-Führerschein (»driver's license«) erlangt, finden Sie bereits im Kapitel 2.4. Hier wollen wir noch ein wenig in die formalen Details gehen, um Sie gut vorzubereiten. Übrigens – US-Führerscheine müssen alle fünf bis zehn Jahre erneuert werden, wozu dann ein Sehtest fällig wird.
Gehen wir also als erstes in den Bundesstaat *Connecticut*, der wegen seiner guten Beschäftigungschancen, seines Bildungsstandes, seines gemäßigten Klimas, seiner europäisch geprägten Traditionen und seiner Nähe zum Weltzentrum New York ein beliebtes Einwandererziel ist.
Zunächst müssen Sie sich identifizieren. Dazu gehört, dass Sie Ihren bisherigen Führerschein vorzeigen (der nach Ausgabe Ihres neuen Führerscheins eingezogen wird) und Ihre Geburtsurkunde vorlegen. Es sind nur Originaldokumente zulässig. Ein Passbild (ohne Kopfbedeckung und dunkle Brille!) wird nur verlangt, wenn Ihre bisherige Lizenz keines enthält.
Als Nicht-Staatsbürger der USA müssen Sie Ihren legalen Aufenthalt in den USA nachweisen. Dazu gehört:

- Nachweis einer Wohnadresse im Bundesstaat CT. Dazu kann man einen Mietvertrag, eine Energiekostenabrechnung, einen Hypothekenvertrag oder einen durch die Post zugestellten Brief an die eigene Adresse vorlegen.
- die Social Security Number (SSN). Wenn Sie **keine** solche bekommen haben, muss die »Social Security Administration« in einem Schreiben an das DMV bescheinigen, warum nicht. Die »Non-Commercial Driver's License« (nicht kommerzielle Fahrerlaubnis) benötigt normalerweise eine SSN.

Sie müssen eine Antragsgebühr von 40 $ und eine Führerscheingebühr von 66 oder 77 $ entrichten, letztere in der Gültigkeitsdauer abhängig von Ihrem Geburtsdatum. Ab 1.1.0.2008 muss jeder, der in CT noch keinen Führerschein hatte, ein achtstündiges Fahrsicherheitstraining absolvieren. Der Bewerber muss sich einem Sehtest unterziehen.

2.8.2 Schriftlicher und praktischer Test

Der schriftliche Test (»law test«) für neu zugewanderte Antragsteller besteht aus 25 Fragen, von denen man 20 richtig beantworten muss. Um sich darauf einzustellen, hat das DMV auf seiner Website einige Beispiele wiedergegeben.
Um festzustellen, ob Sie in der Lage sind, ein Fahrzeug sicher und den Vorschriften gemäß zu führen, führt die Behörde (»Department of Motor Vehicles«) einen Fahrtest (»road test«) mit Ihnen durch. Es gibt dafür keine festgelegten Routen, sondern der Prüfer (»inspector«) fährt mit Ihnen (bzw. Sie mit ihm!) sowie mit einer weiteren fahrtüchtigen Person Ihres Vertrauens eine beliebige Strecke ab. Dazu stellen Sie Ihr eigenes bzw. von Freunden geliehenes Fahrzeug zur Verfügung. Gehen Sie auf Nummer Sicher und seien Sie auf jeden Fall mit diesem Fahrzeug vertraut. Natürlich muss Ihr Auto verkehrssicher sein, d.h. alle Funktionen müssen auch vorschriftsmäßig arbeiten (Scheibenwischer, Defroster, Blinker, Bremsen, Beleuchtung, Hupe).
Wer die Prüfung besteht, zahlt die oben erwähnten 66 oder 77 $. Wer durch die praktische Prüfung fällt, kann sie nach einer Woche wiederholen und zahlt dann noch einmal 40 $.

Worauf es bei der Prüfung ankommt
Zu Beginn des Fahrtests sind die üblichen Einstellungen und Handgriffe im Fahrzeug vorzunehmen (Innen- und Außenspiegel, Sitz, Lenkrad, Gurt). Dann kommt es darauf an, dass Sie vor dem Starten die unmittelbare Umgebung Ihres Wagens richtig eingeschätzt haben (Hindernisse, parkende Autos, Fußgänger, ...). Die Handbremse bleibt so lange angezogen, bis der Wählhebel des Automatikgetriebes von P (»Park«) auf D (»Drive«) geschaltet ist. Schauen Sie in die Spiegel, sehen Sie sich vor dem Ausfahren aus der Parklücke um und blinken Sie zum Herausfahren. Beschleunigen Sie nicht zu schnell und vor allem gleichmäßig. Halten Sie den Sicherheitsabstand ein. Beim Abbiegen setzen Sie die Geschwindigkeit deutlich herunter, achten sichtbar auf andere Verkehrsteilnehmer und vergessen auf keinen Fall zu blinken (!). Dasselbe beim Spurwechsel. Ebenso müssen Sie in der Wahl der richtigen Fahrspur sicher sein und die Vorfahrtsregeln beachten. Beim STOP-Schild bringen Sie das Fahrzeug auch wirklich zum Halten. Sie müssen Ihr Auto auch in eine Parklücke fahren können und den Bordstein (»curb«) dabei beachten. Weiterhin müssen Sie ein Wendemanöver durchführen und am Berg parken können.

2.8.3 Straßenverkehrsregeln

Die den Straßenverkehr ordnenden Regeln und Vorschriften, besonders auch die von Deutschland und Europa abweichenden Farben und Formen der Verkehrszeichen, können den aus dem Internet herunterladbaren Handbüchern (»Driver's Manual«) entnommen werden. Sie sind von Bundesstaat zu Bundesstaat unterschiedlich. Dies kommt besonders in den Geschwindigkeitsbegrenzungen für Highways zum Ausdruck.
Höchstgeschwindigkeiten in geschlossenen Ortschaften liegen meist bei 20 bis 25 mph, in Schulzonen bei 15 mph, auf den Highways bei 55 bis 65 mph. Auf Interstate Highways können sogar 70 oder 75 mph erlaubt sein. Die Praxis zeigt jedoch, dass diese Limits oft um 10 bis 20 Prozent überschritten werden. Denken Sie aber daran, dass die Highway Police überall auftauchen kann. Oft sieht man Polizeiwagen auf dem Seitenstreifen stehen, mal mit, mal ohne erwischte Autofahrer. Werden Sie von der Polizei angehalten, bleiben Sie auf jeden Fall im Wagen sitzen, steigen Sie nicht aus.

Es gibt auch ein generelles Verbot des Hinauswerfens von Abfällen aus dem Fahrzeug. Strafe bis 1000 $. Eigentlich ist das selbstverständlich, keinen Müll hinauszuwerfen, allerdings scheint dies nicht bei allen Teilen der Bevölkerung so zu sein. *Achtung*: Transportieren Sie keine geöffneten Flaschen mit alkoholischen Getränken im Auto. Dies verstößt ebenfalls gegen die Gesetze der meisten Bundesstaaten. Behalten Sie alkoholische Getränke geschlossen und im Kofferraum Ihres Wagens.

Wollen Sie Ihr Fahrzeug parken, so suchen Sie sich am besten einen gewerblichen Parkplatz, wo Sie eine Gebühr von 5 bis 10 $ pro Tag entrichten. Es kann auch Stundenkontingente geben, die preiswerter sind. Nie vor einem Hydranten parken!

Es gibt auch verschieden eingefärbte Bordsteine, die folgende Bedeutung haben: rot = absolutes Parkverbot, grün = Wartezone, blau = Parken nur für behinderte Personen erlaubt, gelb = Ladezone für Lastwagen, weiß = nur zum Halten. Dies sind nur Beispiele, denn die Farbgebungen können wieder von Staat zu Staat abweichen. Man findet in manchen Staaten auch Straßen, die im Winter für die ungehinderte Durchfahrt von Schneepflügen freizuhalten sind.

Ganz allgemein gilt außerdem: Es herrscht in den USA Rechtsverkehr. Fast überall sind Sicherheitsgurte und Kindersitze vorgeschrieben. An haltenden Schulbussen, aus denen Kinder aussteigen, darf nicht vorbeigefahren werden. Es besteht Gurt- und Anschnallpflicht. Man findet hier und da erinnernde Schilder entlang den Highways, zum Beispiel »Buckle up – it's the state law« (Schnall dich an – es ist Staatsgesetz).

2.8.4 Autoversicherung

Bevor man in den USA ein Fahrzeug versichert, sollte man sich eingehend über Eigenarten und Bedingungen der Versicherungsgesellschaften informieren. Wir haben für Sie ausführlich recherchiert und stießen dabei auf bemerkenswerte Dinge.

Zunächst sei gesagt, dass es schwierig werden kann, manche Fahrzeugtypen zu vernünftigen Preisen und Bedingungen versichern zu lassen. Hierzu zählen in erster Linie besonders begehrte **Sportwagen**, die von manchen Versicherungsgesellschaften gar nicht erst versichert werden, da man ein zu hohes Diebstahlrisiko befürchtet. Manche Gesellschaften verlangen für bestimmte Autotypen das Vorhandensein einer Garage plus Alarmanlage.

Leicht kann man zu monatlichen Versicherungskosten von über 100 $ kommen. Deswegen wird ein gründlicher Vergleich verschiedener Gesellschaften und ihrer Leistungen unumgänglich. Bekannte Namen sind Allstate, State Farm, AAA u.v.m. Im Internet gibt es bei der weiter unten angegebenen Adresse »Vergleichs-Maschinen, die man nutzen sollte.

Schadenfreiheitsrabatte aus Deutschland/Europa werden von manchen Gesellschaften anerkannt, zum Beispiel AAA, so dass man auch hier gleich mit Rabatten (discount) beginnen kann. Ermäßigungen auf die Beiträge gibt es wie in der Heimat auch mit zunehmender unfallfreier Versicherungsdauer.

Passen Sie bei sehr günstig erscheinenden Versicherungsbeiträgen auf, da dies ein billiger Trick sein könnte, um Sie reinzulotsen. In diesem Fall käme dann nach einiger Zeit mit der Post eine Aufforderung, dass Sie auf Grund eines »company rate error« (Beitragsbemessungsfehler) noch 200 $ nachzuzahlen haben. Dieses Verhalten nennt man »low balling« und es ist keine Seltenheit. Also Vorsicht.

Was überaus wichtig ist, nicht so sehr für den Neueinwanderer, sondern für den schon länger in den USA Ansässigen, ist das persönliche **Punktekonto (»driving record«)**, auf dem wie hierzulande in Flensburg alle Verstöße und Bußgelder registriert werden. Sie können sicher sein, dass sich ihre Gesellschaft, bevor sie mit Ihnen einen Vertrag eingeht, dort erkundigt.

Nun kann es leider vorkommen, dass man trotz längst bezahlter Strafen und eventueller Nachschulung dennoch einen schlechten Punktestand aufweist, nur weil die betreffende Behörde (zum Beispiel das Gericht) die längst überfällige Revidierung noch nicht vorgenommen hat. Daher wird empfohlen, alle Bestätigungen und Quittungen für abgeleistete Bußen sorgfältig aufzubewahren (möglichst 3 Jahre), sonst könnte es passieren, dass man bei der nächsten Polizeikontrolle zu einer Haftstrafe verdonnert wird, weil man mit einem »suspendierten« (für ungültig erklärten) Führerschein erwischt wird, ohne sich dessen überhaupt bewusst zu sein! Und dies nur, weil anstehende Revidierungen an die zentrale Erfassungsstelle nicht weitergemeldet wurden.

Um ganz sicher zu gehen, frage man nach der **Klassifizierung (»rating«)** der jeweiligen Versicherungsgesellschaft, eine Art Güteklassen-Ordnung.

Prüfen Sie dies auch nach und entscheiden Sie sich dann möglichst für die rating-Klasse »A«, eventuell auch »B«, aber keine schlechtere.

Nun ein Wort zu den **Schadensabdeckungen (»coverage«)**. Grundsätzlich wird empfohlen, so viele Risiken wie möglich zu versichern, um keine bösen Überraschungen zu erleben:

Bei der **Bodily Injury and Liability** handelt es sich um die Abdeckung von Personenschäden im gegnerischen Fahrzeug, wobei noch zwischen zwei Maximalsummen unterschieden wird, der Schadensabdeckung pro verletzter Person und derjenigen für alle in den Unfall verwickelten Personen.

Die Sparte **Collision** deckt alle selbstverschuldeten Unfallschäden am eigenen Fahrzeug, also auch zum Beispiel durch Aufprall auf Hindernisse hervorgerufene Schäden.

Comprehensive Coverage kann mit »umfassender Abdeckung« übersetzt werden und meint alle Schäden, die durch Einflüsse von außen am Fahrzeug entstanden sind. Dazu zählen Wirbelstürme, Hochwasser, Wildunfälle, Diebstahl und willkürliche Beschädigungen.

Full Glass deckt Glasschäden an Ihrem Fahrzeug ab. In dieser Sparte ist in manchen US-Staaten keine Selbstbeteiligung möglich, da dort das Fahren mit einer defekten Windschutzscheibe ungesetzlich ist.

Mit der **Medical Coverage** sind Fahrer und alle mitfahrenden Personen gegen die Arzt- und Behandlungskosten versichert. Die Schuldfrage ist nicht relevant.

No-Fault and Personal Injury Protection deckt Arzt- und mögliche Rehabilitierungskosten, Kosten für Beerdigung und andere Schäden, die Ihnen, Ihrer Familie, Ihren Fahrzeuginsassen oder beteiligten Fußgängern durch den Unfall entstanden sind, wieder ohne Frage der Schuld. Deswegen die Bezeichnung »no-fault«.

Liability Coverage bedeutet »Verantwortliche Abdeckung« und tritt für Schäden ein, die durch Ihre Schuld der gegnerischen Seite entstanden sind, zum Beispiel beschädigte Fahrzeuge, Zäune, Rasenflächen, Torpfosten, Laternenpfähle und Ähnliches.

Preisnachlässe zahlen Ihnen Autoversicherungen für Air-bags, Fahrzeug-Alarmanlagen, ABS-Bremsen, Absolvieren einer Fahrschule (für alle unter 25 J.), längerfristig straffreies Fahren (driving record!), besonders sichere Autotypen und Versicherung mehrerer Fahrzeuge gleichzeitig.

Warnung:
Leider gibt es eine Reihe von Amerikanern/innen, die ihr Fahrzeug überhaupt nicht oder aber unterversichert haben. Es wird davon berichtet, dass dieser Missstand in manchen US-Staaten bereits eine Landplage darstellt. Verursachen solche Personen einen Unfall, so befindet sich die geschädigte Seite sehr im Nachteil, da die erforderlichen Geldsummen zur Schadensabdeckung nicht zur Verfügung stehen.

2.8.5 Fahrzeug anmelden

Bei einem Neuwagenkauf oder Gebrauchtwagenkauf beim Händler übernimmt der Autoladen das Registrierenlassen Ihres Wagens, kaufen Sie jedoch ein gebrauchtes Auto privat, müssen Sie sich selbst um die Anmeldung kümmern. Dies tun Sie beim »Department of Motor Vehicles (DMV)«. Vorhandene Nummernschilder können übernommen werden, wenn das Fahrzeug im selben Bundesstaat verbleibt. Es kann aber auch eine neue Nummer beantragt werden. Werden Fahrzeuge aus anderen Bundesstaaten eingeführt, muss das Kennzeichen innerhalb einer bestimmten Frist oder sofort durch ein aktuelles ersetzt werden (je nach Bundesstaat). Sie können auch ein sogenanntes »Vanity Plate« (Eitelkeitsschild) nach Ihren eigenen Vorstellungen bekommen, auf dem dann Ihr Vorname, Kosename oder eine andere Phantasiebezeichnung oder Kurzbotschaft stehen kann zum Beispiel Surviver, Smoking Joe, Keep cool ... Die Kosten für die Kfz-Registrierung liegen zwischen 10 und 50 $.

2.8.6 Autokauf

Sie werden nicht lange damit warten können, ein Fahrzeug zu kaufen, denn es stellt wie schon erwähnt, nicht immer die einzige, meist aber die schnellste und einfachste Form des Transportes dar.
Die preiswertere Lösung ist zunächst der Erwerb eines Gebrauchtwagens. Dabei gibt es verschiedene Wege. Sie können die Kleinanzeigen (classifieds) der Tageszeitungen studieren, um einen privaten Kauf vorzunehmen. Dabei ist jedoch Vorsicht geboten, denn es lauern überall Betrug und Wucher.
Für den Gebrauchtwagenkauf ist auch das amerikanische Pendant zur deutschen »Schwacke-Liste« sehr nützlich, dessen neueste Aus-

gabe Sie sich besorgen sollten. Hierzu finden Sie Näheres unter *www.kbb.com.*

Nehmen Sie das Fahrzeug genauer unter die Lupe und achten Sie auf Folgendes:

- Lesen Sie den Kilometerstand ab
- Prüfen Sie Reifenprofil und Radaufhängung bzw. Radlager (am Rad wackeln)
- Sind Motor und Getriebe unterwärts verölt?
- Sind die Stoßdämpfer noch in Ordnung? (Wagen an allen vier Kotflügeln kräftig herunterdrücken und prüfen, ob er nur wieder nach oben schnellt ohne erneut nach unten zu federn. Dann ist alles in Ordnung.)
- Gibt es ein anormales Auspuffgeräusch oder Qualmentwicklung?
- Ist irgendetwas bei der Probefahrt auffällig?
- Ist die Bremswirkung sofort und voll vorhanden?
- Funktionieren Beleuchtung, Blinker, Scheibenwischer und Hupe?
- Funktionieren die Automatikgurte (Sehr schnell mit der Hand unter den angelegten Gurt schlagen und prüfen, ob er einrastet)

Um sich ein weitergehendes Bild davon zu machen, welchen Zustand das ausgewählte Fahrzeug aufweist, reichen die optische und funktionelle Kontrolle allein nicht aus. Es ist gut, sich einen »vehicle history report« zu besorgen, den man bequem über das Internet bekommt. Die Eingabe der »Vehicle Identification Number (VIN)« (Fahrzeug-Identifikationsnummer) sowie der für Sie zutreffenden Postleitzahl (zip code) ermöglichen Ihnen den Zugriff auf eine Datenbank, die US-weit zur Verfügung steht. Es wird Ihnen von dem betreffenden Fahrzeug die komplette Vorgeschichte aufgelistet, um Sie vor folgenden Tatbeständen zu warnen:

- salvage history (wurde es bereits einmal verschrottet oder verwertet?)
- multiple owners (Anzahl der Vorbesitzer)
- odometer fraud (Kilometerzähler frisiert?)
- fire damage (Brandschaden?)
- flood damage (Hochwasserschaden?)
- major accident damage (größerer Unfall?)

Diese Nachforschung lässt sich jedoch nur für Fahrzeuge durchführen, die nicht älter als Baujahr 1981 sind, da vor dieser Zeit keine standardisierten VIN-Nummern existierten. Nutzen Sie dazu die Dienste der Internet-Websites »CarFax« oder »EZ Title Search – Vin Check« (über *www.carbuyingtips.com* anklicken).

Um etwaigen Versäumnissen und Fehlern vorzubeugen, wird ein Standardkaufvertrag empfohlen, den man ebenfalls bei der obigen Adresse herunterladen kann.
Achtung! Die Formulierung »Being sold *as is*« (Gekauft wie besehen) in Kaufverträgen lässt jede Garantie des Verkäufers für verdeckte Schäden wegfallen. Sie als Käufer tragen das Risiko allein. Es kann auch so ausformuliert sein: »No repairs are to be paid by seller. The buyer hereby assumes all financial responsibility.« (Der Verkäufer kommt nicht für Reparaturen auf. Die finanzielle Verantwortung liegt allein beim Käufer.)
Entscheiden Sie sich lieber für einen Fahrzeugkauf bei einem Autohändler, so seien Sie bitte nicht weniger vorsichtig. Auch hier könnte Betrug, professioneller Betrug lauern. Deswegen wollen wir Ihnen folgende Tipps mit auf den Weg geben:
Ein Bundesgesetz macht die Anbringung eines sogenannten »Buyers Guide«-Aufklebers an jedem Gebrauchtwagen erforderlich. Er sitzt meist an der Windschutzscheibe. Er gibt darüber Auskunft, ob der Händler eine Garantie für bestimmte Reparaturfälle übernimmt oder nicht. Weiterhin weist der Aufkleber darauf hin, dass Sie um eine Überprüfung des Autos durch einen unabhängigen Automechaniker nachsuchen sollen, bevor sie es kaufen. Verlangen Sie auch eine schriftliche Bestätigung aller Versprechungen hinsichtlich des Fahrzeugzustandes sowie Hinweise auf mögliche größere Probleme, die grundsätzlich bei allen Gebrauchtfahrzeugen auftreten können. Schauen Sie auch nach dem Kleingedruckten und lesen Sie alles genau durch, ob Sie nicht irgendwo einen Fallstrick erkennen. Entdecken Sie, dass die Fahrzeuge auf dem Platz des Händlers keine solchen Aufkleber haben, verlassen Sie diesen Ort wieder, ohne etwas zu kaufen.

Wie man mit einem Gebrauchtwagenhändler verhandeln sollte

Als Erstes sollten Sie auch hier auf jeden Fall nach dem »vehicle history report« fragen. Da Autohändler auch nicht dumm sind, besorgen sie sich schon aus Eigeninteresse die Reports aller Wagen, bevor sie diese ankaufen. Folglich wissen sie auch, ob ein Fahrzeug bereits einmal schrottreif gefahren, ob es restauriert oder schon einmal gestohlen wurde oder ob Teile daraus entfernt wurden. Wenn Sie als Kunde also um einen solchen Bericht bitten und der Händler will ihn Ihnen nicht zeigen, so nehmen Sie unter allen Umständen von einem Kauf Abstand.

Fällt dies aber positiv aus, so beweisen Sie Verhandlungstalent und sagen Sie frei heraus, dass der Händler den betreffenden Wagen schon um einige Tausend Dollar unter Marktwert eingekauft hat (andernfalls würde es sich gar nicht für ihn lohnen), warum sollten Sie dann also den vollen Marktwert bezahlen? Machen Sie deutlich, dass Sie über diese Dinge Bescheid wissen. Wenn der Händler dann hart bleibt und als Gegenleistung eine Garantie anbietet, so sagen Sie, dass der Wagen sowieso eine Dreimonats-Garantie besitzen sollte, wenn er wirklich so gut ist, wie der Händler es verspricht. Lassen Sie sich auch nicht davon beeindrucken, wenn der Händler davon spricht, er würde sowieso nichts an einem Wagen verdienen, der so »preiswert« ist wie dieser. Das ist nur ein alter Trick.
Und nun viel Erfolg beim Gebrauchtwagenkauf!
Es gibt umfangreiche Tipps für den Kauf eines Neuwagens, von der Wahl der richtigen Zeit im Jahr über die Wahl des passenden Händlers bis zum Herunterhandeln des Preises und zur richtigen Finanzierung. Diese finden Sie unter der oben schon angegebenen Web-Adresse.

2.8.7 Straßen in den USA

Die Vereinigten Staaten sind das Land der Straßen schlechthin. Erschloss man in früheren Zeiten den riesigen Kontinent zuerst noch ausschließlich mit Hilfe des Pferdes und später dann des feurigen Pferdes, also der Eisenbahn, so hat sich das im Laufe des 20. Jahrhunderts gewandelt. Die Bahn spielt bei weitem keine so große Rolle mehr und ist längst vom Verkehrsmittel »Auto« abgelöst worden. Im Zuge dieser Entwicklung wurde in den USA nach und nach ein Straßennetz aufgebaut, das trotz der Größe des Kontinents seinesgleichen sucht. Vor allem die vielen Highways sind es, die den Verkehr am Fließen halten, auch wenn sich dieser in den Ballungsräumen zur »rush hour«, oft aber auch zu normalen Zeiten, nur noch im Schritttempo bewegt. Dies erlebten wir oft um New York herum und bis weit nach Connecticut hinein.
Highways (auch »Freeways«) werden mit geraden und ungeraden Ziffern gekennzeichnet. In den großen Interstate-Highway-Systemen bedeuten gerade Zahlen immer Ost-West-Verbindungen, ungerade Nord-Süd-Strecken. (Beispiel: I-80, New York-San Francisco, I-95 Miami-Maine). Weiterhin kennzeichnet man einen Interstate-Highway durch eine Großstadt hindurch mit einer vorangestellten ungeraden Zahl. Umgeht er aber

eine Großstadt, so wird eine gerade Zahl vorangestellt (Beispiel: I-295, I-395).
Daneben gibt es die normalen Straßen (roads), die ebenfalls Nummern tragen, jedoch nur regionale Bedeutung haben.
Das Highway-Netz umfasst rund 43 000 Meilen, das der untergeordneten Straßen ca. vier Millionen Meilen. Auffällig ist die Anzahl der Fahrspuren, die sehr oft drei bis vier Stück umfasst, dies aber häufig nur in der Nähe der Städte. Man muss auch aufpassen, rechtzeitig in den richtigen Fahrstreifen zu wechseln, wenn man abbiegen will, da dieser schon lange vor der eigentlichen Ausfahrt nicht als Abbiegespur erkennbar ist, sondern wie eine normale Fahrspur wirkt. Überall weisen aber große grüne Hinweistafeln auf die verschiedenen Orte, Abbiegemöglichkeiten und Fahrtrichtungen hin, denen man tunlichst rechtzeitig Beachtung schenkt, um nicht plötzlich mehrere Fahrstreifen diagonal kreuzen zu müssen, wenn man seine Ausfahrt (»exit«) noch erreichen will. Dennoch brauchen Sie nicht mit Gehupe, Lichthupensignalen und anderen nervigen Reaktionen der anderen Autofahrer rechnen. Man fährt halt gesittet und nur mäßig schnell, so dass keinerlei Stress entsteht. Ausnahmen bestätigen die Regel. Übrigens heißt auch die Einfahrt in den Highway »exit« und nicht etwa »entrance«, so dass man exit einfach mit »Zufahrt« übersetzen muss.
Wenn man so über amerikanische Highways fährt, spürt man doch oft einen Unterschied zu Europa bzw. Deutschland. Der Zustand der Straßenoberfläche lässt oft zu wünschen übrig. Stoßfugen, kleinere Schlaglöcher und Risse in der Straßenoberfläche sind nichts Ungewöhnliches und tragen so auf ihre Weise dazu bei, Teile des Fahrzeuges oder aber das gesamte Fahrzeug selbst des öfteren zu ersetzen. Sicherlich ist auf Grund des ungleich größeren Netzes verglichen mit unseren Ländern ein höherer Kostenfaktor bei der Erhaltung der Straßen gegeben. Bei den vielen »toll bars« (Gebührenschranken), welche die ungehinderte Fahrt zum Teil sehr oft unterbrechen, sollte man meinen, dass die Finanzierung gesichert sei. Ist aber anscheinend nicht so. Es gibt sogar Programme für Privatpersonen, sich an der Erhaltung zu beteiligen (»adopt a highway«).
An den Schranken kann man entweder bar bezahlen oder man ist im Besitz eines sogenannten »EZ-Pass« (= easy pass, leicht durchfahren), den man an der Windschutzscheibe hochhält, damit ein elektronisches Signal auslöst und sich damit die ungehinderte Weiterfahrt sichert. Mit diesem Pass werden die fälligen Straßengebühren turnusmäßig über das

Bankkonto abgerechnet. Gebührenpflichtige Highways werden mitunter auch als »turnpikes« bezeichnet.

Umrechnung von Meilen pro Stunde in Kilometer pro Stunde

mpH	35	40	45	50	55	60	65	70	75
kmh	56	64	72	80	89	97	105	113	121

2.8.8 Automobilclubs

Der alles beherrschende Autofahrer-Club der USA ist die »AAA« (American Automobile Association) mit über 1000 Büros landesweit. Ähnlich wie bei deutschen Clubs werden breitgefächerte Dienstleistungen wie Routenplanung, Karten, Unterkunftsvermittlung, Kfz-Versicherung u.v.m. angeboten. Man spricht das AAA übrigens »triple A«, und jeder weiß, was gemeint ist.
Im Internet zu finden unter *www.aaa.com*
Eine ähnliche Organisation, die für die Motorradfahrer da ist, ist die »AMA« (American Motorcyclist Association). Adresse: 13515 Yarmouth Drive, Pickerington, Ohio 43147, Tel.: (614) 856 1900,
Fax: ...1920
Im Internet zu finden unter *www.ama-cycle.org*

2.8.9 Werkstätten

Es kann natürlich vorkommen, dass bei einem Schadensfall eine Autowerkstatt aufgesucht werden muss. Achten Sie aber darauf, dass es keine »Klitsche« ist, wo mit unqualifiziertem Personal gearbeitet wird. Bei näherem Hinsehen, durch Fragen nach einer eventuellen Werksvertretung oder durch Fragen bei der nächsten Polizeistation oder Tankstelle wird man schlauer.
Die Bezeichnung Werksvertretung garantiert natürlich auch nicht, dass alles hundertprozentig ist. Vor allem geben Sie einen genauen Auftrag (schriftlich fixiert), welche Teile repariert oder gewartet werden sollen, sonst könnten Sie beim Abholen Ihres Wagens erleben, dass man an Ihrem Fahrzeug allerhand gefunden hat, was angeblich kaputt war und ersetzt werden musste und man präsentiert Ihnen eine Riesenrechnung. Auf diese Art und Weise hat schon manche Werkstatt einen schönen Verdienst mit

einem Unerfahrenen gemacht. Im Nachhinein beweisen können Sie dann meistens gar nichts.

2.8.10 Straßenentfernungen zwischen New York und wichtigen Großstädten

Alle Angaben in Meilen, gerundet:

von New York nach ...	
Atlanta	900
Boston	200
Chicago	800
Cincinnati	700
Dallas	1600
Denver	1800
Detroit	600
Houston	1700
Kansas City	1200
Los Angeles	2800
Memphis	1100
Miami	1300
Minneapolis	1200
New Orleans	1300
Philadelphia	100
Phoenix	2500
St. Louis	1000
Salt Lake City	2200
San Francisco	3000
Seattle	2900
Washington	240

Viele andere Entfernungen, aber auch Telefonnummern von Diensten mit Straßenzustandsberichten, Adressen von Touristeninformationszentren sowie vor allem Autokarten finden Sie in dem allseits bekannten »Rand McNelly – Travel Atlas«, den man für wenige Dollars an Tankstellen, in Supermärkten und Buchhandlungen und anderen straßenbezogenen Geschäften bekommt.

2.8.11 Alternative zum Auto: Eisenbahn

Obwohl der Löwenanteil im Personenfernverkehr innerhalb der USA durch das Flugzeug abgedeckt wird, wollen wir an dieser Stelle näher auf das amerikanische Eisenbahnwesen eingehen.
In den 30er Jahren des 20. Jahrhunderts kauften die mächtigen Ölgesellschaften die unwirtschaftlich gewordenen Eisenbahnunternehmen auf und legten große Teile der Strecken still. Es schien, als hätte das letzte Stündlein für das einst so siegreiche Dampfross im Personenverkehr (dann aber: Dieselross) geschlagen. Die ersten Highways wurden gebaut, Benzinverkauf und Autoverkehr waren angesagt.
Diese Entwicklung setzte sich über Jahrzehnte fort, bis ... ja bis die Verkaufszahlen und der Benzinverbrauch in die Stagnation gerieten. Schon vor der sogenannten »Ölkrise«, die ja keine war, sondern durch die OPEC-Staaten künstlich hervorgerufen worden war, schon vor 1973 also, entstand in den USA im Jahre 1971 eine neue Eisenbahngesellschaft, die AMTRAK. Diese hatte die Aufgabe, die Bahn zu reformieren. Luxusbeladene Pullman-Waggons gehörten ab jetzt der Vergangenheit an. Wirtschaftlichkeit und Praxisnähe sollten nun die bestimmenden Faktoren bei der Bahn werden. Die Angebotspalette wurde erweitert, der Wagenpark erneuert und die Strecken modernisiert. Trotzdem gibt es noch heute auf vielen Streckenabschnitten eine Begrenzung auf Tempo 100 km/h.
Es gelang, typische Ausstattungsmerkmale aus dem Flugzeug auf die Bahnwaggons zu übertragen, die nun die Bezeichnung »Coach-Class« (Reisebusklasse) erhielten. Für die Fernstrecken sind Schlafabteile unumgänglich. Man kann 1-, 2- und 4-Bettabteile buchen. Dort, wo Ausblicke in die herrliche Landschaft lohnend sind, setzt die AMTRAK auch Panoramawagen mit Glasdächern ein. Prinzipiell gehört immer ein Gepäckwagen zum Zug, bei Fernstrecken auch ein Speisewagen. Großes Gepäck wird nicht mit ins Abteil genommen, sondern wie im Luftverkehr vorher abgegeben. Auf den Linien Los Angeles–San Diego und New York–Washington sind Schnellstrecken eingerichtet, sogenannte »Metroliner Services«.
Das Schienennetz gliedert sich in vier große Ost-West-Küstenstrecken, von denen dann andere Strecken abzweigen. Ganz oben im Norden verläuft eine Strecke nahe der kanadischen Grenze, ganz unten im Süden eine solche entlang der Grenze zu Mexiko. In der Mitte verlaufen die Strecken

Chicago–Denver–Salt Lake City–San Francisco sowie Chicago–St. Louis–Kansas City–Santa Fé–Albuquerque–Los Angeles.
In Nord-Süd-Richtung gibt es sechs Hauptlinien, zwei in der Westhälfte und vier in der Osthälfte der USA. Knotenpunkt ist wiederum Chicago. Im Zentrum des Kontinents ist auf Grund der dünnen Besiedelung eine Lücke im Eisenbahnnetz vorhanden. Besonders dicht ist das Streckennetz in den nordöstlichen Industriegebieten.
AMTRAK hat seit seiner Gründung erhebliche Umsatzsteigerungen erzielt, so dass man weiter auf steigenden Zugverkehr hoffen kann, um die energiefressenden Autos und überfüllten Highways sowie auch den energieaufwendigen Flugverkehr zu entlasten.
Trotz längerer Fahrzeiten (zum Beispiel New York–Miami: 26 Stunden, 38 Haltestellen, 2200 km) ist die Bahn für den Personenverkehr attraktiv, liegt doch der Preis unterhalb des Preises für ein Flugticket. Mehrere Zugbegleiter und moderne Einrichtungen ermöglichen einen sehr guten Service, preiswertes Essen und ein Gefühl von Sicherheit.
Was den Güterverkehr auf der Schiene betrifft, so wurde dieser auch durch das Aufkommen des Autoverkehrs nie in Frage gestellt. Es ist einfach wirtschaftlicher, wenn man Langstreckenfracht in großen Mengen auf Zügen bündelt und nicht einzeln transportiert. Weil das Streckennetz ausgesprochen arm an Kurven ist, kann man riesige Züge von mehr als 100 Waggons zusammenkoppeln, die von 2 bis 3 (Diesel-) Lokomotiven gezogen werden.
Alles, was man nicht mit der Bahn erreichen kann, wird von Buslinien bedient. Das bedeutende Fernbus-Unternehmen der USA ist »Greyhound«, welches über ein flächendeckendes Liniennetz verfügt. Außerdem gilt: Wer viel Zeit hat und wenig Geld oder verkehrsungünstig wohnt, der fährt mit Greyhound.

Größenordnungen

Vergleicht man einmal die Länge der jeweiligen Transportnetze miteinander, so fällt sofort die herausragende Größe des Straßennetzes auf: Das Straßennetz der USA umfasst 6,3 Millionen Kilometer, wovon nur 1,3 Millionen Kilometer auf Highways entfallen. 5 Millionen sind normale zweispurige Nah- und Fernstraßen.
Demgegenüber ist das Schienennetz nur etwa 250.000 km lang. Wasserstraßen, hierunter das Mississippiflusssystem allein mit 62 Prozent Anteil,

umfasst rund 40.000 km. Seit der Erstellung des »St. Lorenz-Seewegs« können vier Fünftel aller Hochseeschiffe in das Gebiet der Großen Seen einlaufen. Mehr als 500 Städte werden von den Flugzeugen der rund 40 inneramerikanischen Fluggesellschaften angeflogen.

2.9 Essen und Trinken

Fastfood

Über die amerikanische Esskultur herrschen weitverbreitete Vorurteile. Das Klischee von Hamburgers, Pizza, Hotdogs und Coca Cola als Hauptnahrungskomponenten der Amerikaner findet man aber in vielen Filmen und Werbespots wieder, wo es realistisch dargestellt wird. Und bis zu einem gewissen Grad trifft das Klischee vom schnellen Essen auch zu, denn Amerikaner haben tagsüber und in der Woche einfach keine Zeit zum Essen. Sie sind entweder Workaholics (»time is money«) oder aber tatsächlich auf jeden Dollar und jeden Job angewiesen, um zu überleben. Auch Schüler und Studenten bedienen sich bevorzugt der schnellen Nahrung, denn Fastfood ist nicht nur weitverbreitet und schnell zu haben, sondern auch preiswert. Als Tourist werden auch Sie dies feststellen. In den Raststätten (»rest areas«) der Highways ist Fastfood die gängige Mahlzeit. Bekannte Anbieter sind McDonalds, Burger King, Pizza Hut, Wendy's und Kentucky Fried Chicken (KFC).

Dass ganze Räume oder Ecken auch für Kindergeburtstage vergeben werden, sollte auch hier bekannt sein. Man kann allerdings geteilter Meinung darüber sein, ob solche Anlässe wirklich zu Kinderfressorgien umfunktioniert werden müssen.Nebenbei bemerkt, haben wir nirgends so viele übergewichtige Menschen, auch jüngeren Alters gesehen wie in den USA.

Wichtig: Gehen Sie nie schnurstracks ins Restaurant hinein, um nach freien Tischen zu suchen. Schon im einfachen Fastfood-Restaurant wartet nämlich eine Hostess darauf, Ihnen einen freien Tisch anzuweisen. Ist alles besetzt, kann es vorkommen, dass sich eine geduldige Warteschlange bildet. Sie können aber auch signalisieren, dass Sie erst an der Bar etwas trinken wollen, um die Wartezeit zu überbrücken. Manchmal werden Sie auch danach gefragt.

Restaurants

Aber weg vom Fastfood, es gibt in den USA auch eine Vielzahl unterschiedlichster Restaurants, sowohl, was die Organisation, als auch, was die Eigenart der Küche betrifft. Sehr bekannt sind die sogenannten »Diners«, die z.T. überreichliche Portionen zu sehr gemäßigten Preisen anbieten und über eine recht vielfältige Speisekarte verfügen. Hier wird man bedient. Man kann sagen, dass es sich bei diesen um so eine Art Familienrestaurants handelt, ein Mittelding zwischen Fastfood und dem teureren Restaurant.

Es gibt aber auch Familienrestaurants mit Selbstbedienung, die einen Pauschalbetrag pro Person erheben, der zum Verzehr aller angebotenen Speisen und (nichtalkoholischen) Getränke ohne Mengenbegrenzung berechtigt.

Kommen wir nun zu den spezialisierten Restaurants. Hier findet man Steakhäuser, Seafood-Restaurants (Fisch und andere Meerestiere) sowie Restaurants, die sich in ihrer Küche an der nationalen Herkunft ihres Besitzers orientieren, also vornehmlich oder ausschließlich thailändisch, griechisch, vietnamesisch, philippinisch, argentinisch, brasilianisch, indisch, jugoslawisch etc. kochen.

Deutsche Gaststätten sind schwer zu finden, wenn, dann nur in Ballungsgebieten mit überwiegend deutsch-, österreichisch- oder schweizerischstämmiger Bevölkerung. Wir kennen die Gründe nicht, warum die mitteleuropäische und deutsche Küche keinen breiten Einzug in den USA gehalten hat, wahrscheinlich sind deutsche Gastwirte in ihrer Heimat immer so gut zurechtgekommen, das es keinen Grund für sie gab auszuwandern. Hingegen gibt es in den Staaten eine gewisse Anzahl von deutschen Bäckern und Schlachtern, aber auch nicht so verbreitet. Ein Grund für diesen Mangel könnte auch in der übergroßen Anpassungsbereitschaft deutschstämmiger Bürger sein, die sehr schnell die Gewohnheiten ihrer neuen Heimat angenommen und einen schnellen Identitätswechsel vollzogen haben. Andere Völker und Nationen halten da wohl mehr an ihren kulturellen Gebräuchen fest, was zum Beispiel auch in der Großfamilienstruktur zum Ausdruck kommt.

Essgewohnheiten

Gegessen wird wie bei uns, dreimal am Tage. Das Frühstück heißt »breakfast«, das Mittagessen »lunch«, das Abendessen »dinner«. Warm wird über-

Stolzes Wappentier: Der Weißkopfadler.
(Foto: Illinois Department of Commerce and Community Affairs)

Freundlicher Polizist in Hartford, Connecticut.
(Foto: Ulrich F. Sackstedt)

Einsatzbereit: Feuerwehr in New York.
(Foto: Mangum PR)

Haus in Bridgeport, Connecticut.
(Foto: Ulrich F. Sackstedt)

Kaum zu glauben: Straßenzug in Greenwich Village, einem Stadtteil von New York.
(Foto: Jürgen Donath)

Bekannt aus vielen Filmen: Feuerleitern an den Wohnhäusern in New York.
(Foto: Mangum PR)

Die Innenstadt von Phoenix, Arizona.
(Foto: Arizona Office of Tourism)

Einsam, aber wahrhaft idyllisch: Abgelegenes Wohnhaus in North Carolina.
(Foto: NC Division of Tourism, Film and Sports Development)

Ausblick von der Terrasse eines Wohnhauses in Edenton, einer Kleinstadt in North Carolina.
(Foto: NC Division of Tourism, Film and Sports Development)

Anders als andere US-Städte: Seattle im Bundesstaat Washington. Seine Einwohner gelten als besonders sympathisch, sozial und politisch engagiert.
(Foto: Washington State Tourism)

Wintersportort: Breckenridge im US-Bundesstaat Colorado.
(Foto: B. Winsett /Vail Resorts)

Beeindruckende Skyline: Chicago.
(Foto: Mike Gustafson / Illinois Department of Commerce and Community Affairs)

US-Postauto.
(Foto: Ulrich F. Sackstedt)

Brooks Shaw & Son Old Country Store in Jackson, Tennessee.
(Foto: Tennessee Tourism, Bielefeld)

wiegend abends gegessen, wenn nach getaner Arbeit Zeit zum Essen vorhanden ist. Gekocht wird viel mit Halbfertigprodukten, aber auch herkömmlich. Die Supermärkte bieten eine Fülle von vorbereiteten Nahrungsprodukten in unterschiedlichen Mengenabfüllungen und Größenordnungen an, für jeden Haushalt das Richtige, ungleich vielfältiger als in Europa.
Das amerikanische *Frühstück* gestaltet sich recht vielseitig, wenn man es zum Beispiel in einem Coffee Shop einnimmt. Spiegeleier (fried eggs) oder Rühreier (scrambled eggs) mit gebratenem Speck oder Schinken, mitunter auch kleine Würstchen (hot sausages), Maisbrei (corn mush) oder Bratkartoffeln (fried potatoes) sind vielleicht zum Frühstück nicht jedermanns Sache, es ist aber eine alte Tradition aus den Zeiten berittener Viehtransporte, wo die Cowboys morgens eine solide Grundlage für einen langen Tag im Sattel herzustellen hatten.
Weißbrot, Muffins (kleine, runde, weiche, semmelartige Gebäckstücke), auch Donuts (eigentlich »dough nuts«), als Aufstrich Butter und Marmelade, nicht zu vergessen das legendäre und typisch amerikanische Erdnussmus (»peanut butter«).
Auch Pfannkuchen in Ahornsirup (»maple syrup«) sind landesüblich. Als Abschluss eventuell noch einen Becher Yoghurt. Man erhält aber auch Müsli, Cornflakes und Milch. Dazu trinkt man Kaffee oder Tee sowie ein Glas Orangen- oder Grapefruitsaft. Kaffee wird in Restaurants häufig »bottomless« gereicht, d.h. es wird beliebig oft nachgeschenkt.
Vermissen werden Sie richtige deutsche Brötchen, dunkles oder graues Brot. Dies bekommt man nur bei deutschen Bäckern oder man macht es selbst.
An freien Tagen und am Wochenende ist der »Brunch« sehr beliebt, welcher ab ca. 11 Uhr eingenommen wird. Hier findet man reichhaltig bestückte Buffets und für jeden Geschmack etwas.
Das mittägliche *Lunch* erstreckt sich auf die Einnahme kleinerer Mengen, denn es stellt nicht die Hauptmahlzeit dar. Dazu zählen Hamburger (auch »Sandwich«) genannt, echte Sandwiches mit verschiedensten Einlagen wie Hühnchenfleisch, Fisch, Shrimps, Käse, Blattsalat u.a. Vielleicht isst man aber auch nur eine Portion Pommes Frites (»french fries«), einen »Chef Salad«, »Cesar Salad« oder Ähnliches. Auch Suppen sind als Lunch denkbar.
Das *Dinner* ist reichhaltig, auf Sandwiches und Burgers wird jetzt verzichtet, dafür gibt es Backkartoffeln (»baked potatoes«), Spaghetti oder

Reis sowie Gemüse oder Salat als Beilagen. Als Hauptbestandteile werden Fleisch, Meeresgetier oder Geflügel gereicht. Unter Fleisch zählt vor allem das nicht knapp bemessene amerikanische Steak, aber auch Schweinfleisch (»pork«) ist üblich. Auch Vorspeisen (»appetizer«) und Nachtisch (»dessert«, gesprochen: diesört) sind üblich.
In den Haushalten isst und kocht man so, wie man es traditionell gewohnt ist. Befindet man sich im Restaurant und kann nicht die gesamte Portion aufessen, so gibt man Ihnen gern den Rest als »doggy pack« oder »dog pack« mit nach Hause, so genannt, auch wenn es nicht für den Hund bestimmt ist! Dies erscheint als sehr vernünftig, auch wenn es hierzulande noch nicht so üblich ist.
In manchen Lokalen gibt es bestimmte Gerichte an einem Tag in der Woche zum Festpreis ohne Mengenbegrenzung. Auch Kaffee oder Tee wird häufig ohne Begrenzung nachgeschenkt.

Amerikanische Küche

Auch wenn die amerikanische Küche durch den Einzug des Fastfood in die Bewirtungsmöglichkeiten in ihrem Ruf im Ausland gelitten hat, wäre es ein Vorurteil, würde man diese als langweilig, eintönig, einseitig oder ungesund hinstellen.
Auch »Hamburgers« können, bestellt man diese in einem normalen Restaurant, sehr schmackhaft, vielseitig belegt und von beinahe riesigem Ausmaß sein. Man findet diese Möglichkeit inzwischen auch in Deutschland vor. Es muss ja nicht immer ein »Kentucky Fried Pizza Burger McChicken« sein, den man sich eben mal schnell »reinzieht«.
In den USA sind viele regionale Speisen bekannt, die man als Tourist so auf Anhieb überhaupt nicht wahrnehmen würde. Nehmen wir als Beispiele die »Creole- und Cajunküche« der Südstaaten, wo Hühnchen, Reis, scharfe Gewürze, aber auch Seafood sowie Maisbrot allgegenwärtig sind. Oder nehmen wir die sogenannte »Tex-Mex-Küche« des Südwestens, die eine Mischung traditioneller amerikanischer und mexikanischer Gerichte anbietet. Dann wäre die vom Seafood geprägte Küche der Neuengland-Staaten zu nennen, wo Hummer (Lobster), Garnelen (Shrimps) und Krabben (Crabs) immer auf der Speisekarte zu finden sind. Nicht nur Seefisch und Meeresgetier, sondern auch Süßwasserfische aus den Gewässern des Hinterlandes werden hier angeboten. Schließlich last but not least die Küche der Westküste, auch »California Cuisine« genannt. In dieser spie-

gelt sich besonders stark die Vielfalt der ethnischen Gruppen wieder, die sich im Zuge der Besiedelung hier niedergelassen haben. Man bevorzugt viel frische Zutaten, klar erkennbaren Inhalt und gute Verträglichkeit. Man könnte es »Californian light« nennen.
Vergessen wir nicht den »Thanksgiving Day« (Erntedankfest Ende November),der landesweit durch das Truthahn-Essen (Turkey) ein Ereignis von nationaler Bedeutung darstellt. Um jeder Familie eine Truthahnmahlzeit zu ermöglichen, werden sogar von wohltätigen Organisationen Truthähne für arme Familien zur Verfügung gestellt!

Trinkgeld
Da Restaurantbedienstete meist nur über kleine Löhne verfügen, ist es üblich und wird erwartet, dass der Gast ein angemessenes Trinkgeld (»Tip«) gibt. 15 Prozent sind normal, wer mehr gibt, kann dies tun, wenn er besonders zufrieden war. Von diesen Trinkgeldern leben Kellner und Serviererinnen hauptsächlich.
In touristischen Zentren ist es inzwischen wie bei uns üblich geworden, Trinkgeld von vornherein mit in den Preis des Essens einzurechnen. Dies steht dann kleingedruckt auf der Rechnung vermerkt. In solchem Falle reicht es, den Betrag etwas nach oben aufzurunden.

Getränke
Coca Cola, Pepsi Cola und andere Cola-Getränke stehen in den USA natürlich ganz oben in der Statistik des Verbrauchs, kein Wunder, hier wurden diese Getränke ja auch erfunden.
Bier ist aber auch sehr beliebt, worunter als bekannteste Marken und große Brauereien die Marken »Budweiser«, kurz auch »Buddy« genannt, »Coors«, »Busch« und »Miller« rangieren. Buddy ist übrigens auch die Bezeichnung für einen guten Freund. Das amerikanische Bier lässt sich natürlich, wie übrigens weltweit so gut wie alle Biere, im Geschmack nicht mit dem deutschen Bier vergleichen, irgendwie säuerlicher, aber dennoch mit Genuss trinkbar, besonders, wenn man Durst hat. Auch sein Alkoholgehalt ist niedriger (3 bis 3,5 Prozent). Immer mehr setzen sich sogenannte »light beers« durch, deren Alkoholgehalt sich auf nur 1 bis 1,5 Prozent beläuft. Wer sucht, findet aber auch importierte deutsche Biere in den Regalen der Supermärkte, zu deftigen Preisen versteht sich. Uns fiel die Marke »Becks« recht schnell auf.

Bier vom Fass gezapft, wird »draft« genannt. Lassen Sie sich nicht von dem Wort »Root Beer« verwirren. Es ist kein Bier, sondern ein künstliches Getränk, das aus Wasser, Farbstoff und Aromastoffen besteht.

Wein wird in guten Restaurants getrunken, sofern dort eine Alkohollizenz besteht. Weine, besonders die aus Kalifornien, sind weltweit anerkannt und von hoher Qualität. Die Staaten gehören mittlerweile zu den führenden Weinproduzenten dieser Erde. Die Namen bekannter Anbaugebiete Kaliforniens lauten: Sonoma Valley, Napa Valley, Livermore, Mendocino, Santa Rosa, Santa Clara, Monterey, San Joaqúin und San Benito.

Auch im Bundesstaat New York sowie in einigen anderen Staaten gibt es Weinbaugebiete.

Nicht zu vergessen der gute amerikanische Bourbon-Whisky, der in unterschiedlichen Altersklassen und Qualitäten auf den Markt kommt. Auch andere Whiskysorten werden hergestellt (Scotch, Irish, Canadian und andere mehr).

Klaren Schnaps kennt man nur als Gin oder weißen Rum, allenfalls noch als importierten Wodka. Der deutsche Korn ist unseres Wissens unbekannt oder jedenfalls nicht verbreitet, von ihm wird mancherorts aber als »german snaps« erzählt.

Überall wird auch viel Mineralwasser getrunken, besonders in den heißen Sommermonaten. Auch zum Essen wird in den Restaurants eiskaltes (Leitungs-) wasser gereicht. Wegen des mehr oder weniger starken Chemiegeschmacks auf Grund der Chlorierung (und Arsenierung!) des Trinkwassers ist Mineralwasser auch bei der Bereitung von Tee oder Kaffee zu empfehlen, man stirbt aber nicht, wenn man dies mal mit Leitungswasser tut.

Obst, Südfrüchte und Gemüse

Ungleich größer in Vielfalt und Menge bei teilweise sehr günstigen Preisen werden Obst und Südfrüchte in den Supermärkten angeboten. Man kann nicht nur Bananen, Apfelsinen, Grapefruit, Honigmelonen, Kirschen, Aprikosen, Nektarinen und Pfirsiche, sondern auch viele exotische Früchte aus Mittelamerika und der Karibik bekommen.

Man erhält sämtliche Gemüsesorten, die wir hier auch in Europa kennen. Bei Kartoffelsorten gibt es eine große Auswahl, zum Beispiel werden viel Kartoffeln mit rötlicher Schale angeboten. Blattsalat wird durch ständiges automatisches Besprühen mit Eiswasser frisch gehalten. Melonen gibt

es oft schon fertig in mundgerechte Stücke zugeschnitten und in Klarsichtfolie verpackt.
Oft locken die Märkte mit Sonderangeboten für all die Kunden, die im Besitz einer hauseigenen Einkaufskarte sind. Diese Karte, äußerlich einer Scheckkarte sehr ähnlich, ermöglicht darüber hinaus auch einen regelmäßigen Rabatt auf alle Waren, wenn man diese an der Kasse vor dem Bezahlen der Kassiererin gibt, um sie einscannen zu lassen.

2.10 Freizeit und Sport

Sportbegeisterte USA
Sport ist aus dem Leben der Amerikaner nicht wegzudenken, sei es Sport an der frischen Luft oder in Hallen, einzeln oder in einer Mannschaft, als Amateur oder als Profi, im Winter oder im Sommer, sei es zu Lande, zu Wasser oder in der Luft. Erweitert man den Begriff Sport einmal auf alle Bereiche der Freizeitgestaltung, so müsste man auch das Fliegen und das Autofahren dazuzählen. Beschränken wir uns im Folgenden auf die wichtigsten amerikanischen Sportarten.

2.10.1 Baseball

Ohne Übertreibung darf behauptet werden, dass der Baseball ganz oben an der Stelle der Beliebtheit steht. Er ist schlechthin *die* Freizeitbeschäftigung der US-Amerikaner. Er fußt auf einer langen Tradition und stellt tatsächlich einen bedeutenden Anteil an der Volkskultur. Baseball hält die Nation zusammen, ist eine Art Ersatzreligion, erfüllt die Funktion einer sozialen Klammer, ist psychisches Regulativ und ein Teil des amerikanischen Selbstverständnisses. Vergessen wir nicht die pädagogische Funktion des Baseball, lernen die »kids« in den »Little Leagues« doch ohne extra aufgewendeten Zwang, Regeln zu beachten und ihr eigenes Verhalten stetig zu verbessern. In jeder halbwegs erwähnenswerten und auf der Karte verzeichneten Ortschaft gibt es deswegen auch eine »Baseball League«.
Hier in aller Kürze die Grundregeln: Zwei Teams von je neun Mitspielern kämpfen auf einem quadratischen Feld von 90 Fuß Kantenlänge (dem »diamond«). In jeder Ecke befindet sich ein Mal (»base«). Der Werfer

(»pitcher«) wirft nun den Ball von einem Wurfmal (»low mound«), welches in der Mitte des Feldes steht, über die Gummiplatte (»home plate«) zum Schlagmann (»batter«). Darauf schlägt der Schlagmann den Ball mit dem Schlagholz (»bat«), lässt dieses danach fallen und läuft zur ersten »base«. Bekommt das Team im Feld (»fielding team«) den Ball zuerst, ist der Läufer (»runner«) raus.

Ist dieser aber schneller, bedeutet das »safe on first« und der nächste Schlagmann wartet auf den nächsten Werfer. War der Treffer gut oder die Feldmannschaft konnte den Ball nicht abfangen, kann der Spieler versuchen, zur nächsten »base« oder noch weiter zu gelangen. Schafft er es, drei »bases« zu umrunden und zur »home plate« zurückzukommen, bedeutet das einen »home run«. Fängt die Feldmannschaft aber den Ball während es Fluges, so fliegt der Schlagmann hinaus.

Es kann vorkommen, dass der Schlagmann beim Schlagen den Ball nicht trifft. Das nennt man einen »strike«. Nach drei »strikes« ist er ausgeschieden. Ebenfalls zählt es als »strike«, wenn der Ball hinter der »base line« (Verbindungslinie zwischen den Malen) landet.

Auf weitere Details wollen wir der Kompliziertheit wegen lieber verzichten. Man kann wohl auch so schon unschwer erkennen, dass das Ganze ein kompliziertes System ist, in dem es darum geht, Punkte zu sammeln und gleichzeitig zu verhindern, dass Punkte verschenkt werden.

Was die Nation am meisten interessiert, ist das Abschneiden der Mannschaften in der »American League (AL)« und der »National League (NL)«, an denen jeweils 15 Teams beteiligt sind. Jede Mannschaft hat 162 (!) Spiele zu bewältigen, jede Woche fünf. Saison ist von April bis Oktober. Im Oktober werden in den »play-offs« die Gewinner jeder Liga ermittelt. Die Gewinner spielen dann gegeneinander in weiteren sieben Spielen (»world series«).

Die Trainingsspiele finden immer im März in Florida (»Grapefruit League«) und in Arizona (»Cactus League«) statt. Diese Trainings bedeutender Mannschaften und Stars können in den Parks der Städte für ein sehr niedriges Eintrittsgeld verfolgt werden.

Bekannte Austragungsorte der Endspiele sind das »Yankee Stadium« in New York, das »Wrigley Field« in Chicago, die »Camden Yards« in Baltimore und der »Fenway Park« in Boston.

2.10.2 Football

Die Ursprünge des amerikanischen Football wurzeln im britischen Rugby, jedoch ist davon heute nicht mehr allzu viel zu spüren.
Die beiden gegeneinander spielenden Teams umfassen je elf Spieler, die auf einem 53 mal 100 yards großen Feld spielen. Begonnen wird mit einem »kick-off« in Richtung auf die angreifende Mannschaft, das »attacking team«. Diese muss den Ball anschließend im Feld auf die andere Seite bewegen, während die verteidigende Mannschaft (»defending team«) dies zu verhindern sucht. Hat die angreifende Mannschaft den Ball erfolgreich bis in die Endzone gebracht (»touch down«), erhält sie dafür sechs Punkte.
Köpfezusammenstecken heißt Beratung, zum Beispiel wenn während des Spiels ein Spieler der Angreifer zu Boden gerissen wurde und man die weitere Strategie bespricht. In diesem Fall formieren sich die beiden Teams zu beiden Seiten des Balles neu und das Spiel wird neu gestartet. Das erfolgt dadurch, dass der »Center«-Spieler des Angreiferteams den Ball durch seine Beine zum »Quarterback«-Spieler seiner Mannschaft befördert. Dieser führt den Angriff, läuft mit dem Ball los oder wirft ihn zum »Receiver«-Spieler. Jetzt beginnt die Attacke auf breiter Front, die sowohl von Taktik als auch Brutalität gekennzeichnet ist. Der Ball soll ja auf jeden Fall an den Verteidigern vorbeigeleitet werden. Kommt der Angriff ins Stocken und es geht nicht weiter, beginnt das ganze Spektakel von vorn. Wird der Ball von den Verteidigern abgefangen oder aber schaffen es die Angreifer auch mit vier »downs« (Angriffen) nicht, den Ball weiter als zehn yards nach vorn zu bewegen, so geht der Ball zum gegnerischen Team über.
Beeindruckend ist American Football vor allem durch die kreative Vielfalt der Angriffs- und Abwehrszüge sowie durch die durchtrainierten massigen, aber doch blitzschnell reagierenden Spieler. Obwohl Rangeleien vorkommen und das Spiel auf den unvorbereiteten Zuschauer häufig brutal wirkt, sorgt das Regelwerk doch für einen geordneten Spielablauf. Tätliche Auseinandersetzungen wie beim Eishockey sind die Ausnahme.
Ganz oben steht die »National Football League (NFL)«, wieder unterteilt in die »National Conference« und die »American Conference« mit je 16 Mannschaften. Einmal in der Woche, jeweils am Sonntag- oder Montagabend, findet ein Spiel statt. In der von August bis Dezember dauernden

Saison der Profi-Teams werden insgesamt 16 Spiele ausgetragen, gefolgt vom »Superbowl« im Januar.
In dieser Zeit versammeln sich viele Männer mit ihren Freunden vor den Fernsehern, um die Übertragungen der Spiele zu verfolgen. Dabei wird oft und viel Bier getrunken, während die Damen sich mit eigenen »Clubs« zu Videorunden versammeln, um die Filme zu sehen, die sie noch nicht oder schon lange nicht mehr geschaut haben.

2.10.3 Andere Sportarten

Hier sind vor allem zu nennen: Basketball, Eishockey, Tennis, Golf und Leichtathletik. Im Basketball steigen die Spitzenspieler der »National Basketball League (NBA)« zu Superstars auf und verdienen riesige Mengen Geld.
»Fußball« (oder auch Soccer) wie in Deutschland bzw. Europa hat bei weitem nicht die Bedeutung wie hier. Obwohl viele eingetragene Mitglieder in örtlichen Vereinen spielen, erregt dieses Ballspiel das Interesse breiter amerikanischer Schichten nicht sehr, wenn auch bei Endspielen wie zum Beispiel 1994 beim Weltcup große Besucherzahlen zu verzeichnen sind.

2.11 Bevölkerung und Religionen

Die USA werden gegenwärtig von rund 275 Millionen Menschen bewohnt und diese Zahl wächst immer noch weiter. Etwa 0,8 Prozent kommen jährlich neu hinzu, was 2,2 Millionen Menschen entspricht. Darin enthalten sind 675 000 jährlich zugelassene Einwanderer. Die Geburtenrate beträgt rund 16 pro 1000 Einwohner, die Sterberate etwas über 8 pro 1000. Durchschnittlich wohnen 30 Menschen auf einem Quadratkilometer. 82,8 Prozent der Bevölkerung haben, eigenen Angaben zu Folge, die weiße Hautfarbe, 12,6 Prozent sind schwarz, 3,7 Prozent sind asiatisch gefärbt. Der Rest, also weniger als ein Prozent, sind noch indianischer Abstammung. Insgesamt sind es gegenwärtig etwa neun Prozent der Bevölkerung, die nicht in den USA geboren wurden, was in etwa den Quoten der Länder Westeuropas entspricht.
Man vermutet zwischen fünf und elf Millionen illegal zugewanderte Personen, hauptsächlich sogenannte Latinos (Südamerikaner). Daher

erklären sich auch die zunehmend restriktiveren Einwanderungsbestimmungen sowie deren Kontrolle.
Wer mehr und ständig aktualisierte Details zur Bevölkerung der USA erfahren möchte, schaue unter *www.census.gov* einmal nach.
Da vor der »Entdeckung« durch die weiße Rasse (offiziell durch Kolumbus) nur indianische Völker den nordamerikanischen Kontinent bewohnten, müssen wir hier zuerst die Naturreligionen dieser Völker und Volksgruppen erwähnen. Zum Teil werden die zutiefst im Respekt vor den natürlichen Kräften der Erde ankernden Vorstellungen und daraus resultierenden Rituale noch heute in sogenannten Stammesreservaten abgehalten. Die Metaphysik der sogenannten Indianer war ohnehin in viel höherem Maße dem Erhalt der Umwelt und der natürlichen Kreisläufe verpflichtet, als es die später herübergebrachten sogenannten christlichen Glaubensrichtungen waren. Diese waren vielmehr auf Unterwerfung, Eroberung und Vernichtung bestehender Ordnungen sowie Ausbeutung materieller Werte ausgerichtet. Dies sollten wir bei aller Anerkennung und gern geübter Selbstbeweihräucherung unserer eigenen kulturellen Leistungen nicht vergessen.
Im Zuge der frühen Kolonialisierungen brachten die Missionare der katholischen Kirche die für die vorhandenen indianischen Volksgruppen als verbindlich angesehenen Grundsätze der christlichen Lehre nach Nordamerika. Mit Erstaunen fragen wir uns heute, wie es überhaupt möglich war, eine Religion, die vor allem auf der Ausübung von Nächstenliebe basiert, mit brutalster Gewalt (»mit Feuer und Schwert«) durchzusetzen. Welchen Eindruck mögen diese Männer wohl auf die »Eingeborenen« hinterlassen haben? Indem sie den Indianern die Angst vor den racheübenden »bösen Geistern« ihrer animistischen Naturreligion nahmen, boten sie ihnen im Tausch dafür eine neue Angst, nämlich die vor »Fegefeuer und Hölle«. Dies alles, um sich die naiven Menschen gefügig zumachen und unter dem Zeichen des Kreuzes im Missbrauch christlicher Symbolik neue Machtstrukturen aufzubauen, die dabei halfen, das zu etablieren, was wir heute »Kolonisation« nennen.
Es kamen aber nicht nur Vertreter der katholischen Kirche, sondern auch andere christliche Gruppen, wie zum Beispiel die Abtrünnigen der Anglican High Church in England – kurz die »Pilgrim Fathers« genannt – als frühe Einwanderer ins Gebiet der heutigen Vereinigten Staaten. Natürlich sind christliche Gruppen und Kirchen zahlenmäßig am stärksten unter

allen anderen Religionen vertreten, sie haben auch ganz wesentlichen Anteil an der kulturellen und zivilisatorischen Entwicklung der Nation und stecken bis heute mit ihren Traditionen den sozialen Rahmen für breite Bevölkerungsschichten ab. 81 Prozent aller US-Amerikaner bekennen sich zum christlichen Glauben. Jedoch gibt es keine Staatskirche und auch keine irgendwie geartete Verbindung zwischen Staat und Kirche wie in Deutschland, und somit natürlich auch keine Kirchensteuer. Dafür existiert eine Unzahl von kleinen selbständigen Glaubensrichtungen, Sekten und Gemeinden unter dem christlichen »Dach«. Es ist wie bei einem Verein, man ist dort (Beitrag oder Spenden zahlendes) Mitglied oder nicht. Jedoch stehen die Kirchen jedem Neuinteressierten zur Teilnahme an Gottesdiensten und anderen Aktivitäten offen.

56 Prozent sind protestantisch, 25 Prozent katholisch ausgerichtet. Wer einmal an einem Gottesdienst teilgenommen hat, wird bestätigen können, mit wie viel Enthusiasmus die versammelte Gemeinde den Worten des Predigers folgt. Spontane Ausrufe der Freude, Aufstehen und Erheben der Arme als Ausdruck des bekennenden Glaubens und der Hingabe sind nicht selten. Mitunter fordert der Vortragende während des Gottesdienstes die Menschen auch auf, sich umzudrehen und ihren Banknachbarn, Vor- oder Hintermännern und -frauen die Hand zu schütteln oder aber auch nach vorn zu kommen und sich zum Beweis ihrer Gefolgschaft zu Jesus und Gott neben den Prediger zu stellen. Dem wird auch dann unbefangen Folge geleistet.

Der Prediger erzählt in einem gefühlvollen, manchmal sehr mitreißenden Ton und wechselnder Lautstärkedynamik von Vorkommnissen aus seinem privaten Erleben und bezieht dies in seinen Vortrag mit ein, er gibt Beispiele für das Wirken Gottes im Alltag. Es findet regelrecht ein Dialog mit der Gemeinde statt. Glaube ist, wie auch andere Dinge in den USA, etwas sehr Praktisches und man geht sehr pragmatisch damit um. Keine steifen, festgelegten Abläufe und Rituale wie zum Beispiel in deutschen Kirchen. Es geht alles sehr locker zu. Auch die gesungenen Kirchenlieder (»gospel songs«), mitunter von einer kleinen Band begleitet, sind fröhlich und erzeugen eine gute Stimmung.

Vielleicht ist dies alles der Grund, warum man in den amerikanischen Kirchen nicht nur ältere Menschen sieht, sondern erstaunlich viele Menschen jungen und mittleren Alters sowie Familien mit Kindern. Kleine Kinder, die dem Gottesdienst noch nicht folgen können, werden oft in separaten

Räumen neben dem Versammlungsraum von Mitarbeitern der Gemeinde beaufsichtigt und beschäftigt. Der Vortragende fordert auch zu Beginn dazu auf, Kinder bitte in die dafür vorgesehenen Räumlichkeiten zu bringen. So gibt es keine wie auch immer geartete von Kindern hervorgerufene Unruhe während der Veranstaltung. Wir persönlich jedenfalls hatten einen sehr positiven Eindruck vom Ablauf eines amerikanischen Gottesdienstes.
Christliche Hauptrichtungen sind Lutheraner, Methodisten, Presbyterianer, Baptisten und Episkopale. Zwei Prozent der Bevölkerung sind jüdischen Glaubens, sechs Prozent vertreten andere Religionen und elf Prozent sind ohne Bekenntnis. Zwischen der katholischen und der protestantischen Richtung gibt es keinerlei Auseinandersetzung oder Glaubenskrieg wie etwa im »neumittelalterlichen« Nordirland. Solche grotesken Anachronismen existieren – Gott sei dank – in den USA nicht.
Auch die Medien haben die Kirchen seit langem entdeckt. Mehr als 1300 lokale Radio- und TV-Stationen übertragen regelmäßig Gottesdienste. Sie haben sich der Verbreitung des Evangeliums verschrieben und sorgen für entsprechendes Spendenaufkommen.
Eine wichtige Rolle im Leben der afroamerikanischen Bevölkerung der Vereinigten Staaten spielen Kirchenvereinigungen wie die »National Baptist Convention« mit acht Millionen, die »National Baptist Convention of America« mit dreieinhalb Millionen und die »African Methodist Episcopal Church« mit ebenfalls dreieinhalb Millionen Mitgliedern. Diese ausschließlich von der »schwarzen« Bevölkerung besuchten Kirchen haben für diese auch eine große Bedeutung bei der Bewahrung ihrer kulturellen Bräuche und Traditionen.
Zum großen Reigen der Religionen gehören auch die etwa vier Millionen in den USA lebenden Moslems, von denen rund 100 000 in der »Nation of Islam« organisiert sind.
Eine Menge kleiner religiöser und weltanschaulicher Vereinigungen fand und findet in den USA ebenfalls ihre Heimat. Wir nennen nur die »Amish People« in Pennsylvania und Ohio, deren altertümliche Lebensweise bekannt ist, die »Latter Day Saints« (Heilige der letzten Tage), auch Mormonen genannt, die in Salt Lake City ihr Zentrum haben, die »Seventh-Day Adventists« (Siebentage-Adventisten), die »Christian Scientists« und die »Jehovah's Witnesses« (Zeugen Jehovas), die alle in den USA gegründet wurden.

2.12 Telefon und Post

Auch in den Vereinigten Staaten sind Post- und Telefondienst voneinander getrennt. Während der »United States Postal Service« ein rein staatliches Unternehmen ist, welches mit den typischen, kleinen weißen Zustellautos herumfährt, ist der Telefondienst in den Händen privater Gesellschaften. Eine Ausnahme bei der US-Post sind Paketzustelldienste, wo es ebenfalls private Firmen gibt, der bekannteste unter diesen ist »United Parcel Service (UPS)« mit seinen braunen Lieferwagen, mittlerweile auch in Europa ein gewohntes Bild im Straßenverkehr.

2.12.1 Telefonieren

Für den Weitverkehr, also im Bereich der Ferngespräche, arbeiten in den USA mehrere große Unternehmen (»Long Distance Carriers«). Hier wären Namen zu nennen wie AT&T, Sprint und MCI. Im lokalen Bereich ist jeweils nur eine bestimmte Gesellschaft zuständig, die das Monopol für diese Gegend besitzt.

Münzfernsprecher
Das Telefonieren vom öffentlichen Münzfernsprecher ist gewöhnungsbedürftig, zumindest dann, wenn man ein Ferngespräch führen will. Achten Sie darauf, eine Menge von Vierteldollarmünzen bei sich zu haben, um den Automaten nachzufüttern.
Der Vorgang selbst ist folgender: Sie nehmen den Hörer ab, achten auf den Dauerton und wählen zunächst, ohne Münzen einzuwerfen, die Nummer eines »Operators« (bitte vorher bei Bekannten oder in Geschäften erfragen bzw. im Telefonbuch nachsehen). Die nun ertönende männliche oder weibliche Stimme fordert jetzt zum Wählen der gewünschten Nummer auf. Sie wählen und bekommen sogleich vom Operator den Startpreis für die gewählte Verbindung genannt, den Sie nun mit ihren »Quarters« einwerfen. Geht das Gespräch in einen anderen Vorwahlbereich, so wird es teuer und man sollte genügend Münzen dabei haben.
Kurz bevor das eingeworfene Geld verbraucht ist, meldet sich warnend der Operator. Nun müssen Sie nachwerfen. Wenn Sie feststellen, nicht genügend Münzen bei sich zu haben, können Sie den Operator durch das Wählen einer Null in die Leitung holen und ein Rückgespräch (»Collect

Call«) anmelden. Sie nennen dem Operator nun die gewünschte Nummer und er fragt jetzt dort an, ob der anzusprechende Telefonpartner einverstanden ist und die Gebühren übernimmt. Wenn ja, wird das Gespräch nun in umgekehrter Richtung für Sie geschaltet.
Das Ganze hört sich ein bisschen nach Telefonieren zu Großmutters Zeiten an, wo man ebenfalls erst ein »Amt« anzuwählen hatte, bevor eine Verbindung zu Stande kam. Diese wurde dann mittels Stecker und Buchse von Hand geschaltet. Das Operator-Telefonieren funktioniert aber einwandfrei und hat die beschriebenen Vorteile einer Rückrufvermittlung.
Einfacher ist das Telefonieren mit dem Münzgerät im Ortsbereich, wo es wie bei uns arbeitet. Hier arbeitet kein Operator.

Telefonkarten

Für alle Ferngespräche, zum Beispiel auch nach Übersee, empfiehlt sich der Kauf von »phone debit cards«. Sie kaufen eine solche Karte für einen bestimmten Preis (von 5 $ bis 50 $ erhältlich) und haben dann ein bestimmtes Kontingent von Einheiten, die Sie verbrauchen können. Sie sind an Tankstellen, Kiosken, bei kleineren Läden, auch in Hotels und anderswo erhältlich.
Der Vorgang ist Folgender: Sie nehmen die gekaufte Karte aus dem verschlossenen Umschlag und lesen zunächst die für Ihren Aufenthaltsbereich gültige Zugangsnummer ab. Diese wählen Sie mit dem gerade zur Verfügung stehenden Telefon an. Es ertönt eine Ansage, die Sie zur Eingabe der auf Ihrer Karte stehenden PIN-Nummer auffordert. Wenn Sie dies getan haben, erfolgt eine Ansage wie zum Beispiel »dial the number you wish to call now«. Jetzt wählen Sie die eigentliche Rufnummer, mit der Sie verbunden werden wollen, beispielsweise für Deutschland die 011-49-Vorwahl (ohne Null)-Anschlussnummer. Jetzt kommt wieder eine Ansage, die Ihnen sagt, wie viel Zeit Sie zur Verfügung haben.

Tipp:

Benutzen Sie diese Karten nicht oft hintereinander für viele kurze Gespräche, sondern nur für wenige längere Gespräche, da jedes Mal als Startgebühr für ein neues Gespräch relativ viel Geld verbraucht wird.
Die andere Art von Telefonkarten sind die »phone credit cards«, die Sie aber nur benutzen können, wenn Sie bereits einen eigenen Tele-

fonanschluss haben. Für diese Karten gibt es eine besondere Vorwahl- und eine PIN-Nummer, die Sie besser vor den Blicken Unbefugter schützen sollten. Die Kosten für Ihre Gespräche werden regelmäßig von Ihrem Konto abgebucht. Man kann die Karte auch an Apparaten unabhängig vom eigenen häuslichen Telefon benutzen, also im Hotel, am Flughafen usw.

Mobiles Telefonieren

Auch in den USA kann man mit einem sogenannten »Handy« fernsprechen. *Achtung*: Der Ausdruck »Handy« ist nur in Deutschland bzw. im deutschsprachigen Raum eingebürgert, in den USA heißt es »mobil phone« oder »cellular phone«. Beachten Sie, dass dort aber andere Frequenzbereiche benutzt werden, so dass Sie mit Ihrem deutschen Handy nichts ausrichten können. Lediglich sogenannte Triple-Band-Handies (Handy für 3 verschiedene Frequenzbereiche) sind einsetzbar.

US-Telefonnummern

Alle amerikanischen Telefonnummern sind wie folgt aufgebaut: Dreistellige Vorwahl (»area code«) + siebenstellige Anschlussnummer (»phone number«). Die Vorwahlnummer wird natürlich wie auch bei uns nur bei Anrufen nach außerhalb des eigenen Vorwahlgebietes mitgewählt. *Wichtig:* Bei allen Gesprächen mit Vorwahl muss noch die »1« (Landeskennung für USA) vorweg gewählt werden. Von Übersee aus nach USA wird entsprechend die »001« gewählt. Bei Gesprächen von den USA nach Übersee dagegen kommt die »011« + Landeskennung
zur Anwendung.

Beachten Sie bitte immer, dass die Null vor der deutschen Vorwahl (zum Beispiel **0**421) bei einem Anruf aus anderen Ländern nach hier stets wegfällt. Sie ist nur für den innerdeutschen Gebrauch da.

- Beispiel 1 (von Deutschland nach USA): 001-914-111 1111
- Beispiel 2 (von USA nach Deutschland): 011-49-421-112 233

Telefonauskunft

Die (überregionale) Auskunft nennt sich »directory assistance«, zu erreichen mit 1 + area code + 555 1212. Auch im Internet unter *www.555-1212.com*

Örtliche Auskunft bekommt man unter »411«.

800er und 900er Nummern
Telefonnummern, die mit »800« beginnen, sind gebührenfrei. »900er«-Nummern dagegen kosten Gebühren, die zum Teil erheblich sind. Vergewissern Sie sich vorher, wie viel Kosten entstehen.
Beiden Nummernarten ist ebenfalls wieder die »1« voranzustellen.

Übersicht über die US-Staaten und deren Vorwahlnummern

State	**Area Code**
Alabama (AL)	205
Alaska (AK)	907
Arizona (AZ)	602
Arkansas (AR)	501
California (CA)	203,213,310,408,415,510,619,707,714, 805,818,909,916,925
Colorado (CO)	303,719
Connecticut (CT)	203
Delaware (DE)	302
District of Columbia (Washington D.C.)	202
Florida (FL)	305,407,813,904
Georgia (GA)	404,706,912
Hawaii (HI)	808
Idaho (ID)	208
Illinois (IL)	217,309,312,618,708,815
Indiana (IN)	219,317,812
Iowa (IA)	319,515,712
Kansas (KS)	316,913
Kentucky (KY)	502,606
Louisiana (LA)	318,504
Maine (ME)	207
Maryland (MD)	301,410
Massachusetts (MA)	413,508,617
Michigan (MI)	313,517,616,810,906
Minnesota (MN)	218,507,612
Mississippi (MS)	601
Missouri (MO)	314,417,816

Montana (MT)	406
Nebraska (NE)	308,402
Nevada (NV)	702
New Hampshire (NH)	603
New Jersey (NJ)	201,609,908
New Mexico (NM)	505
New York (NY)	212,315,516,607,716,718,914,917
North Carolina (NC)	704,910,919
North Dakota (ND)	701
Ohio (OH)	216,419,513,614
Oklahoma (OK)	405,918
Oregon (OR)	503
Pennsylvania (PA)	215,412,610,717,814
Rhode Island (RI)	401
South Carolina (SC)	803
South Dakota (SD)	605
Tennessee (TN)	615,901
Texas (TX)	210,214,409,512,713,806,817,903,915
Utah (UT)	801
Vermont (VT)	802
Virginia (VA)	703,804
Washington (WA)	206,509
West Virginia (WV)	304
Wisconsin (WI)	414,608,715
Wyoming (WY)	307

2.12.2 Post

Aus den aktuellen Postgebühren wollen wir hier einige oft zur Anwendung kommende aufzählen. Innerhalb der USA kostet eine normale Postkarte 27 cent, ein Brief von 1 oz. Gewicht 42 cent. (1 oz., d. h. 1 Unze = 28,35 Gramm).
Eine Postkarte oder ein Brief (1 oz.) nach Kanada kosten je 72 cent.
Eine Luftpostkarte oder ein Luftpostbrief (1 oz.) nach Europa kosten je 94 cent. Ein Paket von 2 lbs. innerhalb der USA kostet 2,58 U$, bei einem Gewicht von z. B. 5 lbs. zahlt man dann nur 3,63 U$. (1 lbs, d h. 1 pound = 453 Gramm).

Bei allen Angaben wurden die jeweils preiswertesten Transportkategorien eingesetzt.

Richtig adressieren

Um Fehlern bei der Adressierung einer Postsendung nach oder in den USA vorzubeugen, geben wir hier ein Beispiel:
Mrs. Linda Turner
233 Honeymoon Place
Malibu Beach, CA 90265
USA
Postleitzahlen sind fünfstellig, mancherorts ergänzt durch einen Bindestrich und eine weitere vierstellige Zahl. Diese dient der noch genaueren Identifizierung des Wohngebiets bzw. der Straße. Bezeichnungen für die Bundesstaaten sind als Abkürzungen üblich, wie in den USA ja alles abgekürzt wird, was möglich ist.

2.13 Schule und Ausbildung

Das amerikanische Schulsystem

Der weitaus größte Teil aller Schulen in den USA sind öffentliche Schulen. Private Schulen geben zwar eine bessere Ausbildung (so wird gesagt), sind aber häufig konfessionell gebunden (»parochial schools«). Oft sind diese auch nicht koedukativ, d.h. es gehen entweder nur Mädchen oder nur Jungen auf diese Schulen. Das Curriculum (Lehrplan) dieser Schulen weicht nicht sehr von dem in öffentlichen Schulen ab.
Wie gliedert sich nun das Schulsystem?
Bevor die eigentliche Schulpflicht beginnt, ist es den Eltern anheim gestellt, ihre Kinder schon mit 3 Jahren in eine »Nursery School« oder »Pre-school« und anschließend/oder in einen »Kindergard(t)en« (Alter: 4 bis 5 Jahre) zu schicken. Die Pre-schools liegen häufig in der Nähe der Wohnung. Die »Kindergardens«, die vor allem auch zum Kennenlernen der zukünftigen Mitschüler dienen, sind mancherorts organisatorisch und räumlich der Schule (Grundschule) zugeordnet. Nursery /Pre-Schools kosten Beiträge, Kindergardens nicht.

Beim eigentlichen Schulsystem finden wir, ähnlich wie in Deutschland, eine Abstufung in drei Bereiche vor:

1. die Grundschule (»elementary education«)
2. die Sekundarschule (secondary education, auch »High School« genannt)
3. die Hochschule, Fachhochschule, Universität (»higher education«)

Die Unterschiede liegen in einigen organisatorischen und inhaltlichen Details. Außerdem gibt es Abweichungen von Schulstandort zu Schulstandort. So unterscheidet man drei Aufbauschemata, nach denen sich die Abfolge der Schuljahre pro Schulstufe unterscheiden kann.

a. Schema 6-6: Die Klassen 1 bis 6 gehören zur Elementary School, anschließend folgt die High School mit den Klassen 7 bis 12
b. Schema 8-4: Die Klassen 1 bis 8 gehören zur Elementary School, darauf folgt die High School mit den Klassen 9 bis 12
c. Schema 6-3-3: Die Elementary School umfasst die Klassen 1 bis 6, darauf folgt die Junior High School (Klassen 7 bis 9), darauf die Senior High School (Klassen 10 bis 12)

Die Klassen werden nicht als »classes« sondern als »grades« bezeichnet, also Klasse 3 heißt »grade 3« bzw. »3rd grade«. Der Schulabschluss (wie bei uns die mittlere Reife oder das Abitur heißt in den USA »graduation«. Dieses wird im Alter von 17 oder 18 abgelegt.

Besonderheiten der High School

Je nachdem, nach welchem Schema die High School aufgebaut ist, umfasst sie einen Zeitraum von vier oder sechs Jahren, wobei der sechsjährige Typ sich in Junior High und Senior High aufgliedert.

Ähnlich der in Deutschland in verschiedenen Bundesländern vorhandenen Gesamtschule ist in der amerikanischen Secondary Education die High School eine Schule für alle Kinder, ganz gleich, welchen intellektuellen Stand diese besitzen. Zwangsläufig drückt diese »Gleichmacherei« das Bildungsniveau erheblich, kommt jedoch dem Ideal der amerikanischen Chancengleichheit auch auf dem Sektor der Bildung für alle sehr nahe. Bitte vergleichen Sie also die High School nicht mit dem deutschen Gymnasium. Eher wäre ein Vergleich mit einer Mischung aus Haupt- und Realschule angebracht, obwohl der Vergleich wegen der unterschiedlichen Lerninhalte in den USA hinkt.

Praxisorientiert wie die Amerikaner nun einmal sind, bieten sie den jungen Menschen in der High School wesentlich mehr Möglichkeiten, sich auf zukünftige Berufswünsche vorzubereiten. High-School-Lehrpläne sehen nicht nur allgemeinbildende Fächer vor, sondern auch berufsorientiertes Lernen in spezialisierten Kursen. Dies ist für all diejenigen besonders wichtig, die sich nicht für eine akademische Laufbahn entscheiden wollen, sondern den Übergang auf College und Universität anstreben.

Überblick über die Hauptkursgruppen

Der notwendige Fächerkanon für die akademische Ausrichtung umfasst die Fächer, English, Mathematics, Science (Naturwissenschaft), Social Studies, Foreign Language und Computer Science.

Schüler/innen mit praktischen Berufszielen wählen Kurse wie Agriculture (Landwirtschaft), Printing (Drucktechnik), Marketing (Verkaufs- und Marktkunde), Auto mechanics (Kraftfahrzeugtechnik), Cosmetology (Kosmetik), Architectural Drafting (Architektenzeichnen), Wood Working (Holzbearbeitung), Journalism/Newspaper Publication, Videoproduction, Photography, Psychology, Computer Programming, Arts (Kunst) u.a.

Im kaufmännischen Bereich werden zum Beispiel Typing (Maschinenschreiben), Book Keeping (Buchhaltung) und Shorthand (Stenographie) angeboten.

Bereits auf der Junior High School können Schüler bestimmte Kurse selbst wählen. Diese nennt man »Electives«, beispielsweise die Teilnahme an der Schul-Musikband oder dem Chor. Aber auch eine bestimmte Fremdsprache käme in Frage.

Andere Kurse wiederum werden ohne Mitwirkung des Schülers durch gemeinsame Absprache zwischen Lehrer und Eltern festgelegt. Hierbei handelt es sich oft um sogenannte »Accelerated Courses«, die dem Schüler ein Überspringen der folgenden Klassenstufe in die übernächste ermöglichen sollen, eine Art Begabtenförderung.

Dass bei aller Freiheit, die man dem High-School-Schüler lässt, nicht alles freiwillig und buntgemischt sein kann, sondern auch bestimmte Standards zu erfüllen sind, zeigt das sogenannte »credit system« (Punktesystem). Damit werden gewisse Mindestanforderungen festgelegt, die im Laufe des Schulbesuchs zu erfüllen sind. So kann man während des Besuchs eines bestimmten Kurses bzw. Lehrfachs pro Semester zum Beispiel fünf

Punkte erwerben, die sich dann bei Fortsetzung im nächsten Semester zu zehn Punkten aufaddieren.

Beispiel:

Englisch	40 Punkte
Mathematik	20 Punkte
Sport	20 Punkte
Biologie	10 Punkte
Physik	10 Punkte
Kunst	10 Punkte
Erdkunde	10 Punkte
Geschichte	10 Punkte
Politik	10 Punkte
Wirtschaftskunde	5 Punkte

Fächer wie Geschichte und Politik richten sich inhaltlich vor allem an amerikanischer Geschichte und Politik aus.

Mit einem »proficiency test« werden zu Beginn der High-School-Zeit Lese- und Schreibfertigkeit sowie mathematische Grundlagenkenntnisse abgetestet, um damit dem Schüler die Möglichkeit an die Hand zu geben, sich nach seinen Fähigkeiten schwerpunktmäßig den richtigen Kursen zuzuordnen. Der Schüler/ die Schülerin stellt sich also seinen/ihren persönlichen Stundenplan selbst zusammen. Dabei stehen ihm/ihr sogenannte »guidance counselors« (Laufbahnberater) hilfreich zur Seite.

Benotungssystem und Fehlzeiten

Dieses ist für Neueingewanderte ein wenig gewöhnungsbedürftig, da keine Bewertungen mit Zahlen gegeben werden, wie es in Deutschland und Europa üblich ist. An die Stelle der Zahlennoten treten Buchstaben. Das Spektrum reicht von A bis F, wobei A die beste Bewertung darstellt und ein F für nicht teilgenommen steht.

Bleibt ein Schüler dem Unterricht fern, muss dieser sich, wenn er nach einem oder mehreren Tagen wieder im Unterricht erscheint, beim Sekretariat eine neue Teilnahmeerlaubnis holen (!). Als Voraussetzung dafür dient entweder ein ärztliches Attest oder ein elterliches Entschuldigungsschreiben. Liegt keines von beiden vor, gilt das Fehlen als unentschuldigt. Anrufe der Schule bei den Eltern dienen dazu, Flunkereien im Zusammenhang mit dem Fehlen aufzudecken.

In den oberen Schuljahrgängen werden die Fehlzeiten direkt mit der Bewertungsnote am Ende des Schuljahres verrechnet. Zu häufiges Fehlen ermöglicht dann zum Beispiel nur noch eine Einstufung in »B« in dem (den) betreffenden Kurs(en), wo der Schüler öfters gefehlt hat.
Die Schulpflicht endet wie bei uns auch mit dem 16. Lebensjahr. Wer aber eine »graduation« nach Klasse 12 anstrebt, muss bis zum 18. Lebensjahr durchhalten. Die Graduation ist nicht nur eine Abschlussprüfung, sondern auch ein gesellschaftliches und familiäres Ereignis, das mit viel Aufwand in einem streng traditionell geprägten Rahmen gefeiert wird.

College und Universität

Wer die Hürde der Graduation genommen hat, wird in den seltensten Fällen direkt ins Berufsleben gehen. Meist hat er sich vorgenommen, seiner Bildungslaufbahn eine weitere Stufe, die post-secondary education hinzuzufügen, in dem er das College und/oder die Universität besucht.
Hier gibt es mehrere Möglichkeiten:

1. Der Besuch eines zweijährigen »Junior (Community) College«
2. Der Besuch eines zweijährigen »Technical College«
3. Der Besuch eines vierjährigen »College of Liberal Arts« (Abschluss: »Bachelor Degree«)
4. Der Besuch der University, bestehend aus College und anschließenden Studiengängen für den Abschluss als Magister (Master Degree) und gegebenenfalls das »PhD« (Doctor of Philosophy)

Sogenannte »Gemeinschafts-Colleges« und »Junior Colleges« führen zweijährige Studiengänge allgemeinbildender und auch fachlicher Ausrichtung durch. Colleges mit technischer Ausrichtung bieten meist die Fachrichtungen Wirtschaft, Kraftfahrzeugtechnik und Elektronik an. Nach Abschluss eines dieser zweijährigen Studiengänge wird ein »associate's degree« oder ein anderes spezielles Zertifikat erworben.
Normale Colleges und Universitäten stellen eine große Anzahl an Studiengängen geistes- oder naturwissenschaftlicher Richtung zur Verfügung, die in vier oder fünf Jahren zu einem »bachelor's degree« führen. Darüber hinaus bieten viele dieser Einrichtungen weiterführende Kurse an, die dann zu einem »Master's Degree« und ggf. zu einem »Doctor of Philosophy (PhD)« führen. Spezielle fachliche Zweige wie Volks- oder Betriebswirtschaft, Hochschullehre, Ingenieurwissenschaften, Jura, Medizin,

Zahnmedizin u.a. werden ebenfalls von den meisten Universitäten angeboten.

Auch im Post-Sekundar-Bereich gibt es öffentliche wie auch private Hochschulen. Private Colleges und Universitäten bringen teilweise erhebliche Studiengebühren mit sich, bringen aber durch die hohe Qualifikation ihrer Absolventen und durch die dort geleistete Forschungsarbeit, die häufig wirtschaftlich eng mit industrieller Anwendung verknüpft ist (Auftragsarbeiten), oft ein hohes Ansehen mit sich. Dies führt dazu, dass Studenten bestimmter Unis von den Unternehmen der Privatwirtschaft frühzeitig umworben werden.

Die hohen Studienkosten können durch Inanspruchnahme staatlicher Hilfe (Stipendien) in gut begründeten Fällen reduziert werden. Wenn es kein Stipendium gibt, muss man versuchen, sein Studium mit Teilzeitjobs zu finanzieren, sofern man keine reichen Eltern hat. Während man bei öffentlichen Unis mit Kosten von 4000 $ pro Jahr rechnen muss, liegen die Kosten für private Institutionen bei bis zum Drei- bis Vierfachen dieses Betrages. Unis wie Harvard, Yale, Stanford oder Princeton kosten ca. 20.000 $ pro Jahr. Hier werden die begabtesten Studenten als zukünftiger Führungsnachwuchs in Politik und Wirtschaft herangezogen.

Für Colleges und Universitäten gibt es Aufnahmetests (»Scholastic Aptitude Test – SAT«). Darüber hinaus entscheiden die Leistungen in der High School, die Empfehlungen der ehemaligen High-School-Lehrer sowie auch Aufnahmeinterviews des College oder der Universität über die Zulassung zu der betreffenden Institution.

Über 50 Prozent der graduierten High-School-Absolventen wenden sich einer weiteren Ausbildungen zu. Für dieses »higher learning« gibt es in den USA einige Tausend Institutionen, davon mehr als die Hälfte privat betriebene Hochschulen. Letztere sind zum überwiegenden Teil geisteswissenschaftliche Colleges. Die großen öffentlich betriebenen Universitäten sind meist Einrichtungen des jeweiligen Bundesstaates. Hier sind vier Fünftel aller Studierenden eingeschrieben.

»College Classes« sind vertiefende Vorkurse, die zur Vorbereitung auf die Aufnahme ins College dienen. Sie werden gewöhnlich an den High Schools angeboten.

Auch Professional Schools (Berufsschule) können oft die gleichen akademischen Grade verleihen wie Colleges oder Universitäten.

Die besten »Business Schools (MBA)« der USA

Aufgrund einer weltweiten Befragung durch das Magazin »Business Week« (Stand: 2000) ergab sich eine Aufzählung von folgenden 30 führenden Fachschulen der Betriebswirtschaft (die Position in der Liste ist gleichzeitig die Rangordnung)

Name	Staat
Wharton (Pennsylvania)	Pennsylvania
Northwestern (Kellog)	Illinois
Harvard	Massachusetts
MIT (Sloan)	Massachusetts
Duke (Fuqua)	North Carolina
Michigan	Michigan
Columbia	New York
Cornell (Johnson)	New York
Darden (Virginia)	Virginia
Chicago	Illinois
Stanford	California
UCLA (Anderson)	California
NYU (Stern)	New York
Carnegie Mellon	Pennsylvania
UNC – Chapel Hill	North Carolina
Dartmouth (Tuck)	New Hampshire
Texas – Austin (McCombs)	Texas
UC Berkeley (Haas)	California
Yale	Connecticut
Indiana	Indiana
Rochester (Simon)	New York
Vanderbilt (Owen)	Tennessee
Washington University (Olin)	Washington
USC (Marshall)	California
Purdue (Krannert)	Indiana
Georgetown (McDonough)	Washington D.C.
Maryland (Smith)	Maryland
Emory (Goizueta)	Georgia
Michigan State (Broad)	Michigan
Georgia Tech (DuPree)	Georgia

(Quelle: Business Week, 2000)

Der Titel MBA (Master of Business Adminstration) wird all denjenigen verliehen, die erfolgreich eine betriebswirtschaftliche Zusatzausbildung gemacht haben. Sie hat in den USA einen hohen Stellenwert. Absolventen der 30 besten Business-Schulen bzw. Universitäten bekommen durchschnittlich mehr als 3 Stellenangebote nach Abschluss ihrer Ausbildung. Diesen Bewerbern winken zudem sehr gute Einstiegsgehälter, durchschnittlich stieg deren Gehalt auf mehr als 126.000 $ pro Jahr (2000). 1998 waren es noch 111.000 $. Zusätzlich werden oft auch die Umzugskosten sowie nachträglich die Kredite für die Ausbildung von den einstellenden Firmen übernommen. Hier sei auch auf die Website der Harvard Business School hingewiesen, die auf ihren »Websites for Managers« regelmäßig aktuelle Informationen und Hinweise zu anderen betriebswirtschaftlichen Websites vermittelt.
Eine eigene Website »Foreign MBA« (von Studenten der University of Chicago) kümmert sich um die Belange *ausländischer MBA-Studenten*. Hier haben sich inzwischen über 100 Websites mit mehr als 500 fachspezifischen »Links« angesammelt.
Interessenten dieses Fachs sollten sich auch die beiden Buchreihen *Portable MBA Program (Portable MBA Series)* und *The Fast Forward MBA (Portable MBA Series, Paperback)* merken.

Schulträger
Die Kontrolle über den Bildungssektor üben die Bundesstaaten und die örtlichen Städte und Gemeinden aus. Hier wird über Personalbudgets, Gebäudekosten, Schülertransport sowie Lehr- und Lernmittelbudgets entschieden. Von den Bundesstaaten selbst werden Lehrpläne und Prüfungsanforderungen festgelegt sowie notwendige Schulgesetze erlassen.
Das US-»Department of Education« kann bei zu hohen Schulkosten helfen, erlässt auch die Grundstandards der schulischen Bildung, übt aber keine Kontrolle über die bundesstaatliche Aufsicht aus.

2.14 Kultur

2.14.1 Musikrichtungen in den USA

Natürlich ist es im Rahmen dieses Buches unmöglich, die Geschichte und Inhalte der amerikanischen Musik umfassend wiederzugeben. Deswegen wollen wir uns auf die wichtigsten Informationen beschränken, die sich aus dem musikalischen Leben dieser Nation ergeben.
Die Musik amerikanischer Komponisten hat weltweit Verbreitung gefunden. Bekannt geworden sind besonders die amerikanischen Jazzmusiker und die Komponisten der Unterhaltungsmusik. Zu den frühen Komponisten ernster Musik zählen Männer wie Roy Harris, Aaron Copland, Roger Sessions und Walter Piston. Später folgten dann Walter Schumann, Samuel Barber, David Diamond, Gian-Carlo Menotti, Ulysses Kay, Peter Mennin, Gunter Schuller und Leonhard Bernstein. In der Unterhaltungsmusik waren es vor allem Namen wie George Gershwin, Frederick Loewe, Cole Porter, Frank Loesser und Richard Rogers, deren Werke weltweite Verbreitung fanden. Sie waren es, die die musikalische Kunstform des »Musicals« erschufen, einer Mischung aus Schauspiel und Operette.
Musik in den USA ist sehr abwechslungsreich, vielseitig und populär. Städtische Orchester findet man nicht nur in den Metropolen, sondern auch in den Provinzstädten. Dazu kommen zahlreiche Laienorchester sowie Chöre. Einige große Symphonieorchester sind weltweit bekannt geworden. Erwähnen wollen wir an dieser Stelle auch noch das berühmteste amerikanische Opernhaus, die »Metropolitan Opera« in New York.
Sehen Sie sich die Werbung in den Tageszeitungen und an den Werbetafeln (billboards) an und Sie werden auch für Ihren Geschmack eine Konzertaufführung in Ihrem Wohnort oder in der Nähe finden.

Klassische Musik
Zunächst einmal ist zu bemerken, dass ein eigenständiges musikalisches Schaffen im Bereich der klassischen Musik in den USA erst relativ spät einsetzte. Zu stark noch waren eingewanderte Komponisten von den kulturellen europäischen Wurzeln geprägt, als dass sie neue Themen und Darstellungsformen zügig entwickeln konnten. Dies war so bis Ende des

19. Jahrhunderts. Die erste Aufführung einer amerikanischen Oper fand 1845 statt (»Leonora« von W. H. Fry).
Aus Europa rief der tschechische Komponist Anton Dvorak (1841–1904) seinen amerikanischen Kollegen 1895 zu, sie mögen doch endlich auf eigene Quellen zurückgreifen und verfügten doch sicher über genügend Material für typisch amerikanische Inspirationen. Um diese Möglichkeit unter Beweis zu stellen, verwies er auf seine eigene »New World Symphony«, die aus einer Mischung kirchlicher Musik und indianischer Rhythmuselemente beruht.
Schließlich war es dann soweit, der Beginn des 20. Jahrhunderts öffnete das Tor zu eigenständiger amerikanischer Klassik. Die politische Stimmung im Lande hatte daran ebenso Anteil wie die rhythmische Musik der Schwarzen – der Jazz, welcher letztlich in den unseligen Zeiten der Sklaverei seinen Ursprung hatte. Bekannte Komponisten wie George Gershwin und Aaron Copland verstanden es hervorragend, die neuentdeckte Melodie- und Rhythmusvielfalt in europäisch geprägte Formen zu gießen. Eine Weiterentwicklung dieses Stils fand dann nach dem Zweiten Weltkrieg schließlich im sogenannten »Modern Jazz« ihren Ausdruck.
Die neue Klassik der letzten 40 Jahre wurde maßgeblich von Männern wie John Cage und Edgar Varese geprägt, die die traditionellen klassischen Kompositionsmuster verwarfen und mit experimentellen Methoden völlig neue Klangerlebnisse schufen. Beide haben großen Einfluss auf die Klassik der Gegenwart, teilweise auch auf andere musikalische Genres ausgeübt.

Jazz

Was bezeichnen wir eigentlich als Jazz? Marshall W. Stearns sagt »Jazz ist eine improvisierte amerikanische Musik, die europäische Instrumente gebraucht und Elemente europäischer Harmonik, europäisch-afrikanischer Melodik und afrikanischer Rhythmik miteinander verbindet.«
Etwa ab 1850 entstanden in den Südstaaten unter der schwarzen Bevölkerung zwei Typen von Liedern, das »Spiritual« (geistlich-erhebendes Lied) und der »Blues« (weltliches, melancholisch geprägtes Lied). Die Wurzeln liegen in englischer und französischer Volksmusik, in Kirchenliedern, Militärmusik und ursprünglichen afrikanischen Elementen, die die Sklaven mitgebracht hatten. Im Zuge der weiteren Entwicklung verband sich der Blues mit dem sogenannten »Rag-Time-Rhythmus«, einer

damals auf den Tanzböden der gesamten USA beliebten Musikart. Noch vor Beginn des 20. Jahrhunderts ging aus beiden Elementen schließlich der Jazz hervor. Man sieht heute die Stadt New Orleans eng mit der Entstehungsgeschichte des Jazz verbunden.
Wie sich jede Art von Musik weiterentwickelt, so veränderte sich auch der Jazz unter dem Einfluss lateinamerikanischer und auch asiatischer Elemente. Die Stärke dieser Musikrichtung liegt nicht nur in ihrem Rhythmus, sondern auch in dem durch die freie Improvisation bestimmten emotional-kreativen Stil, der aus der Stimmung des Augenblicks hervorgeht, auch wenn er einem vorgegebenen Thema folgt.
Jazz blieb zwischen 1920 und 1940 die in den Vereinigten Staaten im Bereich der populären Musik bestimmende Richtung. Zwischen 1930 und 1940 bildeten sich die sogenannten Big Bands heraus, die den typischen »Big Band Swing« hervorbrachten. Namen wie Count Basie, Duke Ellington und Glenn Miller sind allseits bekannt.
Nach dem Zweiten Weltkrieg strahlte der Jazz der Siegermacht USA in alle Welt hinaus. Daran hatten wohl auch die amerikanischen Militärkapellen mit ihrem unverwechselbaren Stil ihren Anteil. Aber auch in den USA ging die Entwicklung in Richtung eines »Modern Jazz« weiter. Hier nennen wir nur den Namen »Dave Brubeck«, der mit seinen Kompositionen und Arrangements Einmaliges geschaffen hat. Er spielt, hochbetagt, immer noch mit seiner Band und füllt Konzertsäle und Parkanlagen. Man denke nur an das berühmte »Take Five«.
In den 1970er Jahren brachten experimentierende Jazzmusiker mit Hilfe elektronischer Instrumente eine Mischung aus Jazz und Rockmusik hervor, die »Fusion«. Dies ist aber nicht das Ende des Jazz, denn diese Musikart hat soviel eigenständige Dynamik, dass sie in all ihren Variationen fortbestehen und sich weiterentwickeln wird.

Blues

Der Name »Blues« leitet sich von der Farbbezeichnung »blue« ab, die im amerikanischen Gebrauch auch zur Charakterisierung eines bestimmten Gemütszustandes benutzt wird. Das »blue feeling« ist etwas, was der Melancholie nahe kommt. So ist diese Musikrichtung nicht nur aus einem bestimmten Gefühl heraus entstanden, sondern entsteht jedes Mal neu, wenn Musiker den Blues spielen. Blues kann mit nur ganz wenigen Instrumenten gespielt werden und dennoch die beabsichtigte Wirkung erzielen.

Gesang und/oder Gitarre, Bass und Schlagzeug reichen aus, ja es gibt sogar gute Passagen, die nur aus Gitarre und Gesang bestehen.
Die Wurzeln des Blues liegen in der Musik der Sklaven der amerikanischen Südstaaten. Insofern ist Blues letztlich eine Musik, die aus der Trauer sozialer und emotionaler Not geboren wurde.
Schon ab 1920 verwendeten Jazzmusiker den Blues in ihren Stücken. Ab 1930 breitete er sich zunehmend in nördlicher Richtung in den USA aus, nachdem mehr und mehr Schwarze auf der Suche nach Arbeit in die industriellen Ballungsgebiete geströmt waren.
Wir nennen hier stellvertretend für viele andere nur den Namen John Lee Hooker als einen der wichtigsten Bluesgitarristen des 20. Jahrhunderts. Auch Eric Clapton lernte von ihm. Aus dem Einfluss des Blues auf die später entstandene Rockmusik ging der Blues-Rock hervor.

Rhythm and Blues

Der Name »Rhythm and Blues« wird für einen Stil verwendet, der in den großen Städten der USA entstand und auch »Urban Blues« genannt wird. Man rechnet in etwa die Zeit von 1940 bis 1960 zur Hauptepoche des Rhythm and Blues.
Stilistisch mischten sich darin Elemente des Jazz und anderer rhythmisch geprägter Musikrichtungen mit lyrischen Inhalten im Format des Blues. Ab etwa 1965 ging aus dem Rhythm and Blues schließlich die Stilrichtung »Soul« hervor.

Rock 'n' Roll

Zu Beginn der 50er Jahre war das amerikanische Lebensgefühl so weit, dass es nach einer neuen Art von populärer Musik verlangte. So entstand aus einer Mischung zweier Stilelemente, des Rhythm and Blues mit der Country- und Western-Musik, eine neue Musik, der Rock 'n' Roll (wörtlich: schaukeln und rollen).
Unverkennbar war immer noch sein afro-amerikanischer Ursprung. Dem Massengeschmack Rechnung tragend wurde der einstmals harte, kein Blatt vor den Mund nehmende Rhythm and Blues auf diese Weise mit einer weicheren Gangart zu etwas Neuem umgemünzt. Weiße Sänger und Gitarristen kopierten dabei zunächst ihre schwarzen Vorbilder. Zu diesen weißen Musikern gehörte auch kein geringerer als Elvis Presley. Dieser löste mit seinen eingängigen Stücken das Entstehen einer ganzen Gene-

ration von Nachahmern aus, bis schließlich Mitte der 1960er Jahre die Liverpooler Gruppe »The Beatles« daraus etwas Neues machte, die »Beatmusik«.

Folk

Noch zur Blütezeit des Rock 'n' Roll kam in den USA aber ein konkurrierender Musikstil auf, der auf schottische und irische Balladen zurückgeht. Einwanderer aus Großbritannien hatten diese Lieder als ihr Kulturgut mitgebracht und zunächst in ihren Siedlungsgebieten weiter gepflegt. Sänger/innen wie Woody Guthrie, Pete Seeger und Joan Baez nahmen diese Lieder auf und interpretierten sie neu.
Dabei kamen unverkennbar allmählich auch sozialkritische und politische Momente zum Tragen, die schließlich in den sogenannten »Protestsong« mündeten (Beispiel: »Sag mir, wo die Blumen sind« usw.), der die Unrechts- und Leidensmaschinerie des Krieges, Ungerechtigkeiten im Wohlstandsgefälle, mangelnde Praktizierung der Bürgerrechte sowie Diskriminierungen in Rasse, Herkunft und Geschlecht anprangerte. Berühmtester Vertreter war und ist Bob Dylan.
Zeitweise kam es zu Auseinandersetzungen in der Musikszene, die eine Abgrenzung zwischen Folk und Rock zementieren sollten, Bob Dylan jedoch verstand es, beide Stile zusammenzuführen. Dennoch bestehen auch heute noch sowohl die reine Folkmusik (aus dem Wort »Volk« entstanden) als auch der Rock 'n' Roll unabhängig voneinander weiter, wobei der Folk sich mehr als die Musik intellektueller Nonkonformisten etabliert hat.
Weiterhin ist die Rockmusik die meist verbreitete Popularmusik in den Vereinigten Staaten, auch wenn sie im Laufe ihrer Geschichte neue Elemente in sich aufgenommen hat.

Country

Die Geschichte der Countrymusic beginnt in den 1920er Jahren, als eine Wanderbewegung der Landbevölkerung in die großen Städte einsetzte. Sie wurzelt in der Volksmusik der Südstaaten, ist aber durch andere Stilelemente beeinflusst worden. Auch hier erkennt man unschwer, dass Countrystücke letztlich schottischer und irischer Herkunft sind. Populär wurde die Countrymusic in den 1970er Jahren und wird seitdem in unablässiger Folge auf vielen Festivals besonders der Südstaaten gefeiert. Sie

strahlt auch nach Europa und in andere Teile der Welt aus, wo sie ihre Fangemeinden hat. Teilweise wird sie heute mit der scheinbaren Romantik des Lastwagenfahrers (»Trucker«) verknüpft, der den Cowboy von einst auf der Langstrecke abgelöst hat.
Grundinstrumente sind Geige (Fidel), Gitarre, Banjo, und Mundharmonika. Eine Synthese aus Country und Rock ‘n’ Roll bildet der sogenannte »Country Rock«

2.14.2 Literatur

Im 19. Jahrhundert stand die junge amerikanische Literatur noch stark unter dem Einfluss europäischer Vorbilder. Erst ganz allmählich erfolgte eine Loslösung und die Gestaltung eigener Themen mit neuen Mitteln. Amerikanische Geschichte und das Alltagsleben der Menschen waren die Stoffe, welche die Dichter und Schriftsteller des Staatenbundes vornehmlich verarbeiteten. Dabei erzeugten die regionalen Unterschiede zwischen der Lebenswelt der »Yankees« im Norden und derjenigen der Farmer in den Südstaaten, der des »Wilden Westens« und derjenigen in den von Bildung geprägten Neuenglandstaaten eine vielfarbige literarische Entwicklung. Die wichtigsten Namen des 19. Jahrhunderts sind: James Fenimore Cooper, Washington Irving, Ralph Waldo Emerson, Henry David Thoreau, Nathaniel Hawthorne, Herman Melville, Walt Whitman, Edgar Allen Poe, Henry Wadsworth Longfellow, Mark Twain, Harriet Beecher-Stowe, Bret Harte, William Dean Howells, Henry James, Frank Noris und Stephan Crane.
Im 20. Jahrhundert begann die literarische Beziehung zwischen den USA und Europa sich umzukehren: Die US-amerikanische Literatur nahm nun ihrerseits Einfluss auf die europäische Literatur. Die bekanntesten Vertreter des 20. Jahrhunderts sind: Jack London, Upton Sinclair, Theodore Dreiser, Gertrude Stein, F. Scott Fitzgerald, Sinclair Lewis, Thornton Wilder, Norman Mailer, John Irving, Pearl S. Buck, William Faulkner, Tom Wolfe, Arthur Miller, Henry Miller, Ernest Hemingway, Sherwood Anderson, Erskine Caldwell, John Dos Passos, John Steinbeck, Richard Wright, Margaret Mitchell, Emily Dickinson, Ezra Pound, Hart Crane, Amy Lowell, Robert Frost, Carl Sandburg, Edgar Lee Masters, Stephan Vincent Benet, Conrad Aiken und Saul Bellow (Nobelpreis 1976).

Viele der Werke dieser Autoren fanden durch deutsche Übersetzungen auch hier eine große Leserschaft.

2.14.3 Medien

Zeitungen der deutschsprachigen Volksgruppen

Es gibt zur Zeit 23 verschiedene deutschsprachige Zeitungen in den USA, die sich mit ihren Informationen an die (noch) deutsch sprechenden Bevölkerungsgruppen deutschen Ursprungs wenden. Die Erscheinungsweise dieser Organe reicht von wöchentlich bis monatlich.

- *California*:
  »California Staats-Zeitung«, P.O. Box 26308, 1201 N. Alvarado St, Los Angeles, CA 90026, Tel.: 213-413 5500, Fax:...5469, Email: *castaatszeitung@earthlink.net*
  »Der Hermann Sohn«, 1935 Via Lacqua, St.Lorenzo, CA 94580, Tel/Fax: 510-278 1252
  »Neue Presse«, 42263 50th Street West, PMB 316, Quartz Hill, CA 93536 und für San Francisco: 1212 Broadway, Suite 734, Oakland, CA 94612, Tel.: 661-722 2668 und 760-941 3563 (San Diego) und 510-832 2101 (San Francisco), Fax: 661-943 4880 und 760-941 2254 (San Diego) und 510-832 2104 (San Francisco)
  »Stadtmagazin – Los Angeles«, 4712 Admirality Way, PMB 172, Marina Del Rey, CA 90292, Tel.: 310-822 4461, Fax: 310-305 7916, Email: *editor@stadtmagazinla.com*, Website: *www.stadtmagazinla.com*
- *Florida:*
  »Florida Journal«, 6249 Presidential Ct, Fort Myers, FL 33919, Tel.: 941-481 7511, Fax:...7753, Email: *behr@floridajournal.com*, Website: *www.floridajournal.com*
  »German News«, 1413 South Howard Ave, Suite 105, Tampa, FL 33606, Tel.: 813-254 7517, Fax:...7412, Email: *GNAG2@aol.com*
  »Hallo Florida«, 1140 Lee Blvd, Suite 104, Lehigh Acres, FL 33936, Tel.: 941-369 0707, Fax:...0892
  »Reisefieber«, 2430 Shadowdawn Dr, Suite 11, Naples, FL 34112, Tel.: 941-775 7100, Fax:...7044, Email: *Reisefieber@naplesinfo.com*, Website: *www.naplesinfo.com/html/reisefieber.htm*

»Willkommen in Florida«, 2975 S. Horseshoe Dr, Suite 100, Naples, FL 10023, Tel.: 941-643 3933, Fax:...5017

- *Georgia*:
  »Das Fenster«, 1060 Gaines School Rd, Suite C-3, Athens, GA 30605-3100, Tel.: 706-548 4382, Fax:...8856, Email: *info@dasfenster.com*, Website: *http://dasfenster.com*
- *Illinois*:
  »Amerikawoche«, 4732 N. Lincoln Ave, Chicago, IL 60625, Tel.: 773-275 5054, Fax:...0596, Email: *info@americawoche.com* und *amwoche@mail.idt.net*, Website: *www.amerikawoche.com*
  »Eintracht«, 9456 N. Lawler Ave, Skokie, IL 60077-1290, Tel.: 847-677 9456, Fax:...9471
  »Nachrichten der Donauschwaben in Chicago«, 7113 N. Keeler Ave, Lincolnwood, IL 60646-2319, Tel.: 847-674 5333
- *Michigan*:
  »Nordamerikanische Wochen-Post«, 1301 W. Long Lake Rd, Suite 105, Troy, MI 48098, Tel.: 248-641 9944, Fax:...9946, Email: *nwp@earthlink.net*, Website: *http://home.earthlink.net/~nwp/germanpage.html*
- *New Jersey:*
  »Freie Zeitung«, 500 S.31st Street, Kenilsworth, NJ 07033, Tel.: 908-245 7995, Fax:...7997, Website: *www.germancorner.com/FreieZeitung*
- *New York:*
  »Aufbau«, 2121 Broadway, New York City, NY 10023, Tel.: 212-873 7400, Fax: 212-496 5736, Email: *redaktion@aufbauonline.com*, Website: *www.aufbauonline.com*
  »Buffalo Volksfreund / People's Friend«, 295 Main St, Ellicott Square Building, Suite 947, Buffalo, NY 14203, Tel.: 716-849 9606
  »Deutschland Nachrichten«, German Information Center, 950 Third Ave, New York City, NY 10022, Tel.: 212-888 9840, Email: *dn@germany-info.org*
  »New Yorker Staats-Zeitung«, 160 West 71st Street, Suite 2B, New York City, NY 10023, Tel.: 212-875 8914, Fax:...0534, Email: *NYStaatsZ@aol.com*, Website: *www.germancorner.com/NYStaatsZ*
- *Ohio*:
  »Saxon News Volksblatt«, 5393 Pearl Rd, Cleveland, OH 44129-1597, Tel.: 440-842 8442, Fax:...5442

- *Texas*:
  »Deutsche Welt – USA«, P.O. Box 35831, Houston, TX 77235, Tel.: 713-721 7277, Fax: 713-723 9421, Email: *leroba@icsi.net*
- *Washington*:
  »Continental Reporter«, P.O. Box 22707, Seattle, WA 98125, Tel.: 206-314 5257, Email: *continentalreporter@yahoo.com*
- *Washington D.C.:*
  »Washington Journal«, 1113 National press Building, Washington DC 20045-1853, Tel.: 202-628 0404, Fax: 703-938 2251,
  Email: *washjournal@mindspring.com*

Amerikanische Zeitungen

Die Fülle der Zeitungen (mehrere tausend), die im gesamten Staatsgebiet der USA erscheinen, macht es unmöglich, diese hier aufzuführen. Wer darin aber Einblick nehmen will, findet unter *www.webdopresse.ch/index.asp?nav=allemand* einen hervorragenden Lotsen zu allen Bundesstaaten und darin wieder zu allen regionalen Zeitungen. Klicken Sie zunächst unter »Nordamerika« an und danach den jeweiligen Bundesstaat.

An dieser Stelle soll eine kleine Auswahl der größeren Presseorgane von allgemeiner Bekanntheit mit ihren Internet-URLs genügen:

The Los Angeles Times, *www.latimes.com*
The New York Times, *www.nytimes.com*
The Wall Street Journal, *http://public.wsj.com/home.html*
The Washington Post, *www.washingtonpost.com*
Time Magazine, *www.time.com/time/index.html*
The Miami Herald, *www.miami.com/herald*
The Detroit News, *http://detnews.com*
The Earth Times, *www.earthtimes.org*
The Mercury News, *www.bayarea.com*
The Boston Globe, *www.boston.com/globe*
USA Today, *www.usatoday.com*
The Nando Times, *www.nando.net*
SF Gate (San Francisco), *http://sfgate.com*
CNN Interactive, *www.cnn.com*

Film und Fernsehen

Der amerikanische Film nahm auf Grund der geografischen Gegebenheiten zunächst eine eigenständige Entwicklung. Alles fängt einfach an, so auch der Film. In den 20er Jahren feierten Komik und Groteske von Akteuren wie Buster Keaton, den Marx Brothers und Stan Laurel/Oliver Hardy (»Dick und Doof«) große Erfolge beim Publikum. Später kamen dann andere Stoffe von Regisseuren und Schauspielern hinzu, die aus Europa nachwanderten. Nach 1933 schwappte eine bedeutende Welle an Emigranten des Hitlerregimes in die USA und befruchtete die amerikanische Filmwelt. Das, was in der Literatur zum Erfolg geführt hatte, die Darstellung der unbegrenzten Freiheit, der Entwicklung der ersehnten Lebensmöglichkeiten, der Machbarkeit des scheinbar Unmöglichen, das alles machte auch den Film erfolgreich. Massengeschmack ließ allerdings Wildwest- und billige Kriminalfilme zu einer Ausbreitung kommen, die nicht auf die Zustimmung der kulturell anspruchvollen Bevölkerungsteile stieß. Dadurch entstand vor der Weltöffentlichkeit ein verzerrtes Bild amerikanischer Filmkultur, welches den Eindruck erweckt, US-Filme seien lediglich leichte Unterhaltung und nicht mehr.

Im Bereich des in den 50er Jahren aufblühenden Fernsehens setzte sich diese Entwicklung leider fort. Heute sind es die »Soap operas«, welche für ein teilweise lesefaules Publikum die früheren Fortsetzungsromane in den Zeitschriften ersetzen. Übertrieben lange und die Kontinuität der Handlung störende Werbeblöcke tun ein Übriges. Dies ist aber in Europa nicht anders.

Radio- und Fernsehstationen, Internetprovider

Es ist im Rahmen dieses Buches unmöglich, alle in den USA sendenden Radiostationen namentlich wiederzugeben. Es handelt sich um ungefähr 5000 Sender, die auf der Mittelwelle senden, um ebenfalls etwa 5000 UKW-Stationen und 18 Kurzwellensender. In den Haushalten der US-Bürger befanden sich 575 Millionen Radioempfangsgeräte.

Im Bereich Fernsehen finden wir mehr als 1500 Sender, darin eingeschlossen diejenigen ca. 1000 Stationen, die an die fünf großen Netzwerke NBC, ABC, CBS, FOX und PBS angeschlossen sind. Darüber hinaus existieren etwa 9000 Kabelfernsehsysteme (1997). Die Zahl der Fernsehempfangsgeräte betrug 1997 219 Millionen.

Internet Service Providers gab es 1999 geschätzte 7600.

2.15 Das soziale Netz

Jedem, der sich näher mit den sozialen Sicherungssystemen der Vereinigten Staaten befasst, fällt recht schnell auf, dass wir es hier mit einem System zu tun haben, welches sich ebenso wie manche andere Bereiche des amerikanischen Lebens nur auf dem Hintergrund der geschichtlichen Entwicklung dieses Pionierlandes fair darstellen und beurteilen lässt. Die USA sind kein »Versorgungsland«, welches aus dieser oder jener Motivation heraus, etwa aus einem historisch erklärbaren schlechten Gewissen, politischer Verpflichtung den Nachbarstaaten gegenüber oder sonst irgendeinem Grunde sich zu der Vorstellung verstiegen hätte, seine Bürger und Bürgerinnen an die nähernde Brust des Staates zu legen, um so deren Überleben zu sichern. Bis heute gibt es ganz harte Diskussionen darüber, inwieweit sich der Staat überhaupt für die Belange von Alten, Kranken, Benachteiligten und Dauerarbeitslosen einzusetzen bzw. für deren Schicksale Verantwortung zu übernehmen hätte.

Der Amerikaner – um dies einmal so, vielleicht nicht ganz legitim, zu verallgemeinern – besaß und besitzt noch heute die Einstellung des »Selfmade-man«, des selbstverantwortlich Handelnden, des mit seinem Nachbarn geschäftlich konkurrierenden Mitmenschen, der zwar gern und oft freiwillig Hilfe leistet, dem es aber absolut gegen den Strich geht, seinem Nachbarn Vorschriften zu machen oder sich im umgekehrten Falle Vorschriften machen zu lassen. So auch nicht von seinem großen Nachbarn »big brother«, also dem »Staat«.

Diese amerikanische Tradition geht auf die Zeiten der Pioniere zurück, wo im Lande der unbegrenzten Möglichkeiten noch für jeden genug Platz zur Verfügung stand, nachdem man freilich die nicht ins System passenden »Indianer« zum Teufel gejagt, dezimiert, eliminiert, alkoholisiert, überredet, übervorteilt, ausgetrickst und schließlich in Reservate gesteckt hatte. Schon damals herrschte wie heute nicht die reine Nächstenliebe, sondern auch und vor allem das Recht des Stärkeren. Genau dieses Recht können wir noch heute weltweit im System der unter Profitzwang stehenden, konkurrierenden Unternehmen beobachten, auch wenn demokratisch aufgebaute Systeme seit jeher versuchen, aus diesem Gegeneinander ein Miteinander zu machen oder zumindest die negativen Folgen dieses Konkurrenzsystems sozial abzufedern. Dies gelingt leider immer nur teilweise.

Aus den genannten Gründen entwickelte sich das System der öffentlichen Fürsorge für den Einzelnen nur sehr spät und recht langsam. Dort aber, wo der Staat als Kontrolleur abgelehnt wird, entsteht gewissermaßen als ersetzender Faktor eine Unmenge privat organisierter Wohltätigkeit, wie sie in diesem Ausmaß nur für die USA typisch ist. Es werden Spenden gesammelt noch und noch, für alle erdenklichen Zwecke und Anlässe. Und die Spendenfreudigkeit ist groß, weiß man doch um die bittere Notwendigkeit wohltätiger Einrichtungen.
Dies kann aber nicht darüber hinwegtäuschen, dass sich die politisch bestimmenden Kräfte der Vereinigten Staaten nach wie vor schwer tun, ihr Sozialsystem so zu verbessern, dass bestehende Lücken gefüllt werden, in dem beispielsweise notwendige soziale Leistungen wie der Krankenversicherungsschutz für breite Bevölkerungsschichten auch bezahlbar gestaltet werden.
Es ist hinlänglich bekannt, dass sich die USA als die größte Industrienation der Welt sich den höchsten Armenanteil unter den vergleichbaren Staaten »leisten«. Erst 1935 wurden unter der Regierung des Präsidenten Ted Roosevelt erste Sozialgesetze erlassen. Seit dieser Zeit gibt es auch eine Sozialversicherungspflicht.

2.15.1 Arbeitslosenunterstützung

Die Arbeitslosenunterstützung (unemployment benefit) wird von jedem Bundesstaat in eigener Regie gehandhabt, weshalb die Höhe der ausgezahlten Beträge sowie die Dauer der Auszahlung unterschiedlich sein können. Man kann von einem Durchschnittswert von 50 Prozent des letzten Arbeitslohnes und von einer Dauer von einem halben Jahr ausgehen. Danach kommt die Sozialhilfe (social benefit) zum Tragen.

2.15.2 Krankenversicherung und ärztliche Behandlung

Wenn Ihnen als Tourist schon aufgefallen ist, dass viele Dinge in den USA ihren Preis haben, so setzen die Kosten für das Gesundheitswesen dem ganzen noch die Krone auf. Das Zahlenmaterial besagt, dass das amerikanische System das weltweit teuerste ist. Mit 14 Prozent des Bruttosozialproduktes und rund 2900 $ pro Kopf und Jahr übertrifft es bei weitem den Durchschnitt der Gesundheitskosten der europäischen Länder. Was

die Kosten in die Höhe treibt, sind sowohl die ärztlichen und zahnärztlichen Honorare als auch die teure technische Ausstattung der amerikanischen Krankenhäuser. Was aber nützt High-tech-Medizin, wenn diese sich nur noch die Reichen leisten können?
Die Folge dieser hohen Kosten sind natürlich sehr hohe Beiträge, die von den Krankenversicherungen verlangt werden. Auch Ärzte zahlen dort hohe Beiträge für Haftpflichtversicherungen, mit denen sie sich gegen Schadensersatzforderungen für fehlgegangene Eingriffe und Behandlungen absichern. Jedermann hat schon von der Prozessierfreudigkeit der US-Bürger gelesen. Man denke nur an die Beispiele der horrenden Forderungen an Tabakkonzerne, »nur« weil jemand vom Rauchen Lungenkrebs bekommen hat, wo doch bekannt ist, dass Rauchen krebserregend sein kann. Diese Mentalität, wegen allem und jedem einen Anwalt zu bemühen, hat maßgeblich auch die Kostenlawine im Gesundheitswesen mit in die Höhe getrieben.
Um nicht nur negative Aspekte hervorzuheben, sei angemerkt, dass Sie beim Arztbesuch in den USA als Patient eine ganze andere Position haben als hierzulande. Ärztliches Wissen und Vorgehen wird Ihnen nicht als Geheimwissen verkauft, sondern Sie werden ganz im Gegenteil über alle notwendigen medizinischen Schritte und geplanten Behandlungen detailliert in Kenntnis gesetzt und über mögliche Folgen von Eingriffen und Operationen vorab informiert. Dies kann man natürlich unter dem Begriff »Service« einordnen, es hat seine Erklärung jedoch sicher auch in der beabsichtigten Vorbeugung vor leidigen und kostenintensiven juristischen Verfahren.
Man kennt in den Vereinigten Staaten keine gesetzliche Krankenversicherung. Größere Unternehmen können durch die Vielzahl der Beschäftigten auf günstige Konditionen bei den Versicherungsgesellschaften zurückgreifen, die sie an ihre Mitarbeiter weitergeben. Der Betrieb »kauft« bei dem Versicherungsunternehmen die Dienstleistung »Versicherung« sozusagen »groß« ein, bekommt entsprechende Rabatte gewährt und beteiligt sich womöglich auch an den Beiträgen.
In diesem Falle können Sie sich über Ihre Firma, in der Sie arbeiten, krankenversichern lassen, was oft auch die restlichen Familienmitglieder einschließt. Zahnärztliche und augenärztliche Behandlungen sind meist jedoch von der normalen Krankenversicherung ausgenommen. Eine »dental insurance« bzw. »optical plan« muss dann extra abgeschlossen werden.

Achtung: Arzt- und Zahnarztbesuche sowie der Medikamentenkauf erfordern von Ihnen jeweils eine Barzuzahlung (»co-payment«, »deductible«), die je nach Versicherung verschieden hoch sein kann. Rechnen Sie mit 15 bis 20 $ pro Aktion. In den Versicherungsbedingungen kann man das nachlesen. Für die Konsultation eines Arztes in der Sprechstunde kommen etwa 100 bis 150 $ auf Sie zu (falls Sie nicht versichert sind). Sind sie versichert, zahlen Sie nur Ihren Anteil und leiten die Rechnung wie üblich an Ihre Versicherung weiter.

Ärztliche Behandlung

Wie bei uns auch geht man bei körperlichen Beschwerden zunächst zu seinem »Hausarzt«, der in den USA »primary care physician« genannt wird. Häufig muss dieser aus einer von der Versicherung vorgelegten Liste nach Wohnortnähe ausgewählt werden. Falls erforderlich, schreibt dieser – wie bei uns auch – eine Überweisung (»referral«) an einen Facharzt (»specialist«). Auch jährliche Routineuntersuchungen (»yearly check-up«) führt dieser Allgemeinarzt durch.
Die Notarztnummer in den USA ist die 911 (Rettungswagen = *ambulance*), ebenso für Polizeinotruf zu verwenden. Die Kostendeckung für Notfalldienste und Notaufnahme entnehmen Sie bitte auch den Versicherungsbedingungen.
Eine Besonderheit: Bei männlichen Neugeborenen wird im Regelfall die Vorhaut des Penis beschnitten (»circumcision«). Wer dies bei seinem Baby nicht durchführen lassen will, muss vorher darauf hinweisen.

Medicare/Medicaid

Der Staat greift dort ein, wo Not am Mann ist. »Medicare« und »Medicaid« sind staatliche Hilfsprogramme zur Versorgung derjenigen kranken Menschen, die sozial benachteiligt sind. Behinderte und alte Menschen (über 65) gehören zur Zielgruppe von Medicare, wohingegen Medicaid sich um diejenigen kümmert, die unter der sogenannten Armutsgrenze existieren. Diese Programme finanzieren sich teils durch Steuermittel, teils auch durch eigene Beitragsleistungen.
Haben Sie als Eingewanderter die Chance, bei einem großen oder größeren Unternehmen eine Anstellung zu finden, so wird man Ihnen dort wahrscheinlich eine relativ günstige Möglichkeit geben, krankenversichert zu sein. Passen Sie bei allen Versicherungsverträgen – ganz gleich, ob durch

die Firma oder privat abgeschlossen – darauf auf, dass zahnärztliche Leistungen meist nichts mit der allgemeinen Krankheitsabsicherung zu tun haben und entweder getrennt versichert oder aus eigener Tasche bezahlt werden müssen. Ein teurer Spaß.
Anders sieht es bei kleineren Firmen aus, die keine solchen Rahmenverträge für ihre Mitarbeiter abschließen können. Und weil es kostspielig ist, ein privates Versicherungspaket für sich abzuschließen, verzichten die Angestellten solcher Firmen dann häufig auf den Versicherungsschutz und gehen das Risiko ein, im Krankheitsfall ihre Ersparnisse oder, falls nicht vorhanden, Bankkredite zur medizinischen Behandlung einzusetzen. Da dieser Personenkreis finanziell nicht schwach genug ist, um sich für Medicaid zu qualifizieren, bleibt nur der beschriebene Weg. 1992 waren es immerhin 16 Prozent aller Amerikaner, die keinen Krankenversicherungsschutz hatten.
Aber: Im Notfall, also einer akuten, lebensbedrohlichen Krankheitssituation oder bei Unfällen sind die Krankenhäuser verpflichtet, jeden Patienten aufzunehmen, gleichgültig, ob versichert oder nicht. Man wird in diesem Fall eine Anzahlungsverpflichtung von um die 10.000 $ vorab verlangen.
Achtung: Überprüfen Sie vor Verlassen des Krankenhauses alle Rechnungsposten genau, weil sich hier durchaus Fehler einschleichen können.
Wird ein bisher durch die Firma Versicherter arbeitslos, wird es für ihn ebenfalls schwierig, denn dann fällt der Versicherungsschutz fort. Umso schneller muss sich der Betreffende um neue Arbeit bemühen, um so auch wieder versichert zu sein. Man kann aber unter Weiterzahlung des vollen Betrages sich für eine Übergangszeit bis zum nächsten Job seine bisherige Versicherung aufrechterhalten (nicht billig).

Versichern gegen Arbeitsunfähigkeit

Wenn dies vom Arbeitgeber nicht angeboten wird, sollten Sie selbst an eine Absicherung denken. Diese »disability insurance« zahlt eine bestimmten Prozentsatz Ihres bisherigen Einkommens weiter.

Private Krankenversicherung

Angehörige kleinerer Unternehmen oder Selbständige sind auf den Abschluss einer privaten Krankenversicherung angewiesen. Rechnen Sie bei der Aufnahme sowohl mit gründlichen gesundheitlichen Kontrollen

als auch mit langen Wartezeiten. Umgekehrt können Sie sich einen Bonus in Form von Beitragsreduzierung erwirtschaften, wenn Sie die Versicherung nicht in Anspruch nehmen.
Es kann umgekehrt aber auch zu Erhöhungen kommen, sollten Sie Ihre Versicherung mehr als durchschnittlich strapazieren. Auch Fälle von Ausschluss (!) aus der Versicherung sind denkbar, zum Beispiel bei sehr kostspieligen Behandlungen unheilbarer Krankheiten.
Versichern Sie sich auf jeden Fall trotz der in den USA höheren Kosten, denn so brauchen Sie plötzlich auftretende Kosten von manchmal 10.000 bis 20.000 $ nicht selbst zu tragen.

Tipp:
Man kann natürlich auch eine eigene »private Versicherung« gründen, in dem man regelmäßig einige hundert Dollar für etwaige Krankenbehandlung auf ein spezielles Konto einzahlt. Wer gesund ist und nicht verunglückt, kann so in 2 bis 3 Jahren bei entsprechender Verzinsung schnell auf die genannten Beträge kommen. Dies ist allerdings eine Methode mit einem nicht unerheblichen Risiko, wie es von allen Nichtversicherten getragen wird und deswegen nicht jedermann zu empfehlen.

Achten Sie beim Ausfüllen der Antragsformulare für eine Krankenversicherung auf das folgende Kleingedruckte:

- *Co-Payment* ist eine anteilige Bezahlung, meist bis zu einem bestimmten Betrag 100 Prozent und darüber hinaus weniger als 100 Prozent.
- *Exclusions* bedeutet Ausschlüsse bestimmter Erkrankungen, zum Beispiel durch Sport hervorgerufen oder AIDS.
- *Medical Evacuation* gilt für J1-Visa-Inhaber. Hier sind Rücktransporte in die Heimatländer gemeint, die man mit- oder nicht versichern kann.
- *Pre-existing Conditions* umschreibt den bestehenden Gesundheitszustand. Vor Vertragsabschluss schon vorhandene, behandelte oder noch nicht behandelte Beschwerden mitzuversichern, kann teuer werden.
- *Repatriation* ist ebenfalls für J1-Visa. Es handelt sich um Rückführung ins Heimatland im Falle des Todes.
- *Specific Limits* sind Grenzbeträge, bis zu denen Ihre Versicherung bei bestimmten Erkrankungen zahlt.

2.15.3 Pflegeversicherung

Da weder Kranken- noch Pflegeversicherung Bestandteil des zwischen Deutschland und den USA geschlossenen Sozialversicherungsabkommens sind und man eine Pflegeversicherung in den USA nicht kennt, sollten Sie durch freiwilliges Weiterzahlen Ihres Beitrages plus 20 Prozent des Arbeitgeberanteils Ihre Pflegeversicherung aufrechterhalten. Tritt der Pflegefalls ein, müssen Sie jedoch für die Dauer der Pflege nach Deutschland zurückkehren.

Erhalten Sie also hierfür (und auch eventuell für andere Zwecke) ein Konto bei Ihrer deutschen Bank aufrecht und vereinbaren Sie sinnvolle (größere Beträge in größeren Zeitabständen) regelmäßige Zahlungen mit der Versicherung.

2.15.4 Rentenversicherung

Die Rentenversicherung ist der einzige Bestandteil des gegenseitigen Sozialversicherungsabkommens zwischen den USA und Deutschland. Es bezieht sich auf alle Personen, die irgendwann einmal Beitragsansprüche in der amerikanischen und/oder der deutschen Rentenversicherung erworben haben. Auch Hinterbliebene sind dazu berechtigt. Für die individuelle Information empfiehlt sich ein Kontakt mit der *Bundesversicherungsanstalt für Angestellte (BfA)* in Berlin oder einer Zweigstelle einer Hilfsorganisation für Auswanderer (s. Adressenteil).

Prinzipiell unterliegen alle Deutschen, die in den USA arbeiten, den amerikanischen Gesetzen und Bestimmungen über die Sozialversicherungspflicht und zahlen danach ihre Rentenbeiträge. Dies gilt auch dann, wenn der Arbeitgeber seinen Sitz in Deutschland hat. Es gibt jedoch Ausnahmen, zum Beispiel wenn eine Entsendung vorliegt. Damit ist gemeint, dass ein deutscher Arbeitgeber seine(n) Angestellte(n) für eine Zeit von nicht mehr als fünf Jahren in die Vereinigten Staaten entsendet, damit diese(r) dort auf und für Rechnung seines deutschen Arbeitgebers tätig ist. Achtung: Angestellte von internationalen Speditionsunternehmen fallen nicht unter diese Ausnahmeregelungen.

Freiwillig in einer Rentenversicherung versichern sollten sich solche Personen, die auf Grund der Höhe ihres Einkommens nicht beitragspflichtig sind. Damit können auch beitragsfreie Zeiten überbrückt werden, so dass keine Beitragslücken entstehen. Alle weiteren, mehr ins Detail gehenden Fragen wie zum Beispiel Beitragserstattungen sollten Sie mit Hilfe der oben erwähnten Institutionen klären.

2.16 Steuern

Einkommenssteuer

Das Doppelbesteuerungsabkommen zwischen Deutschland und den USA garantiert, dass nicht doppelt, d.h. in beiden Ländern Steuern gezahlt werden, sondern nur in dem Land, wo man lebt und arbeitet. Das ist nur logisch.

Die beiden wichtigsten Steuern sind die *federal tax* und die *state income tax*, Erstere von der Bundesregierung, Letztere von der jeweiligen Staatsregierung erhoben. In einigen Bundesstaaten gibt es zusätzlich noch eine *community tax*, die von der Gemeinde, in der man wohnt, erhoben wird.

Beispiele für die *federal tax*:

Eine alleinstehende Person, die bis zu 25.750 $ im Jahr verdiente, zahlt 15 Prozent Einkommensteuer.

Ein(e) Verheiratete(r) mit einem Einkommen zwischen 43.051 $ und 104.050 $ zahlt bei gemeinsamer Veranlagung 28 Prozent Steuern.

Ein(e) Verheiratete(r) mit getrennter Veranlagung und einem Einkommen zwischen 52.026 $ und 79.275 $ zahlt 31 Prozent Steuern.

Bei einem Einkommen über etwa 280.000 $ pro Jahr zahlt eine alleinstehende Person den Spitzensatz von 39.6 Prozent, ein Verheirateter mit gemeinsamer Veranlagung und etwa gleichem Einkommen ebenfalls 39.6 Prozent Steuern.

Alle Zahlen stammen vom »Internal Revenue Service« (Steuerbehörde der US-Bundesregierung).

Die Federal Tax wird gleich vom Arbeitgeber einbehalten und direkt abgeführt, so dass Sie davon auf Ihren Gehaltsabrechnungen nichts sehen. Am Ende des Steuerjahres gibt Ihnen Ihr Arbeitgeber eine Bescheinigung der von ihm für das ganze Jahr für Ihr Einkommen überwiesenen Steuern, welche Sie bei Ihrer Steuererklärung verwenden müssen. Dieser Vorgang des Einbehaltens sowie das dazugehörige Formular nennen sich »federal withholding«. Entsprechend gibt es auch Formulare für »state withholding« (Staatssteuer) und »municipal withholding« (Gemeindesteuer).

Personen mit Daueraufenthaltserlaubnis (Greencard), US-Staatsbürger sowie auch Personen mit temporärem Aufenthalt reichen ihre Steuererklärung immer bis zum **15. April** ein.
Wie viel Einkommenssteuer Sie letztlich zahlen müssen, hängt auch noch von Ihrem Aufenthaltsstatus in den USA ab. Die Steuerbehörde unterscheidet hier sogenannte »resident aliens« (Greencard, permanenter Aufenthalt) sowie »non-resident aliens« (temporärer Aufenthalt). Ein »alien« ist natürlich kein Außerirdischer, sondern hier ist einfach der Begriff »Fremder, Ausländer« gemeint.
Das Steuergesetz, welches die Höhe der Einkommenssteuer regelt, ist der »Internal Revenue Code« von 1986. Notwendige Formulare für die Steuererklärung erhält man beim *Internal Revenue Service Center, Philadelphia, PA 19255-0208*. Hier gibt es auch alle wichtigen Informationen über das US-Steuersystem. Wer sich bereits in Deutschland informieren will, kann bei der amerikanischen Botschaft anfragen bzw. dort Material bestellen: *U.S. Internal Revenue Service, American Embassy, Clayallee 170, 14195 Berlin, Tel.: 030-8305 1140, Fax:...1145*. Website des IRS: *www.irs.ustreas.gov*
In einigen Staaten gibt es keine federal tax, in anderen Staaten gibt es einen Abzug von nur bis zu 10 Prozent, und in Florida beispielsweise gibt es eine sehr hohe lokale Einkommensteuer, zu der auch die Eigentumssteuer (zum Beispiel auf das eigene Haus) gezählt wird.

Sozialversicherungssteuer

Weiter oben haben wir schon über die »Social Security Number« gesprochen. Da dies natürlich nicht nur Ihrer Legitimierung dient, sondern tatsächlich auch eine Sozialversicherung dahinter steht, führt Ihr Arbeitgeber für Sie die »Social Security Tax« an die Behörde ab. Darin sind enthalten: Altersversorgung, Arbeitsunfähigkeits- und Krankenversicherung. Belastet werden mit dieser Steuer sowohl Arbeitgeber als auch Arbeitnehmer mit je 6,2 Prozent ab einem Jahresmindesteinkommen von 55.000 $. Wer selbständig ist, zahlt automatisch den Arbeitgeberanteil mit, also dann 12,4 Prozent.

Umsatzsteuer

In Deutschland bezahlt man auf alle Waren und Dienstleistungen die sogenannte Mehrwertsteuer. In den meisten Staaten der USA wird dagegen nur

Indianer in voller Pracht.
(Foto: Arizona Office of Tourism)

Schwarzbär im Great Smoky Mountains National Park, Tennessee.
(Foto: Tennessee Tourism, Bielefeld)

Der Grand Canyon in Arizona.
(Foto: Arizona Office of Tourism)

»Teardrop« (Träne) heißt dieser Durchblick im Monument Valley in Arizona. (Foto: Arizona Office of Tourism)

Heimische Tierwelt: Pelikan im Palm Beach County, Florida.
(Foto: Palm Beach County Convention and Visitors Bureau)

Herbst im Alleghenny National Forest, Pennsylvania.
(Foto: Pennsylvania Department of Community and Economic Development)

Lagerfeuerromantik am Fuße der Rocky Mountains, Colorado.
(Foto: B. Blankenburg / Vail Resorts)

Traditionelle Art der Fortbewegung: Ausritt in den Rocky Mountains, Colorado.
(Foto: K. Redding / Vail Resorts)

Idyllisch: Blumenwiese vor den Rocky Mountains in Colorado.
(Foto: K. Van Praag / Vail Resorts)

Zwischen den San Juan Islands, die zum Bundesstaat Washington gehören, kann man Orca-Walen begegnen.
(Foto: Washington State Tourism)

Berühmte Talsperre: Der Hoover-Damm bei Las Vegas.
(Foto: Las Vegas News Bureau / LVCVA)

Der Lake Mead bietet Ruhe und Erholung unweit des Trubels der Spielerstadt Las Vegas. (Foto: Las Vegas News Bureau / LVCVA)

Hier lässt es sich leben: »Tara«, ein Landgasthof am Eriesee. (Foto: Pennsylvania Department of Community and Economic Development)

auf Waren eine Umsatzsteuer (»Sales Tax«) erhoben. Ausnahme: Alaska, Delaware, Montana, New Hampshire, Oregon.

Grundsteuer
Als Hausbesitzer wird für Sie eine »property tax« fällig, die man mit unserer Grundsteuer vergleichen kann. Diese ist aber, ebenso wie die monatlichen Hypothekenbelastungen, von der Einkommensteuer absetzbar.

2.17 Politische Struktur

Jedem, der sich schon einmal für eine Zeit in den USA aufhielt oder auch nur als Tourist durch die Staaten fuhr, ist sicherlich nicht entgangen, mit wie viel Begeisterung, sei er nun verinnerlicht oder nur dargestellt, die Amerikaner ihre patriotischen Gefühle bei allen nur erdenklichen Anlässen zur Schau tragen und diese auch vor allen anderen Versammelten kundtun. Nicht nur das Hissen der »Stars and Stripes«, wie sich die Flagge nennt, sondern auch das Absingen der Nationalhymne sind besonders bei sportlichen Ereignissen von mehr oder weniger nationaler Bedeutung unumgänglich. Auch in jedem Klassenzimmer, Postamt oder einer sonstigen staatlichen Institution sieht man die amerikanische Flagge stolz präsentiert, wo sie irgendwo an einer Seitenwand oder speziellen Ecke aufgehängt ist. Ein solcher »Nationalismus« wäre in Deutschland nicht denkbar – kein Wunder bei unserer jüngsten geschichtlichen Vergangenheit. Kurzum, die USA sind stolz auf Ihr Werden und Entstehen, auch wenn ihre Vergangenheit wie die der meisten anderen Völker auch, streckenweise sehr stark mit dem Blut unschuldiger Menschen durchtränkt ist.

2.17.1 Historischer Rückblick

Die amerikanische Verfassung ist die älteste geschriebene Verfassung der Neuzeit, die immer noch fortbesteht. Sie wurde am 2. Juli 1787 von 13 Gründerstaaten an der Ostküste des Kontinents ratifiziert: North und South Carolina, Connecticut, Delaware, Georgia, New Hampshire, New Jersey, New York, Maryland, Massachusetts, Pennsylvania, Rhode Island

und Virginia. Am 17. September desgleichen Jahres wurde sie von den 13 ehemaligen britischen Kolonien dem Volk verkündet.
Die Präambel dieser Verfassung lautet:
»Wir, das Volk der Vereinigten Staaten, von der Absicht geleitet, unseren Bund zu vervollkommnen, die Gerechtigkeit zu verwirklichen, die Rechte im Innern zu sichern, für die Landesverteidigung zu sorgen, das allgemeine Wohl zu fördern und das Glück der Freiheit uns selbst und unseren Nachkommen zu bewahren, setzen diese Verfassung für die Vereinigten Staaten von Amerika in Kraft.«
Aber bereits mehr als 150 Jahre zuvor, als sie den Fuß noch nicht an Land gesetzt hatten, hatten die »Pilgrim Fathers«, die mit insgesamt 18 Familien aus England herübergekommen waren, auf ihrem Schiff, der *Mayflower*, einen ersten schriftlichen Vertrag aufgesetzt, an den sie sich halten wollten, den »Mayflower Compact«:
»We whose names are underwritten, the loyal subjects of our dread Sovereign Lord King James, by the Grace of God of Great Britain, France and Ireland, King, Defender of the Faith, etc. Having undertaken, for the Glory of God and advancement of the Christian Faith and Honour of our King and Country, a Voyage to plant the First Colony in the Northern Parts of Virginia, do by these presents solemnly and mutually in the presence of God and one of another, Covenant and Combine ourselves together into a Civil Body Politic, for our better ordering and preservation and furtherance of the ends aforesaid; and by virtue hereof to enact, constitute and frame such just and equal Laws, Ordinances, Acts, Constitutions and Offices, from time to time, as shall be thought most meet and convenient for the general good of the Colony, unto which we promise all due submission and obedience. In witness whereof we have hereunder subscribed our names at Cape Cod, the 11th of November, in the year of the reign of our Sovereign Lord King James, of England, France and Ireland the eighteenth, and of Scotland the fifty-fourth. Anno Domini 1620.«
Quelle: William Bradford, Of Plymouth Plantation, 1620-1647 (Samuel Eliot Morison, ed., 1952), 75-76.
Ohne die Verfassung dieser ersten 13 US-Staaten wäre das Vielvölkergemisch, welches heute das Bild der Vereinigten Staaten prägt, gar nicht denkbar gewesen. Es ermöglichte prinzipiell jedem Einwanderer, ganz gleich aus welchem Land er stammte, den Zutritt zu den USA. Allerdings gab es auch in früheren Zeiten schon staatliche Organe, die gewisse Aus-

wahlkriterien an Neueinwanderer anlegten. Dies ist auch heute bei der »Greencard« noch so.
Wichtigster Grundsatz in der amerikanischen Verfassung war die Freiheit der Religionsausübung und das Verbot einer Staatskirche. Er geht unmittelbar auf die Erfahrungen von Glaubensverfolgungen und Glaubensverboten in Europa zurück.
Die Verfassung der Gründerstaaten zeichnete sich aber auch durch Einfachheit und Prägnanz aus, denn sie umfasste nur ganze sieben Artikel: Sie regelte die gesetzgebende Gewalt, die vollziehende Gewalt des Präsidenten, die richterliche Gewalt, die Rechte der Einzelstaaten, Möglichkeiten der Änderung und Ergänzung der Verfassung, die Behandlung früherer Staatsschuld und die allgemeine Geltung der Verfassung sowie die Ratifikation (=Bestätigung durch das Parlament).
Bis heute sind diesen sieben Artikeln nur 26 Zusätze hinzugefügt worden, von denen die ersten zehn die Grundrechte (Bill of Rights) betreffen.
Nichts entsteht aus dem luftleeren Raum, und so ist auch die amerikanische Verfassung aus den »Bundesartikeln« des 13-Staaten-Bundes (der »Konföderation«) hervorgegangen. Berücksichtigt wurden aber auch die Ideale der klassischen Demokratien des Altertums, die Vorstellungen europäischer Philosophen, insbesondere die des Engländers John Locke (1632–1704) und die Lehre von Montesquieu (1689–1755). Auch das englische »Common Law« (allgemeines Recht) mit den Prinzipien der englischen »Bill of Rights« standen dabei Pate.

2.17.2 Ziele der Verfassung

Trotz der Trennung der drei Gewalten *Legislative, Exekutive und Judikative* sind diese dennoch im System von »Checks and Balances« (Kontrolle und Ausgleich) auf gegenseitiges Mitspiel angewiesen. So kann jedes der drei Regierungsorgane seine Gewalt nur dann ausüben, wenn ein anderes diesem zustimmt. Dies soll Machtmissbrauch einzelner Organe verhindern. So befinden sich Kongress (Legislative), Präsident mit Kabinett und unabhängigen Behörden (Exekutive) sowie der Bundesgerichtshof (Judikative) in einem ständigen kräftemäßigen Wechselspiel zueinander. Der Versuch eines sogenannten »Impeachments« (Disziplinarverfahren) gegen den früheren Präsidenten Bill Clinton hat deutlich gemacht, welche Macht der Kongress besitzt. Auch die vielen

Ausschüsse des Kongresses können die Verwaltung sehr stark kontrollieren. Dies hat zur Folge, dass vom Kongress beispielsweise durch Bewilligung oder Nichtbewilligung von Geldern die politischen Absichten des Präsidenten unterstützt oder missbilligt werden können. Unlängst zeigte sich dies bei der Schöpfung des 700-Milliarden-Kredites für die durch irrationale Spekulationen in Existenznot geratenen Banken.
Die Gerichte wiederum können den Kongress dadurch kontrollieren, dass sie vom Kongress erlassene Gesetze auf deren Notwendigkeit oder Berechtigung hin überprüfen können.
Grundsätzliches Ziel der Verfassung war es, für alle Mitgliedstaaten der Staatenunion eine starke zentrale Regierung zu schaffen. Um das Volk möglichst umfassend an dieser Regierung mitwirken zu lassen, etablierte man die repräsentative Demokratie, d.h. eine Volksherrschaft mit Volksvertretern. Diese werden wie bei uns auch vom Volk gewählt. Besonderer Wert wurde auf die Verankerung der Grundrechte gelegt, wie das in der *Bill of Rights* zum Ausdruck kommt. Wofür man keine historischen Vorbilder hatte, das war das föderale System aus Einzelstaaten in einem Gesamtstaat. Bedingung war, das keiner der Einzelstaaten irgendwelche Vorrechte gegenüber den anderen erhielt. Gleichzeitig beinhaltete das, dass es eine Gewaltenteilung zwischen der Bundesregierung als Zentralregierung einerseits und den Staatsregierungen der Einzelstaaten andererseits geben musste.
Die »Bill of Rights« (s.o.) waren die ersten zehn Zusätze zu den sieben Verfassungsartikeln. Man fügte diesen Katalog von Rechten des Individuums gegenüber der staatlichen Gewalt bereits 1791 ein. Schlimme Erfahrungen mit Machtmissbrauch während der Zeit, als die 13 Staaten noch englische Kolonien waren, waren der Grund, dass man diese Rechte als Zusätze in der Verfassung verankerte.
Unter anderem gehören dazu: Das Recht auf Religions-, Rede-, Versammlungs- und Pressefreiheit, das Recht, ohne richterlichen Durchsuchungsbefehl keine Hausdurchsuchungen zu erlauben, das Recht auf Zeugnisverweigerung gegen sich selbst (bei strafbaren Handlungen), das Recht auf einen schnellen öffentlichen Prozess, das Recht auf anwaltlichen Beistand, das Verbot grausamer Strafen und andere Rechte mehr.

2.17.3 Die Rolle der Bundesstaaten

Die Regierungen der einzelnen Bundesstaaten stellen ein Abbild der Bundesregierung in Washington, D.C. dar. So gibt es in jedem Bundesstaat einen Gouverneur, einen Kongress sowie einen Obersten Gerichtshof. Im Kongress jedes Bundesstaates können Gesetze erlassen werden, die nur für diesen Staat gelten, jedoch nicht im Widerspruch zu Bundesgesetzen stehen dürfen. Jeder Bundesstaat kann auch seine eigenen, speziellen Steuern bestimmen, die seine Bürger zu entrichten haben. Auch hier darf es keinen Gegensatz zu Bundessteuergesetzen geben. Nicht erlaubt ist es den Einzelstaaten dagegen, eine eigene Währung herauszugeben oder selbsttätig mit Staaten außerhalb der USA Verträge abzuschließen.

2.17.4 Die Struktur der Bundesorgane

Der Kongress

Wie das englische Vorbild, so hat auch der amerikanische Kongress zwei Kammern, nur dass sie hier nicht Ober- und Unterhaus heißen, sondern Repräsentantenhaus (Abgeordnete) und Senat (Senatoren). Der Kongress ist das legislative Organ des Staatenbundes. Insgesamt verfügt der Kongress über 535 Mitglieder, d.h. 435 Abgeordnete und 100 Senatoren. Die Legislaturperiode für die Abgeordneten beträgt nur zwei Jahre, die des Senats insgesamt sechs Jahre. Dabei wird aber mit jeder Neuwahl der Abgeordneten – alle zwei Jahre also – auch ein Drittel der Senatoren neu bestimmt. Während sich die Zahl der Abgeordneten nach der Einwohnerzahl des betreffenden Bundesstaates richtet, der sie entsendet, liegt die Zahl der Senatoren bei zwei aus jedem Bundesstaat.
Wichtige Gesetzgebungsaufgaben des Kongresses beziehen sich auf den internationalen Handel, militärische Einsätze, Steuern, Einfuhrzölle und natürlich die Einwanderung von Menschen aus anderen Nationen. Für die meisten Entscheidungen werden im Kongress Zweidrittel-Mehrheiten benötigt. In einem Bereich ist es dem Kongress gestattet, nicht als Legislative, sondern als Judikative zu arbeiten. Dies ist die sogenannte Amtsanklage (Impeachment), die bei disziplinarischen Vergehen (»high crimes« und »disdemeanors«) von Bundesbeamten einschließlich des Präsidenten in Frage kommt.

Alle Ministerien und Bundesbehörden werden durch Beschluss des Kongresses geschaffen, überwacht und mit den nötigen finanziellen Mitteln versorgt. Der Kongress hat auch ein Aufsichts- und Untersuchungsrecht bei der Tätigkeit der Regierung, sei es, um deren Tätigkeit zu überwachen oder Erkenntnisse aus der praktischen Regierungsarbeit in Gesetzesvorhaben umzusetzen.

Der Präsident

Die ausführende Gewalt des Staates (Exekutive) hat der Präsident inne. Seine drei Rollen bestehen in der Führung des Staates (Staatsoberhaupt), der Führung der Regierung (Regierungschef) und der Führung der militärischen Kräfte (Oberbefehlshaber). Voraussetzung dafür, dass jemand überhaupt Präsident werden kann, ist, dass er mindestens 14 Jahre in den USA gelebt hat sowie mindestens 35 Jahre alt ist. Der Präsident wird alle vier Jahre neu gewählt, und das immer in einem Schaltjahr. Derselbe Präsident darf nur einmal wiedergewählt werden.
Gleichzeitig mit dem Präsidenten wird auch ein Vizepräsident gewählt, der im Falle des Todes des Präsidenten, der Amtsenthebung, des vorzeitigen Rücktritts (zum Beispiel beim »Watergate-Skandal«) oder aus einem anderen Grund der Verhinderung der Amtsausübung dessen Funktion übernimmt. Der Präsident ist in seiner Amtsausübung vom Kongress und irgendwelchen Mehrheitsbeschlüssen unabhängig. Er wird ja auch in einem eigenen Wahlverfahren gewählt (»Präsidentschaftswahlen«).
Dennoch gibt es eine Verzahnung der Gewalt des Präsidenten mit der des Kongresses, wenn nämlich der Senat bei bestimmten Vertragsabschlüssen oder Personalfragen in der Regierung ein Mitspracherecht hat. Seine Minister ernennt der Präsident so auch mit Zustimmung des Senats. Andererseits kann auch der Präsident bei bestimmten Gesetzesvorhaben ein Wörtchen mitreden. Dieses begrenzte Vetorecht hat der Präsident grundsätzlich bei allen Gesetzesvorlagen, es kann dann nur von einer Zweidrittel-Mehrheit beider Kammern des Kongresses überstimmt werden.

Die richterliche Gewalt

Die richterliche Gewalt (Judikative) teilt sich in zwei Bereiche. Da sind zum einen die Bundesgerichte für alle Fälle, welche die gesamte USA

betreffen, zum anderen die staatlichen Gerichte jedes Bundesstaates für Fälle, die in den einzelnen Bundesstaaten eintreten und nicht für die Union aller Staaten relevant sind.
Eine vollkommen unabhängige richterliche Gewalt hat laut Verfassung nur der Oberste Gerichtshof (Supreme Court) in Washington. Ähnlich unserem Bundesverfassungsgericht ist er nicht nur die höchste Gerichtsinstanz, die man anrufen kann, sondern hat auch noch die Aufgabe, vom Kongress neu erlassene Gesetze auf deren Verfassungsmäßigkeit hin zu überprüfen. Er ist zuständig für alle Fälle, in denen es um Bundesgesetze, Verträge der USA mit anderen Staaten und um die Verfassung geht. Normalerweise ist er Berufungsinstanz für tiefer stehende Bundesgerichte und die Obersten Gerichtshöfe der Einzelstaaten, nur in besonderen Fällen ist der Supreme Court Erstinstanz, zum Beispiel bei Streitigkeiten zwischen Diplomaten und zwischen einzelnen Bundesstaaten. Der Kongress hat eine Eingriffsmöglichkeit bei Berufungsfällen, die vor den Supreme Court gebracht werden sollen, was zum »Check-and-Balance« (s.o.) gehört.
Der Präsident der Vereinigten Staaten ernennt die neun Richter des Supreme Court (ein Vorsitzender sowie acht beigeordnete Richter) auf Lebenszeit. Hierzu benötigt er die Zweidrittel-Mehrheit der Senatoren.
Ein zu fällendes Urteil wird von der einfachen Mehrheit der Richter getragen.
Den Mitgliedsstaaten der USA obliegt die Kontrolle der öffentlichen Ordnung und Moral, also der polizeilichen Gewalt. Dies ist nicht Aufgabe des Bundes. Ebenso ist es mit der Gesundheitsaufsicht. Richtersprüche der einzelnen Staaten hinsichtlich der Regelung dieser öffentlichen Aufgaben müssen zwischen den einzelnen Mitgliedsstaaten anerkannt werden. So gibt es beispielsweise Unterschiede beim Heiratsalter, bei der Aufrechterhaltung der Todesstrafe und beim Jugendschutz hinsichtlich des Konsums von Alkohol und Tabakwaren.
Moralische Angelegenheiten wie beispielsweise die Einstellung zur Homosexualität oder zur Abtreibung erfahren ebenfalls recht unterschiedliche Behandlung in den verschiedenen Bundesstaaten. Dies hat auch mit der religiösen und kulturellen Tradition und dem Einfluss gesellschaftlicher Gruppen zu tun, die zum Beispiel in den Südstaaten noch wesentlich konservativer ausgeprägt sind als etwa in den Neuenglandstaaten.

2.17.5 Parteien

Allgemein bekannt sein dürfte die Tatsache, dass die USA von jeher ein System haben, das sich aus nur zwei Parteien zusammensetzt, deren jeweilige Kandidaten gegeneinander antreten: Die Republikaner und die Demokraten. Es gibt in den Vereinigten Staaten keine so ausgeprägten politischen Gegensätze gibt wie zum Beispiel in Europa zwischen den sozialistischen und kommunistischen Parteien oder auch den ökologischen Parteien einerseits und den konservativen, liberalen oder mehr »christlich« orientierten Parteien andererseits. Die US-Parteien definieren sich nicht durch ideologische Unterschiede oder feste Programme, wie wir sie kennen. Man kann beide eher als zwei verschiedene Sammelbecken unterschiedlichster politischer Gruppierungen sehen, wobei sich diese an den jeweiligen aktuellen Themen in Wirtschaft und Politik profilieren. Ähnlich wie in anderen angelsächsischen Ländern, zum Beispiel Australien, achten die Wähler mehr auf das, was für politische Ansichten bzw. Absichten der jeweilige Präsidentschaftskandidat vertritt und nicht, in welcher Partei er ist. Überhaupt sind die US-Parteien keine Mitgliederparteien wie in Europa. Sie finanzieren sich weder durch Mitgliederbeiträge noch durch Steuermittel, sondern durch Spenden.

Aus dem Fernsehen wissen wir, dass man zunächst mehrere Kandidaten ein und derselben Partei gegeneinander ins Rennen schickt, bis sich einer in diesen sogenannten »Primaries« (Erst- oder Vorwahlen) als der stärkste herausstellt. Dasselbe tut auch die andere Partei mit ihren Kandidaten. Häufig ist auch noch entscheidend, welches Vorwahlergebnis in bestimmten Staaten oder Staatengruppen von dem jeweiligen Kandidaten erzielt wird, da die Ergebnisse dieser Staaten repräsentativ für die Gesamt-USA sein können. »Linke« und »rechte« Kandidaten sind schillernde Begriffe und können von Wahl zu Wahl einem Bedeutungswandel unterliegen. Auch Parteiübertritte sind deswegen nicht selten.

Ein Vorteil dieser freiheitlichen Einstellung, die sich ja durch alle Lebensbereiche in den Vereinigten Staaten zieht, ist die völlige Unabhängigkeit der Volksvertreter im Kongress. Sie sind keiner offiziellen Parteilinie oder -disziplin verpflichtet und nur ihrem eigenen Gewissen verpflichtet. So wie »draußen« im Lande für unterschiedlichste regionale und lokale Interessen gekämpft wird, so spiegeln die Repräsentanten diese Vielfalt auch im Kongress wieder.

Die Partei der Demokraten gilt als eine Gruppierung, die Eingriffen des Staates in die Angelegenheiten der Bürger positiv gegenübersteht. Sie hat viel für die Rechte der Farbigen und der Ureinwohner Amerikas getan und ist die Partei der weniger Wohlhabenden, während die Republikanische Partei ihr Wählerpotential mehr aus der oberen Mittelschicht und der Oberschicht schöpft.
Das US-amerikanische Parteisystem erscheint somit in manchen Aspekten den europäischen Systemen als überlegen, zumindest jedoch praxisorientierter. Es herrschen keine festgefahrenen Meinungen und Dogmen, die Politiker sind sachorientierter, weil sie sich nicht nach einem Programm oder irgendwelchen Vorgaben richten müssen. Dies ist auch der Grund, warum sozialistische und kommunistische Bewegungen in den USA keine Chance hatten und haben. Politische Programme, die auf Reglementierungen hinauslaufen, werden von Amerikanern grundsätzlich verabscheut. Dafür haben in den letzten Jahren mehr und mehr parteilose, unabhängige Kandidaten an Bedeutung gewonnen.
Eine wichtige Voraussetzung muss jedoch jeder Kandidat erfüllen: Er muss selbst über die nötigen finanziellen Mittel verfügen (also Millionär sein) oder sich diese durch Sponsoren besorgen, um den sehr teuren Wahlkampf führen zu können.

2.17.6 Militär

Der amerikanische Präsident ist im Kriegsfall zugleich der Oberbefehlshaber der Streitkräfte. Ihm unterstehen direkt der Verteidigungsminister und die beiden Vereinigten Stabs-Chefs (Joint Chief of Staff). Das Verteidigungsministerium (»Pentagon«) ist das große fünfeckige Gebäude in Washington, bestehend aus mehreren konzentrischen Gebäuderingen. Seit dem Jahr 1923 gibt es nur freiwilligen Militärdienst. 1992 umfasste das gesamte Personal der Streitkräfte 2,01 Millionen Soldaten, worunter sich auch Frauen befanden. Die verschiedenen Truppengattungen heißen: Die strategische Flotte der Atom-U-Boote (Strategic Nuclear Forces), das strategische Luftkommando (Strategic Air Command) und die Luftverteidigungseinrichtungen, die Marine (Navy) sowie das Heer (Army) und als Reserve die Nationalgarde (Army National Guard).

2.18 Wirtschaft

Die außerordentlich reichen landwirtschaftlichen Möglichkeiten haben zur Herausbildung spezialisierter Großbetriebe geführt, die riesige Flächen bearbeiten. Dadurch wurden die Vereinigten Staaten zum bedeutendsten Exporteur von Weizen, Reis und Tabak. Weitere wichtige Feldfrüchte sind Mais, Sojabohnen, Zuckerrüben, Hafer und Erdnüsse. Kalifornien, Florida und die Golfküste versorgt die USA mit Obst, Gemüse und verschiedenen Sonderkulturen. Hawaii produziert Ananas und Bananen. Rinder, Schweine, Schafe, Geflügel und Pferde sind bedeutende Faktoren in der Viehwirtschaft.
Die großen Schlachthäuser, Konservenfabriken, Getreidemühlen und Lebensmittelfabriken stehen im Mittleren Westen sowie in den Staaten der Prärie und der großen Ebenen (Great Plains), wo die zu verarbeitenden Produkte heranwachsen.
Die Nadelwälder der nordwestlichen Rocky Mountains sowie Alaskas sowie die Kiefern und Mischwälder des Südostens liefern den Nachschub für die Holzindustrie des Landes. Bei der Förderung der Bodenschätze Steinkohle, Kupfer, Molybdän, Uran, Vanadium, Schwefel, Kali, Salz, Eisen, Blei, Gold, Erdöl und Erdgas sind die USA weltweit führend.
Charakteristisch für die amerikanische Wirtschaft war und ist die Herausbildung von Konzernen und Unternehmensketten. So werden 80 Prozent der Automobilproduktion von den Firmen General Motors, Ford und Chrysler erbracht. Die Eisen- und Stahlindustrie konzentriert sich auf Pittsburgh, Chicago und Gary am Michigansee, die Atlantikküste und Houston (Texas). Standorte der Aluminiumindustrie sind der Columbia River und der Tennesseee River (wegen der Wasserkraftwerke) sowie die Golfküstenebene. Detroit ist Schwerpunkt der Automobilproduktion. Anfang der 1990er Jahre stellten die USA rund 20 Prozent der weltweiten Autoproduktion und 75 Prozent der Flugzeugproduktion. Schwerpunkte der Luft- und Raumfahrt und der Elektronik sind Kalifornien und die Golfküste.
Es sind vor allem drei Faktoren, welche die USA zum führenden Wirtschaftsland der Welt gemacht haben: Die geographische Ausdehnung, die reiche Ausstattung mit natürlichen Ressourcen sowie die ständige Zuwanderung aus allen Teilen der Welt. Was den amerikanischen Arbeitnehmer so unvergleichlich gegenüber dem in anderen Nationen hervorhebt, sind

Beweglichkeit und Anpassungsfähigkeit. Nehmen wir dies, gekoppelt mit einer starken Arbeitsethik, als vierten Faktor noch hinzu, so wird schnell klar, dass an die Vereinigten Staaten so schnell keine andere Nation heranreicht.
Dass dieses weiträumige Land auch einen hohen Verbrauch an Energie aufweist, ist zwar logisch, hat seine Gründe aber auch in der Energieverschwendung. Es müsste nicht sein, dass die Amerikaner mit nur 6 Prozent Anteil an der Weltbevölkerung ca. 30 Prozent der weltweit erzeugten Energie verbrauchen. Schuld daran sind vor allem die vielen Fahrzeuge, der Hang zur ständigen Benutzung des Autos sowie die Vielzahl der Heizungen und besonders der Klimaanlagen in nicht genügend wärmeisolierten Holzhäusern. In vielen Teilen der USA ist es im Winter sehr kalt, im Sommer dagegen sehr warm. Dies und die leichte Fertigbauweise der meisten Häuser erfordern einen hohen Aufwand an Heiz- und Kühlenergie. Die Vereinigten Staaten sind gezwungen, einen beträchtlichen Teil des erforderlichen Erdöls aus anderen Teilen der Welt zu importieren.
Trotz der guten Ausgangsbedingungen gab und gibt es auch in der amerikanischen Wirtschaft Probleme. Wie überall in der Welt steigen die Produktionskosten, besonders auch bedingt durch die hohe Zinsbelastung bei Investitionskrediten sowie die daraus sich mit ergebende Lohn-Preisspirale. Auch die Automatisierung führte nicht aus dieser Sackgasse, im Gegenteil. Dazu kommt der weltweite Strukturwandel von der Produktiv- zur Dienstleistungsgesellschaft. Außerdem überwiegt der Güterimport in die USA seit Anfang der 80er Jahre den Export. Das große Haushaltsdefizit der amerikanischen Regierungen belastet die Wirtschaft zusätzlich, denn das von den Regierungen geliehene Geld fehlt der Industrie. Die internationale Wettbewerbsfähigkeit ist dramatisch gesunken. All diese Faktoren ließen den Anteil am Weltmarkt in den letzten 50 Jahren von 40 auf 10 Prozent sinken. Erst die Administration von Bill Clinton schaffte es, das Haushaltsdefizit in nur vier Jahren um über 60 Prozent zu drücken. Mit dieser Regierung setzte dann jedoch ein Boom ein, der das Bruttosozialprodukt auf 7,6 Milliarden Dollar steigen ließ. Damit erzeugen die USA nun rund ein Viertel des Weltbruttosozialprodukts.
Mittlerweile gibt es eine Verschiebung des geographischen Wirtschaftsschwerpunktes von der Nordostküste (Neuenglandstaaten) hin zum Süden (Texas, Florida) und Westen (Kalifornien).

Auf Grund der Überproduktion in der Landwirtschaft sind die Lebensmittelpreise niedrig und es kann aus diesem Sektor exportiert werden, was einen Anteil von ca.15 Prozent des Gesamtexports ausmacht. Die Autoindustrie deckt ca. ein Viertel der Weltproduktion ab, die Luftfahrtindustrie sogar etwa drei Viertel. Auch bei den Rohstoffen nehmen die Vereinigten Staaten hervorragende Plätze ein: Erdgas und Steinkohle stehen an erster Stelle, Erdöl und Blei an zweiter, Kupfer an dritter, Eisen und Stahl an vierter sowie Gold an fünfter Stelle der Weltproduktion. Hier lagern die größten Kohlevorkommen der Erde. Um strategische Reserven zu bewahren, wurde die Erdölproduktion schon vor langer Zeit eingeschränkt. Heute liegt der Weltanteil bei ca. 20 Prozent. Etwa drei Viertel der elektrischen Energie werden in Kohlekraftwerken erzeugt, der Rest etwa zu gleichen Anteilen in Atomkraftwerken und in Wasserkraftwerken.

Dienstleistungssektor

Ähnlich den Entwicklungen in den anderen Industrieländern nimmt der Dienstleistungsbereich auch in der amerikanischen Wirtschaft einen überragenden Platz ein. Mittlerweile werden zirka zwei Drittel des Bruttoinlandsproduktes der USA in diesem Sektor erwirtschaftet und rund drei Viertel aller Arbeitnehmer sind hier tätig. Handel, Banken und Versicherungen, Nachrichtenwesen, Kommunikations- und Informationstechnologie, Verkehr sowie Bildung und wissenschaftliche Forschung sind Bereiche, die auch weiterhin im Wachstum begriffen sind. Auch der Auslandstourismus verzeichnet eine wachsende Nachfrage, auch wenn man meinen sollte, dass der Dollarkurs hier eher als Bremse wirken könnte. Die großen internationalen Hotelketten haben in den USA ihre Stammsitze.

Güterproduktion

Etwa ein Viertel des Bruttoinlandsproduktes erwirtschaftet der Produktionssektor, wobei dieser 16 Prozent der Arbeitnehmer beschäftigt. Herausragende Bereiche der industriellen Produktion sind Maschinenbau und Stahlindustrie, Automobilindustrie, Raumfahrt, Telekommunikation, Chemieindustrie, Pharmaindustrie, Computertechnik und Elektronik und eine Reihe weiterer Konsumgüterbereiche. Auch der Bereich der Unterhaltungsmedien stellt einen eigenen, weltweit führenden Produktionsbereich dar. Man denke dabei nur an die vielen erfolgreichen Filmproduktionen, die mit Lizenzen und Kopien in aller Welt konsumiert werden.

Produktionsstandorte

Zwischen den Städten St. Louis und New York erstreckt sich ein Gürtel aus Industriegebieten, dessen Dichte an dieser Stelle der USA die höchste ist. Man nennt ihn auch den »manufacturing belt«. Hier haben metallverarbeitende Industrie, Elektrotechnik, Elektronik, Fahrzeugbau, Produktion von Flugzeugteilen, Schiffbau und Raumfahrttechnik ihre Standorte. So findet man hier auch die Werke der Automarken Ford, Chrysler und General Motors. 20 Prozent der weltweit produzierten Autos sind amerikanische Modelle. Auch die Wachstumsbereiche der High-Tech-Industrie, die ursprünglich aus dem Raum Boston stammen, sind hier vertreten. Aufgrund der sehr guten Zusammenarbeit zwischen den Forschungslabors der Universitäten und der technologieanwendenden Industrie haben die USA einen führenden Stand in der Welt. Da es keine strikte Trennung von Forschung und Anwendung gibt, verkürzen sich Wege und Zeiten für die Einführung neuer Technologien und Produkte am Markt sehr stark.

Ein anderer Gürtel industrieller Produktion ist der sogenannte »sun belt«. Er erstreckt sich von Kalifornien über Colorado, New Mexico, Texas, Alabama und Florida bis nach Georgia. Hier finden wir ebenfalls Elektronik sowie Luft- und Raumfahrttechnik, aber auch Erdölchemie, chemische und pharmazeutische Industrie.

Waren früher die Staaten des Nordens industriell in den USA führend, so hat sich seit ca. 30 Jahren ein Trend zum Süden hin ausgebildet. Während North Carolina mit dem Gebiet um Durham-Raleigh die höchsten Wachstumsraten der USA erzielt, ist es im Westen der USA Kalifornien mit seiner Unterhaltungsindustrie in und um Los Angeles, seiner Informationstechnologie im Silicon Valley, aber auch mit seiner landwirtschaftlichen und Fertigwarenproduktion. Kalifornien ist der größte und wohlhabendste Bundesstaat der USA. Etwas weiter ab, in Arizona und Oregon, lockt der Staat hingegen mit günstigeren Steuern und zieht mehr und mehr Firmen aus Kalifornien ab. Einst war Kalifornien der attraktivste Staat für Unternehmer und Existenzgründer, ist es nun aber durch diese Entwicklung in weit geringem Ausmaß als zuvor.

Nach wie vor locken New York, Texas, Pennsylvania, Illinois und Florida Selbständige an, die hier ihren amerikanischen Traum verwirklichen. In den Neuenglandstaaten fing die Abwärtsentwicklung der Schwerindustrie im Bereich des »rust belt« (Rostgürtel) an, der sich von Iowa bis Pennsylvania hinzieht. Außer New York City weisen die Städte des Nordostens heute keine Anstiege bei der Beschäftigungsrate mehr vor. Dennoch finden wir das höchste durchschnittliche Einkommen mit rund 33.000 $ pro Jahr in Connecticut.
In Texas gehen die Uhren inzwischen auch anders als früher. Nicht mehr das Erdöl ist die Wachstumsquelle Nr. 1, sondern High-Tech. Texas wie Florida profitieren vom NAFTA-Abkommen (USA, Kanada, Mexiko), welches den grenzüberschreitenden Handel sehr vereinfacht hat.

Landwirtschaft

In den USA befindet sich das weltweit ausgedehnteste Gebiet landwirtschaftlicher Produktion. Es sind jene endlos erscheinenden Flächen der »great plains« (große Ebene), die sich jenseits des Mississippi zwischen der kanadischen Grenze im Norden und dem Golf von Mexiko im Süden bis zu den mächtigen Gebirgsketten der Rocky Mountains erstrecken. Dieses einst mit Gras bedeckte, flachwellige Land war einmal die Heimat der nach Millionen zählenden Büffelherden und wurde durch die Farmer des mittleren Westens in eine landwirtschaftlich genutzte Kulturlandschaft umgestaltet. Milchprodukte nahe der Grenze zu Kanada, Weizen- und Maisanbau sowie Fleischrinder, Schweine und Geflügel weiter südlich und Baumwolle, Erdnüsse, Reis, Soja und Zitrusfrüchte in den Südstaaten sind die Hauptprodukte, die hier erzeugt werden. Drei Viertel des Weltsojaexports, zwei Drittel des Weltmaisexports, mehr als ein Drittel des Weltweizenexports, ein Drittel des Weltbaumwollexports, ein Viertel der Weltzitrusfruchternte und ein Fünftel des Weltreisexports sind stattliche Ergebnisse dieser hochtechnisierten Landwirtschaft. Rund ein Fünftel des Fleisches in aller Welt wird hier erzeugt. Die Überproduktion in der amerikanischen Landwirtschaft führte zu erheblichen Exporteinnahmen, auch wenn der Beschäftigungsanteil mit zur Zeit nur 2 Prozent durch den weiter steigenden Automatisierungsgrad ständig abnimmt.

Arbeitsmarkt

Obwohl Arbeitslosenstatistiken immer mit Vorbehalt eingeschätzt werden sollten, da diese mitunter Arbeitslosigkeit durch Schönung und Verschiebung von Zahlenmaterial geschickt verdecken können, sind die USA doch eines jener Länder, deren Arbeitslosenziffern gerade in den zurückliegenden drei bis fünf Jahren sehr niedrig lagen. Natürlich ist der Arbeitsmarkt in den USA ein anderer als in Europa. Es gibt Wanderarbeiter, die ständig auf der Suche nach neuen Jobs sind, für einige Monate in ihren Wohnwagen an einem Ort leben, um nach Beendigung des Jobs auf der Suche nach einer anderen Arbeitsmöglichkeit weiterzuziehen. Es gibt viele Menschen, die mehrere Jobs haben, um damit zu einem hinreichenden Einkommen zu gelangen, denn jeder Einzeljob allein würde nicht genug Geld einbringen. Mobilität und Flexibilität sind die Schlagworte. Außerdem hat das Stichwort »Niedriglohn« hier einen anderen Klang als bei uns. Er wird akzeptiert, weil es eben die Situation erfordert.

Lag der Mindestlohn in den USA 1999 bei 5,15 $ pro Stunde (ca. 6 Euro), so konnte dieser bei Trinkgeld-Berufen noch unterboten werden. Auf der anderen Seite werden hochqualifizierte Jobs besonders gut entlohnt. Diese Entwicklung führt – wie überall in den westlichen Industriestaaten – zu der Schere zwischen Arm und Reich, die sich immer weiter öffnet, ein Problem der zins- und kapitalorientierten Wirtschaftsweise. Nur weitreichende Kontrollen innerhalb des Finanzsystems könnten hier Abhilfe schaffen, wie auch schon vom reichsten Börsenspekulanten der Welt, George Soros, verlautete. In den Vereinigten Staaten sind heute nur wenig mehr als ein Prozent der Bevölkerung im Besitz von 30 Prozent des nationalen Geldvermögens.

Wer Arbeit sucht, findet welche, muss aber entweder sehr flexibel sein oder über eine möglichst hohe Qualifikation verfügen, wenn er durch ein einziges Einkommen allein ausreichend verdienen möchte.

Wirtschaftsentwicklung

Die USA waren bis jetzt eines der führenden Industrieländer der Erde. In der industriellen Produktion herrscht eine hohe Differenzierung sowie ein weit fortgeschrittener Entwicklungsstand. Die Schwerpunkte sind: Erdöl, Stahl, Autos, Raumfahrttechnik, Telekommunikationstechnik, chemische Produkte, Elektronik, Nahrungsmitteltechnologie, Konsumgüter, Holz und Bergbauprodukte. Ob dieser Stand aber gehalten werden kann, wird sich nach der fundamentalen Krise des Bankensektors, deren Ursache man in der Aufblähung der Immobilienmärkte durch Tiefzinsen ansieht, in der Zukunft zeigen. Die Warnungen von George Soros wurden in den Wind geschlagen.

Fabian Lindner schreibt in »ZEIT ONLINE (22.01.2008)« u.a. dazu:

»... Wer nicht aus der Geschichte lernt, ist gezwungen, sie zu wiederholen. Oder: Die Rezession in den USA wird mit hoher Wahrscheinlichkeit kein Zuckerschlecken. Zumindest, wenn man die Banken- und Finanzkrisen der Vergangenheit als Maß anlegt. Kenneth Rogoff, ehemals Chefökonom des IWF, und die angesehene Finanzmarktexpertin Carmen Reinhardt beschäftigen sich seit Jahren mit solchen Krisen. In einem aktuellen Forschungspapier vergleichen sie die US-Subprime Krise, die zur Zeit die Weltwirtschaft in Atem hält, mit vergangenen Krisen und finden unschöne Parallelen. Denn in der Vergangenheit hatten Finanzkrisen regelmäßig zu langen Wachstumseinbrüchen geführt. Es wäre schon ein ungewöhnlicher Glücksfall, wenn sich die USA dem entziehen könnten ...«

Die Wirtschaftsentwicklung der einzelnen Bundesstaaten findet man unter *http://www.economywatch.com/world_economy/usa/states/index.html*

2.19 Die größten US-Firmen

(zitiert aus Wikipedia, 2006)

Weltrang	Name	Hauptsitz	Land	Umsatz (Mrd. $)	Gewinn (Mrd. $)	Mitarbeiter	Branche
1.	Wal-Mart	Bentonville	USA	378,799	12,731	2.055.000	Einzelhandel
2.	ExxonMobil	Irving	USA	372,824	40,610	107.100	Öl und Gas
6.	Chevron	San Ramon	USA	210,783	18,688	65.035	Öl und Gas
9.	General Motors	Detroit	USA	182,347	**-38,732**	266.000	Automobile
10.	ConocoPhillips	Houston	USA	178,558	11,891	32.600	Öl und Gas
12.	General Electric	Fairfield	USA	176,656	22,208	327.000	Mischkonzerne
13.	Ford Motor	Dearborn	USA	172,468	**-2,723**	246.000	Automobile
17.	Citigroup	New York	USA	159,229	3,617	380.500	Banken
28.	Bank of America	Charlotte	USA	119,190	14,982	209.718	Banken
29.	AT&T	San Antonio	USA	118,928	11,951	309.050	Telekommunikation
30.	Berkshire Hathaway	Omaha	USA	118,245	13,213	232.781	Versicherungen
32.	JPMorgan Chase	New York	USA	116,353	15,365	180.667	Banken
35.	AIG	New York	USA	110,064	6,200	116.000	Versicherungen

3. Landeskundlicher Überblick

3.1 Geografische Daten

Die Vereinigten Staaten von Amerika grenzen im Westen an den Nordpazifik, im Osten an den Nordatlantik, im Süden an Mexiko und den Golf von Mexiko und im Norden an Kanada. In geografischen Koordinaten ausgedrückt entspricht dies einer Lage von etwa 25 Grad im Süden (Südspitze Floridas) und 49 Grad (Grenze zu Kanada bei Seattle) nördlicher Breite im Norden, sowie im Westen von etwa 125 Grad (Kap Flattery NW von Seattle) und im Osten von etwa 67 Grad westlicher Länge (Golf von Maine westlich von Halifax).

Die Gesamtfläche aller 50 Bundesstaaten der USA beläuft sich auf 9.629.091 Quadratkilometer, die reine Landfläche auf 9.158.960 Quadratkilometer.

Größenvergleich: Die USA sind 2 1/2 mal so groß wie Westeuropa, etwas größer als Brasilien, halb so groß wie Russland und etwas größer als China, die USA sind das drittgrößte Land der Welt (nach Russland und Kanada).

Grenzlängen: Die Gesamtgrenzlänge beträgt 12 248 Kilometer, die Grenze zu Kanada 8893 Kilometer (mit Alaska), die Grenze zu Mexiko 3326 Kilometer. Auf Kuba haben die USA einen Stützpunkt (Guantanamo Naval Base).

Küstenlänge: 19 924 Kilometer.

Höhenunterschied: Tiefster Punkt ist das Tal des Todes (Death Valley) in Kalifornien mit -86 m und höchster Punkt der Mount McKinley (Alaska Range) mit 6194 m.

Landschaftsformen: Gebirge im Westen (Rocky Mountains), weite Ebenen in der Mitte (Great Plains), Hügel und Mittelgebirge im Osten (Appalachen), zerklüftete Gebirge und breite Flusstäler in Alaska, zerklüftete Vulkanlandschaften auf Hawaii.

Bodenschätze: Eisen, Kupfer, Blei, Zink, Gold, Silber, Nickel, Quecksilber, Uran, Bauxit, Molybdän, Wolfram, Pottasche, Erdöl, Erdgas und Kohle.

Die agrarwirtschaftlich nutzbare Fläche beträgt 19 Prozent, Dauerweideflächen 25 Prozent, die Waldfläche 30 Prozent sowie übrige Flächen 26 Prozent des Landes. Alle Daten von 1993, geschätzt).

Naturkatastrophen: Im mittleren Westen und Südosten gibt es häufiger Tornados sowie Hurrikanes entlang des Atlantik und des Golf von Mexiko. Waldbrände sind ebenfalls häufig, vor allem im Westen des Landes. Erdbeben, Vulkanismus und Tsunamis (Riesenwasserwellen) ereignen sich am Rand des Pazifiks, einer geologischen Schwächezone, besonders in Kalifornien.

Umweltgefährdungen wie zum Beispiel durch sauren Regen und durch Versickerung von chemischen Düngemitteln und Pestiziden gibt es auch hier. Darüber hinaus sind die USA der größte Emittent von Kohlendioxid weltweit, bezogen auf den Pro-Kopf-Ausstoß. Es herrscht eine ungeahnte Verschwendung der Energie durch das Überangebot beziehungsweise die übermäßige Nutzung verbrennungsbetriebener Verkehrsmittel vom Auto bis zum Flugzeug.

Wieder andere ökologische Belastungen ergaben sich durch das Umpflügen der fast endlosen Prärien und deren Umwandlung in Weizen- und Maisfelder. Dadurch wurde und wird noch ständig fruchtbarer Boden aus den ungeschützten Flächen von Wind und Wasser fortgetragen, der schließlich nutzlos in den Ozeanen landet. Einige dieser Gebiete erhielten deshalb den Namen »badlands« (schlechtes Land). Auch der Beinahe-GAU des Atomkraftwerks »Three Mile Islands« in den 70er Jahren ist nicht vergessen und zeugt von leichtsinnigem Umgang mit dieser gefährlichen Energieform.

Trinkwasser wird seit langem mit Fluor und sogar mit Arsen versetzt, um die Zahngesundheit der Bevölkerung zu erhöhen (fragwürdig!) bzw. Keime im Wasser abzutöten. Positive Ansätze in Richtung ökologischer Denkweise haben es in den USA vor dem Hintergrund der Weite dieses Landes, seiner enormen Ressourcen und seiner geopolitischen Lage nicht leicht sich durchzusetzen. Auch das übermäßig entwickelte Kommerzdenken steht dem Sparen und Maßhalten entgegen.

3.2 Bevölkerungsstruktur

3.2.1 Allgemeine Daten

Bevölkerungszahl: 299,4 Millionen (geschätzt, 2008)

Altersstruktur:
0 bis 14 Jahre: 21,25%
15 bis 64 Jahre: 66,11%
65 Jahre und älter: 12,64%
(alle geschätzt, 2000)
Durchschnittliche Einwohnerzahl pro Quadratkilometer: 2722

Bevölkerungswachstum:	0,91% (geschätzt, 2000)
Geburtenrate:	14,2 auf 1000 Einwohner (geschätzt, 2000)
Sterberate:	8,7 pro 1000 Einwohner (geschätzt, 2000)
Wanderungsrate:	3,5 Migranten pro 1000 Einwohner (geschätzt, 2000)

Geschlechter-Relation:

Zum Zeitpunkt der Geburt:	1,05 männl. auf 1 weibl. Person
Unter 15 Jahren:	1,05 männl. auf 1 weibl. Person
15 bis 64 Jahre:	0.98 männl. auf 1 weibl. Person
65 Jahre und älter:	0,71 männl, auf 1 weibl. Person
Insgesamt:	0,96 männl. auf 1 weibl. Person

(alle geschätzt, 2000)

Kindersterblichkeit: (geschätzt, 2000)	6,82 tote auf 1000 lebende Geburten
Lebenserwartung zum Zeitpunkt der Geburt: (geschätzt, 2000)	Gesamtbevölkerung: 77,12 Jahre, Männer: 74,24 Jahre, Frauen: 79,9 Jahre
Fruchtbarkeitsrate:	2,06 Kinder pro Frau (geschätzt, 2000)

Bevölkerungsgruppen (ethnische Zugehörigkeit): Weiße: 83,5%, Schwarze: 12,4%, Asiaten: 3,3%, Amerindians (Indianer): 0,8%
Eine separate Aufstellung der sogenannten Hispanics ist in dieser Aufstellung nicht verfügbar, da das US-Census-Büro diese Personen als sol-

che mit lateinamerikanischer Herkunft ansieht. Dazu zählen vor allem Mexikaner, Kubaner und Puertorikaner.

Religionszugehörigkeit: 56% protestantisch, 28% römisch-katholisch, 2% jüdisch, 4% andere Religionen, 10% ohne Konfession (1989)

Gesprochene Sprachen: Englisch und Spanisch (dieses nur von einer Minderheit)
Alphabetismus: Von allen Personen über 15 Jahre können lesen und schreiben: 97% (männl. wie weibl., 1979)

3.2.2 Statistischer Überblick

Einwohner pro Quadratmeile	79,6
Bevölkerungszahl	281.421.906
Weiße	75,1%
Schwarze oder Afroamerikaner	12,3%
Indianer und Ureinwohner Alaskas	0,9%
Asiaten	3,6%
Ureinwohner Hawaiis u.a. paz. Inseln	0,1%
Andere Rassenzugehörigkeit	5,5%
Zwei-oder mehrrassige Personen	2,4%
Hispanics und Südamerikaner	12,5%
Personen unter 18 Jahren	25,7%
Highschool-Absolventen, 25 J. und älter	119.524.718
College-(Uni-)Absolventen, 25 J. und älter	32.310.253
Hausbesitzer	64,2%
Einfamilienhäuser	65.761.652
Haushalte	91.993.582
Personen pro Haushalt	2,63
Familienhaushalte	65.049.428
Mittleres Haushaltseinkommen	$37.005
Personen unterhalb der Armutsgrenze (gesch.)	13,3%
Kinder unterhalb der Armutsgrenze (gesch.)	19,9%
Nichtbäuerliche Unternehmen mit Angestellten	9.941.822
Nichtbäuerliche Beschäftigte	108.117.731
Unternehmen ohne Angestellte	15.439.609

Warenversendung im Wert von (in $1000)	3.842.061.405
Einzelhandelsverkauf (in $1000)	2.460.886.012
Einzelhandelsverkauf pro Kopf'	$9190
Firmen im Besitz von Frauen	5.888.883
Beschäftigte in örtl. Verwaltungen (Vollzeit-Äquivalent)	10.227.429

(Alle Daten: US Census Bureau, 1990/1997/2000)

Die Census-Daten werden im Abstand von vielen Jahren (meist zehn) neu erhoben und können daher nicht so aktuell sein wie gewünscht.

3.3 Die Bundesstaaten

Bei einer Gesamtfläche von 9.363.353 Quadratkilometern und einer Gesamteinwohnerzahl von 281.422.000 verteilten sich die Flächen- und Bevölkerungsanteile der USA wie folgt:

Bundesstaat	**Einwohnerzahl**	**Fläche (qkm)**
Alabama	4.447.000	133.195
Alaska	627.000	1.530.700
Arizona	5.131.000	295.260
Arkansas	2.673.000	137.754
California	33.872.000	411.049
Colorado	4.301.000	269.596
Connecticut	3.406.000	12.997
Delaware	784.000	5295
Washington D.C.	572.000	178
Florida	15.982.000	151.939
Georgia	8.186.000	152.576
Hawaii	1.212.000	16.759
Idaho	1.294.000	216.432
Illinois	12.419.000	145.934
Indiana	6.080.000	93.72o
Iowa	2.926.000	145.753
Kansas	2.688.000	213.098
Kentucky	4.042.000	104.660
Louisiana	4.469.000	123.667
Maine	1.275.000	86.156

Maryland	5.296.000	27.092
Massachusetts	6.349.000	21.456
Michigan	9.938.000	151.586
Minnesota	4.919.000	218.601
Mississippi	2.845.000	123.515
Missouri	5.595.000	180.516
Montana	902.000	380.848
Nebraska	1.711.000	200.350
Nevada	1.998.000	286.352
New Hampshire	1.236.000	24.032
New Mexico	1.819.000	314.925
New York	18.976.000	127.190
North Carolina	8.049.000	136.413
North Dakota	642.000	183.119
Ohio	11.353.000	107.044
Oklahoma	3.451.000	181.186
Oregon	3.421.000	251.419
Pennsylvania	12.281.000	117.348
Rhode Island	1.048.000	3140
South Carolina	4.012.000	80.582
South Dakota	755.000	199.730
Tennessee	5.689.000	109.152
Texas	20.852.000	691.030
Utah	2.233.000	219.889
Vermont	609.000	24.900
Virginia	7.079.000	105.586
Washington	5.894.000	176.479
West Virginia	1.808.000	62.760
Wisconsin	5.364.000	145.436
Wyoming	494.000	253.326

(alle Einwohnerzahlen: US Census Bureau, 2000)

3.4 Landschaftsformen

Im Osten der USA bestimmen abgerundete, bewaldete Mittelgebirgszüge die Landschaft. Diese als Appalachen bezeichnete Summe mehrerer paralleler Gebirgszüge erstreckt sich zwischen den Südstaaten (Mount Mitchell, 2038 Meter) bis hinauf in den Bundesstaat New York und die Neuenglandstaaten (Adirondacks, 1629 Meter).
In der Mitte dagegen bestimmen leicht gewellte, von großen Flüssen durchzogene Ebenen und im Westen das Große Felsengebirge mit seinen Vulkankegeln und den schneebedeckten Bergspitzen der Viertausender. Es ist ein Stufenland, welches im Osten vom Ohio und seinen Zuflüssen tief zerschnitten ist und diesseits des Mississippi nur eine Meereshöhe von 100 bis 200 Meter erreicht. Jenseits dieses gigantischen Stromes erhebt sich das Land auf eine Höhe von 1200 bis 1500 Meter und bildete früher die unermesslichen Grassteppen des mittleren Westens, die Prärien.
Westlich daran anschließend erstreckt sich das Große Felsengebirge, welches im Mount Elbert eine Höhe von 4398 Meter erreicht. Wiederum westlich breiten sich in den Kordilleren oder Rocky Mountains mehrere Hochbecken aus, im Norden das Columbia-Plateau, südlich davon das Große Becken (Great Basin). Dieses wird im Süden von der Sonora-Wüste begrenzt, in welchem auch das berühmte Todestal (Death Valley) mit minus 86 Meter unter dem Meeresspiegel liegt.
Im Südosten befindet sich das Colorado-Becken mit dem berühmten Grand Canyon des Colorado River, südlich das Hochland von New Mexico und Arizona. Ganz im Westen werden die Hochebenen vom Kaskadengebirge (Mount Rainier, 4392 Meter) und von den Sierra Nevada (Mount Whitney, 4418 Meter) begrenzt. Zwischen diesen Küstenketten und der Küstenkordillere liegt das bekannte kalifornische Längstal (Sacramento River) sowie das Willamette- und das Puget-Sund-Längstal.
Von New York reicht die atlantische Küsteneben bis hinunter in den Golf von Mexiko, in das Tal des Mississippi reicht sie 800 Kilometer hinauf bis zur Mündung des Ohio.

3.5 Klima

In der Mitte des Kontinents herrscht das typische Kontinentalklima: trockene, heiße Sommer und kalte, oft auch schneereiche Winter. Da ein absperrendes Gebirge in Ost-West-Richtung fehlt, können arktische Luftmassen ungehindert bis in den Süden des Kontinents strömen. Dadurch sind rasche Temperaturwechsel in weiten Teilen des USA keine Seltenheit. So kann es in Chicago, New York oder Minneapolis mitunter bitterkalt werden.
Schneestürme (Blizzards) sind im Winter an der Tagesordnung. Sogar das weit südlich gelegene Florida hat in den letzten Jahren drastische Wintereinbrüche erlebt, die dort sonst nicht oder nur sehr selten vorkamen. Obwohl man meinen sollte, dass der ausgleichende Einfluss des Meeres und des Golfstroms die Temperaturen in den Staaten der nördlichen Ostküste in Grenzen hält, gibt es auch hier im Sommer oft Temperaturen von mehr als 30 Grad Celsius und im Winter oft Kälte und Schnee in New York und den Neuenglandstaaten.
Auf der pazifischen Seite Nordamerikas ist der ausgleichende Einfluss des Meeres besonders stark. Ganzjährig kann man hier mit milden, im südlicheren Teil (Kalifornien) sogar mit subtropischen Temperaturen rechnen. Das in Nord-Süd-Richtung sich erstreckenden Große Felsengebirge (Rocky Mountains) hält Regenfälle vom Innern des Landes ab. Erst jenseits des Mississippi ändert sich das wieder. Dafür gibt es auf der Westseite des Gebirges erhebliche Niederschlagsmengen (Steigungsregen). Dies ist besonders in den Staaten Oregon und Washington zu spüren. Zwischen dem Gebirgsstrang, der aus der Sierra Nevada im Süden und dem nördlich sich anschließenden Kaskadengebirge besteht und den Rocky Mountains weiter im Osten erstreckt sich zwischen den Städten Reno und Salt Lake City ein großes abflussloses Becken mit einem wüstenartigen Klima. Der Bundesstaat Nevada liegt mittendrin.
Dadurch, dass zwischen den pazifischen Luftmassen und dem Innern des Kontinents kein Austausch besteht und zusätzlich keine Behinderung arktischer Luftmassen in südlicher Richtung vorhanden ist, herrschen ideale Bedingungen für die Entstehung von Stürmen (Tornados, Hurrikans), die aus der Karibik und dem Golf von Mexiko sich weit nordwärts ausbreiten.

3.6 Pflanzenwelt

Der Wald nimmt heute nur noch rund ein Drittel der Fläche der USA ein. Wie überall in Pioniergebieten rodeten auch hier die weißen Siedler im 18. und 19. Jahrhundert weite Bereiche. Die nördlichen sowie auch die Höhenlagen der südlicheren Rocky Mountains sind von dichten borealen Nadelwäldern bedeckt, die leider auch die rasche Ausbreitung von Waldbränden begünstigen. Um die Großen Seen sowie im Appalachengebirge herrscht Mischwald mit wiederum großem Nadelholzanteil vor. Im Vorland der Appalachen nimmt der Nadelholzanteil ab und der Wald geht schließlich in reinen Laubwald über. An der Golfküste herrschen subtropische Nadelwälder vor.
In den Hochbecken der Rockys bestimmen Halbwüsten, Gras- und Strauchsteppe das Landschaftsbild, vereinzelt sind kleinere Baumbestände aus Hartlaubhölzern eingestreut. Für Kalifornien waren einst Hartlaubwälder charakteristisch, durch Abholzung gingen diese verloren und machten Hartlaubsträuchern (Chaparral) Platz. Die feuchten Teile von Florida und Louisiana sind durch Mangrovewälder, Farne, Sumpfzypressen und Lianen gekennzeichnet.

4. Die Bundesstaaten stellen sich vor

Hinsichtlich der Zielsetzung dieses Buches, dem potentiellen Einwanderer verwertbare Kenntnisse in übersichtlicher Form zu vermitteln, erscheint es nicht sinnvoll, jeden einzelnen Staat der USA getrennt darzustellen. Vielmehr ist eine solche Gruppierung sinnvoller, die diejenigen Staaten zusammenfasst, welche nach ihrer klimatischen und physischgeografischen Lage, ihrer Entstehungsgeschichte und ihrer jeweiligen wirtschaftlichen Charakteristik nach innerhalb des Staatenbundes in einen logischen Zusammenhang gehören.
Oft spielt es für den Einwanderer eine Rolle, in welcher Landschaft er sich niederlassen will. Bewohner der Berge wird es möglicherweise wieder in bergige Gegenden ziehen, ausgesprochene »Flachländer« hingegen könnten sich in Küstenebenen und Flusstälern wohler fühlen. All dies haben die USA zu bieten.
Eine andere Sache ist, ob es sinnvoll erscheint, die geplante Auswanderung dann auch tatsächlich nach solchen Gesichtspunkten zu realisieren. Oft sind Vorteile eines bestimmten Wirtschaftsraumes industrielle Standortbedingungen oder großklimatische Faktoren von höherer Bedeutung. So liegen die besten Chancen, einen Arbeitsplatz zu finden, innerhalb des »manufacturing belt« (Gürtel industrieller Herstellung), der sich im Nordosten der Staaten befindet. Man zählt dazu die Staaten New York, Connecticut, Massachusetts, Pennsylvania, Maryland, das nördliche Virginia und West-Virginia, Illinois, Ohio, Indiana sowie das südliche Wisconsin und Michigan. Man findet hier Schwerindustrie, Metallgewinnung und -verarbeitung, Maschinenbau, Elektronik, Fahrzeugbau, Luftfahrtindustrie, Schiffbau, Papierherstellung, Druckerei und Verlagswesen sowie Textilindustrie.
In schöner Harmonie gesellt sich aber zur industriellen Produktion in diesem Gebiet auch die Landwirtschaft. Die Großräumigkeit der Vereinigten Staaten ermöglicht ein solches Miteinander ohne Probleme. So liegt das zweitgrößte Weinbaugebiet der Vereinigten Staaten im Staat New York.
Der »manufacturing belt« ist nicht ohne Grund der Bereich, in dem sich ein großer Teil der deutschsprachigen Einwanderer der letzten 100 Jahre angesiedelt hat.

Wildhorse Saloon in Nashville, Tennessee.
(Foto: Tennessee Tourism, Bielefeld)

Große Auswahl an scharfen und extra-scharfen Saucen im French Market in New Orleans.
(Foto: Carl Purcell / New Orleans CVB)

Zum Dinner gibt es in den Vereinigten Staaten keineswegs immer nur Hamburger oder Pizza.
(Foto: Palm Beach County Convention and Visitors Bureau)

Kinderspiele wie in Pioniertagen in Fort De Chartres, Prairie Du Rocher, Illinois.
(Foto: Illinois Department of Commerce and Community Affairs)

Nachgestellt: Schlacht aus dem Bürgerkrieg in der Gegend zwischen Hershey und Gettisburg.
(Foto: Pennsylvania Department of Community and Economic Development)

Riesige, prachtvolle Hotels und günstige Übernachtungstarife sind in Las Vegas normal. Hier die Wasserspiele vor dem Bellagio.
(Foto: Las Vegas News Bureau / LVCVA)

Außenansicht des Royal Cafès in New Orleans.
(Foto: Carl Purcell / New Orleans CVB)

Großzügiges Einkaufszentrum: Die Woodfield Mall in Schaumburg, Illinois. (Foto: Illinois Department of Commerce and Community Affairs)

Stilvoll: Eingangshalle des Marriott Hotels in Delray Beach, Florida. (Foto: Palm Beach County Convention and Visitors Bureau)

Nationalsport: Baseball, hier im Comiskey Park in Chicago, Illinois.
(Foto: Illinois Department of Commerce and Community Affairs)

Football rangiert in der Beliebtheitsskala bei den Sportarten erst an zweiter Stelle hinter dem Baseball.
(Foto: Pennsylvania Department of Community and Economic Development)

Das Andy Warhol Museum in Pittsburgh, Pennsylvania.
(Foto: Pennsylvania Department of Community and Economic Development)

Gestiefelt und gespornt: In Texas ein alltäglicher Anblick.
(Foto: Texas Department of Economic Development, Tourism Division)

Viehtrieb durch Fort Worth, Texas. (Foto: Texas Department of Economic Development, Tourism Division)

Gehört in den USA einfach dazu: Rodeo. (Foto: Washington State Tourism)

4.1 Die Neuengland-Staaten

Wir befinden uns hier mitten in der Entstehungsgeschichte der Vereinigten Staaten: Die Neuengland-Staaten Connecticut, Maine, Massachusetts, New Hampshire, Rhode Island und Vermont zählen zu den sogenannten Gründerstaaten. Hier ist die europäische Kultur so lebendig wie sonst nirgendwo in den USA.

Obwohl man als Tourist bei flüchtiger Betrachtung zunächst nichts typisch Europäisches findet, erinnert bei näherem Hinsehen doch so manches Haus und manche baumbestandene Straße an die Bauweise in England. Auch in der Küche findet sich der Stil der alten Welt wieder, wenn auch angereichert mit den Errungenschaften des schnelllebigen Amerika. In den Küstenorten sind Seafood-Gerichte besonders beliebt und keineswegs teuer.

Rhode Island, Massachusetts und Maine sind so etwas wie die Seebäder-Region und erinnern an mittel- und nordeuropäische Küstenlandschaften. Sie sind eine Art nördliches Urlaubsparadies betuchter Geschäftsleute und Politiker.

Trotz mäßiger Wassertemperaturen locken ausgedehnte, nicht übervölkerte Sandstrände zu Badeaufenthalten. Auch am Cape Cod (Kap des Kabeljau) findet man besonders schöne Sandstrände, Dünen, Marschland und Nadelwälder, in die romantisch anmutende Landhäuser gestreut sind. Es ist eine ausgesprochen touristisch orientierte Gegend mit einem breiten Angebot an Hotels aller Kategorien. Eine Überfahrt zur Insel Nantucket bietet die Möglichkeit, mit ein wenig Glück Wale zu beobachten. Hier spielt auch die berühmte Geschichte von Herman Melvilles »Moby Dick«. Der Küstenstrich vom nördlichen Connecticut bis hinauf nach Maine war einst die Heimat der Walfänger. Empfehlenswert ist ein Besuch des originalgetreu rekonstruierten Walfänger-Hafens »Mystic Seaport« in Connecticut.

Lassen Sie sich aber auch von vielen kulturellen Stätten wie zum Beispiel der historischen Altstadt von Boston verzaubern. Die Erinnerung an die »Boston Tea Party« und den abenteuerlichen Ritt eines Paul Revere werden hier lebendig gehalten. Auf dem zwei Kilometer langen »Freedom Trail« erlebt man die historischen Geschehnisse nach, stehen das Geburtshaus Benjamin Franklins, die »Faneuil Hall« und die berühmte »Old North Church«. Ein Spaziergang entlang der Esplanade am Charles River

und eine Bootsfahrt über den Fluss in Richtung Harvard University sind für den Interessierten beeindruckende Erlebnisse.
Weiter westlich liegen das bergige Vermont und New Hampshire, landesweit und auch in Übersee bekannt durch die einmalige herbstliche Farbenpracht des »Indian Summer«.

4.1.1 Wirtschaft

Connecticut
Im Küstenbereich bei Bridgeport und New Haven liegen die Industriestandorte, in New Haven die berühmte Yale University. Das Hinterland ist abwechslungsreich, wellig, teils bergig mit Seen, sehr ähnlich der deutschen Mittelgebirgslandschaft mit kleinen Dörfern und Bauernhöfen. In der Hauptstadt Hartford findet man die ehemaligen Wohnhäuser von Markt Twain (»Tom Sawyer und Huckleberry Finn«) und Harriet Beecher-Stowe (»Onkel Toms Hütte«) in enger Nachbarschaft. Man nennt Connecticut auch die Waffenschmiede der Nation. Die wichtigsten Güter, die hier produziert werden, sind Hubschrauber und Flugzeuge, Uhren, Schmiedewaren wie Messer und Bestecke, Silberwaren und Nadeln, Tabak, Kartoffeln, Obst und Gemüse, Milchprodukte, Geflügel, Sand, Kies und Steine.

Maine
Landschaftlich ist dieser Staat bekannt durch seine Küstenklippen und Weißtannen. Das Erscheinungsbild ähnelt dem der französischen Bretagne.
Die wichtigsten Produkte sind hier: Granit, Zement, Feldspat, Holz, Geflügel und Eier, Kabeljau, Sardinen und Thunfisch, Hummer, Kartoffeln und Konserven.

Massachusetts
Dieser Staat ist die Wiege der USA (Boston Tea Party).
Erzeugt werden Metallwaren aller Art, Elektrik und Elektronik, Papier, Gummiartikel, Textilien und Schuhe, Milch- und Geflügel, Äpfel, Birnen, Blaubeeren, Fisch, Ahornsirup (Maple Syrup), Sand, Kies und Steine.

New Hampshire
Hier befindet sich der Tummelplatz der »oberen Zehntausend«. Hauptprodukte sind: Elektrik und Elektronik, Papier, Textilien, Schuhe, Geflügel und Milch.

Rhode Island
Es ist der Bundesstaat der Abweichler und Nonkonformisten. Hier gedeihen individuelle Lebensart und intellektuelle Subkultur, gelebte und auch dargestellte persönliche Lebensphilosophie. Auch für Homosexuelle und Lesben ist hier in dem sonst so puritanisch geprägten Neuengland Platz. Wesentliche Produkte sind: Metallwaren, Werkzeug, Silberwaren, Elektronik, Textilien, Milch, Geflügel, Granit, Ton.

Vermont
Man nennt ihn den Staat der grünen Berge. Hier wird jede Menge Granit abgebaut, der Werkstoff vieler Denkmäler für die berühmten Persönlichkeiten der amerikanischen Geschichte. Hauptprodukte sind außerdem: Marmor, Glimmer, Talkum und Schiefer, Werkzeugmaschinen, Milchprodukte, Ahornsirup.

4.2 Tor des Ostens

Die Staaten New York, New Jersey und Pennsylvania, südlich der Neuenglandstaaten gelegen, haben seit Beginn der weißen Besiedelung des Kontinents eine herausragende Rolle gespielt. Hier befindet sich quasi das Einfallstor, durch welches die Einwanderer aus allen Teilen der Welt hineinkommen, Hoffnungen auf eine bessere und erfolgreichere Zukunft im Gepäck. Viele von Ihnen wollten nach ihrer Ankunft keine weitere lange Reise durch den Kontinent antreten und blieben hier hängen, was zu der sehr hohen Bevölkerungsdichte in diesem Landstrich beigetragen hat. Auf den von ihnen aufgebauten wirtschaftlichen Fundamenten steht noch heute ein großer Teil der ansässigen Unternehmen. Im Osten finden sich nicht nur Finanzzentren und Spielkasinos, sondern auch Farmland und Kohlebergbau.
Die östlichen Staaten sind aber auch ein Landstrich voller Kontraste. Hier die imposante Skyline von Manhattan, dort die beschaulich wirkenden

Kleinstädte des Hinterlandes, hier die tosenden Wasserfälle des Niagara am Ontariosee, dort die Höhenzüge der Appalachen bis hinunter zu den Smoky Mountains auf der Höhe von Atlanta. Wer als Tourist einmal durch die Städte Harrisburg und Gettysburg gekommen ist, weiß, dass er sich hier auf historischem Boden befindet. Im Jahre 1863 fand hier eine entscheidende Schlacht des amerikanischen Bürgerkrieges statt. Vom Aussichtsturm in Gettysburg lässt sich das damalige Geschehen an Hand von Bildern und Texten nacherleben.

Diejenigen, die sich noch nicht eingehend mit den Vereinigten Staaten befasst haben, werden mitunter den Staat New York mit der Stadt New York verwechseln beziehungsweise gar nicht wissen, dass es außer New York City auch noch einen großen Staat gleichen Namens gibt. Dieser zieht sich von der atlantischen Küste bis hinauf an die Ufer des Lake Ontario und bietet landschaftlich eine Vielzahl von Reizen, seien es nun die Niagarafälle, die herrliche Naturlandschaft der Adirondacks oder einfach das flachwellige bis bergige Land mit seinen Wäldern, Feldern und kleinen Orten.

Mit ganz anderen Reizen dagegen wartet die Weltmetropole New York City auf, deren architektonische Vielgestaltigkeit und pulsierende Lebensart überhaupt nicht mit Worten beschrieben werden kann. Man muss New York selbst erlebt haben. Die Gebäude von New York City sind für den Neuankommenden nicht nur – geometrisch gemessen – hoch, sondern einfach groß und in ihrer Ausstrahlung überwältigend. Aus der Not der mangelnden Grundstücksflächen wurde hier eine Tugend des Hochbaus gemacht. Kein Wolkenkratzer sieht aus wie der andere, auch wenn dies bei grober Betrachtung zunächst so wirkt. Wirtschaftliche Potenz, Erfolgsbewusstsein und – im positiven Sinne – auch ein Stück Selbstdarstellung waren und sind noch immer die Antriebskräfte für das Erschaffen dieser »Türme der Arbeit«, wie wir sie einmal nennen wollen. An diesen Eigenschaften, die letztlich den amerikanischen Traum ausmachen, werden auch nicht die jüngsten verzweifelten Versuche pseudoreligiöser Fanatiker etwas ändern können, die solche Untaten wie die der Zerstörung des World Trade Center mit ihrem unermesslichen Opfer an Menschenleben auf dem Gewissen haben. Der »Big Apple New York« und Manhattan leben und werden friedlich weiterleben, weil es ein organischer Teil der Vereinigten Staaten ist. Dass die Modalitäten des Welthandels bestimmten Korrekturen unterworfen werden sollten, um mehr Gerech-

tigkeit herzustellen, ist eine ganz andere Sache. Wir leben in einer Zeit rasanten Wandels, in der nichts so bleibt, wie es vorher war.
»The city never sleeps« ist ein bekannter Werbeslogan und er macht recht deutlich, wie diese Riesenstadt lebt, deren Herz Manhattan ist, das alte »manahatta« der Ureinwohner Nordamerikas. Wie keine andere Stadt der Vereinigten Staaten ist New York praktisch die in Stein und Stahl gegossene Identifikation amerikanischen Lebensstils. Der Wille zum Erfolg, zum Mehr, zum Neuen, zur ständigen Verwandlung, zum Wettbewerb und zur Einflussnahme auf die gesamte übrige Welt ist eines der Geheimnisse, die diese Stadt rund um die Uhr aktiv halten. Nachts genießt man das, was man sich am Tage erarbeitet hat. Nachts sucht man die Wunder des Lebens in der menschlichen Kultur, in der Musik, dem Tanz und im Gespräch.
Symbole dieser Kultur sind das Empire State Building, das Rockefeller Center, der Broadway, die 5th Avenue, der Trump Tower, das Guggenheim Museum, das Museum of Modern Art und die St. Patrick's Cathedral, aber auch die Grand Central Station, der Central Park, das UN-Gebäude, sowie das jüngst zerstörte World Trade Center, für dessen Wiederaufbau sich bereits jemand gefunden zu haben scheint. Wer einmal einen Blick vom Empire State Building auf den Wald der Wolkenkratzer tun konnte, wird bestätigen, dass man den physischen Körper dieser Stadt mit nichts anderem auf dieser Welt vergleichen kann, auch wenn andere Großstädte sich redlich bemühen, kleine Kopien davon zu werden.
Gehen wir weiter nach Philadelphia, 90 Meilen südlich von New York gelegen und durch William Penn (1644-1718) gegründet. Dieser hatte einen Traum, wollte mit der Gründung der Stadt ein religiöses Experiment durchführen, wollte allen möglichen religiösen Gruppierungen in dieser Stadt ein einträchtiges Mit- und Nebeneinander ermöglichen. So geschah es, dass auch die deutsche Volksgruppe im Jahre 1683 ihre Stadt »Germantown« gründete, heute ein Vorort von Philadelphia. Das Wahrzeichen dieser Stadt bildet die »Independence Hall« mit der Freiheitsglocke, die man am 4. Juli 1776 anlässlich der Unterzeichnung der Unabhängigkeitserklärung läutete.
In New Jersey zeigt sich am viktorianischen Baustil seiner Häuser, dass dieser Staat eine durch und durch britische Vergangenheit besitzt. Hier findet man auch die bekannte Spielcasino-Stadt Atlantic City, mit dem Bus bequem von New York aus zu erreichen, eine Einladung an alle, denen Las Vegas einfach zu weit entfernt ist.

4.2.1 Wirtschaft

New York

Besonders wichtig ist hier das Druck- und Verlagswesen, es gibt aber auch viel Verarbeitungsindustrie, Textilindustrie, Produktion von Saffianleder, Obst und Gemüse, Wein, Geflügel, Milch.

New Jersey

Der nordöstliche Teil bildet einen Wohnvorort New Yorks, es riecht teilweise recht deutlich nach Ölraffinierie (»Standard Oil«).
Hauptprodukte sind: Erdölprodukte, Kautschuk, Glas, diverse Werkstoffe, Chemie- und Pharmazieindustrie, Elektrogeräte, Farben, Zink, Ton, Steine, Sand, Kies, Birnen, Spargel, Tomaten, Getreide, Milch und Geflügel.

Pennsylvania

Dieser Staat ist führend in der Eisen- und Stahlbranche, dennoch hat auch die Landwirtschaft eine große Bedeutung. Es gibt hier 15 Universitäten und die Landschaft zählt zu den schönsten der Ostküste.
Hauptprodukte sind: Erdöl, Erdgas, Stahl, Eisen, Zink, Anthrazit, Braunkohle, Steine, Zement, Ton, Chemieprodukte, Textilien, Elektrogeräte, Druck- und
Verlagswesen, Obst, Getreide, Kartoffeln, Champignons, Zigarrentabak, Milch und Geflügel.
Pennsylvania besitzt mehr als 160 Flughäfen, wichtigster Seehafen ist Philadelphia, wichtigste Binnenhäfen Erie am Eriesee und Pittsburgh am Ohio.

4.3 Das George-Washington-Land

Wir zählen hierzu die Staaten Virginia, West-Virginia, Maryland, Delaware und den bundesstaatlichen Regierungsbezirk Washington, D.C. (District of Columbia). Letzterer ist der Sitz der amerikanischen Bundesregierung, der Ministerien und des Parlamentes. Eine ganze Reihe bundesbehördlicher Gebäude bieten sich hier in architektonisch neoklassizistischer Verkleidung, ganz offensichtlich an die demokratischen Prin-

zipien der Antike anknüpfend, dem Betrachter dar. Verglichen damit sind die USA eine ziemlich junge Demokratie, die in keinster Weise veralteten, überholten Modellen nachhängt, sondern die antiken Grundgedanken mit jungem Leben füllt.
Machen Sie zum näheren Kennenlernen als Tourist am besten eine dafür spezialisierte Busrundfahrt durch die Stadt mit und lernen dabei die historisch relevanten Plätze, Denkmäler und Museen kennen. Dabei ist beliebiges Aus- und Einsteigen ohne zusätzliche Kosten möglich. Schon dabei zeigt sich wieder einmal der pragmatische Sinn der Amerikaner. Für die Besichtigung des Weißen Hauses gibt es auch eigens Öffnungszeiten für »self-guided tours« (ohne Führer). Alle bisherigen amerikanischen Präsidenten, mit Ausnahme George Washingtons, haben hier während ihrer Amtszeit residiert. Auch der Parlamentssitz, das Capitol, sollte besichtigt werden. Hier gibt es die Möglichkeit, als Besucher an einer Sitzung des Senats oder des Repräsentantenhauses teilzunehmen.
Vergessen Sie auf keinen Fall, die Museen der »Smithonian Institution« zu erleben, in denen u.a. Ausstellungen historischer Luft- und Raumfahrzeuge geboten werden. Da ist beispielsweise die berühmte »Spirit of St. Louis«, mit der Charles Lindbergh bereits 1927 im Allein-Nonstop-Flug den Atlantik überquerte. Im »Museum of Natural History« finden Sie u.a. den bekannten 45-karätigen Hope-Diamanten und im »National Museum of American History« eine Sammlung von Ballkleidern ehemaliger Präsidenten-Gattinnen, welche diese bei der Amtseinführung ihrer Ehemänner trugen.
Vom 170 Meter hohen Washington-Monument, einer Vierkantsäule, genießen Sie einen wunderbaren Ausblick über ganz Washington. Am Potomac River, nicht weit entfernt, stehen die Jefferson- und Lincoln-Denkmäler, deren Beleuchtung bei Nacht man nicht versäumen sollte. Jenseits des Flusses befindet sich der berühmte Arlington-Friedhof, welcher die Ehrenruhestätte bekannter Persönlichkeiten ist. Mount Vernon, Landsitz George Washingtons und ehemalige Farm aus der Sklavenzeit, liegt auf einem Hügel über dem Potomac River und lässt sich per Auto über den südlichen Ring, Exit 1 und danach Highway 1 erreichen.
Tagesbesucher, die nicht alles sehen wollen, können mit dem Auto bis nahe der City fahren und auf einem bewachten Parkplatz ihr Fahrzeug abstellen. Für mehrtägige Besuche empfiehlt es sich, ein Hotel in den Außenbezirken zu suchen (Kosten sparen) und mit der U-Bahn ins Zen-

trum zu fahren. Bleiben Sie zu diesem Zweck mit ihrem Fahrzeug außerhalb des Autobahnrings, der die Innenstadt umschließt.
Falls es Ihre Zeit erlaubt, sollten sich Sie noch Williamsburg und Jamestown ansehen. Williamsburg unweit des James River war einst die Hauptstadt der alten englischen Kolonie Virginia und ist heute ein Museumsort. Sie erreichen die Städte von Washington aus über die I-95, danach auf den Highways 295 und 64. Wollen Sie einen romantischeren Weg wählen, so bietet sich die Route über Annapolis und den Highway 50, danach über den 13 an. Sie fahren bis Kiptopeke und gelangen nun auf eine Pfahlbrücke über die Chesapeake Bay, die der Schifffahrt wegen zweimal durch Unterwassertunnels abgelöst wird. Sie folgen dazu einfach den Hinweisschildern »Follow the gulls«. Am jenseitigen Ufer der Chesapeake Bay stößt der Highway 13 auf die I-64, auf der es dann westlich nach Williamsburg geht.
Baltimore ist eine bedeutende Stadt Marylands, die nach dem Ersten Weltkrieg das Ziel vieler deutscher Auswanderer war. Da die Strände Delawares von Washington und Baltimore aus recht schnell zu erreichen sind, ist dieser Staat sozusagen das Wochenend-Erholungsgebiet der Großstädter. Berühmt ist »Rehoboth Beach«, die Sommerhauptstadt der USA. Hier verbrachten viele US-Präsidenten die heißen Monate des Jahres. In Wilmington befindet sich der Chemiegigant »DuPont« einschließlich eines Museums alter Fabrikationsanlagen und Kulturgegenstände des 19. Jahrhunderts aus dem Umland.
Die ersten Präsidenten der Vereinigten Staaten kamen aus Virginia. Hier hatte sich die frühe weiße Besiedelung am schnellsten zu hohem kulturellen Stand entfaltet, was sich auch in einer großen Bevölkerungsdichte zeigte. Jefferson, Monroe, Madison und Jackson besuchten damals öfter die »Michie Tavern« nahe Charlottesville. Aber wem ist Virginia nicht durch seine weltbekannte Tabakindustrie geläufig? Eine bestimmte (starke!) Sorte hat hier ihren Namen bekommen. Heute haben viele bekannte Zigarettenmarken hier ihren Sitz.
Wen es nun weiter südwärts zieht, der begibt sich einfach wieder auf die I-95, die bis hinunter nach Florida führt. Alternative dazu ist eine langsamere Route, die Küstenstrecke am Atlantik entlang, mit abwechslungsreichem Verlauf über Inseln und mit interessanten Aussichten. Man gelangt hier schließlich auf den Highway 1 und erreicht so Miami oder auch Key West ganz im Süden.

Eine zweite Alternative ist die Bergstrecke durch die Appalachen, von Williamsburg über die I-64 nach Richmond, Charlottesville und Hilsboro, danach den Blue Ridge Parkway kreuzend bis in die Great Smoky Mountains. Hier reizt die bezaubernde Landschaft, auch wenn nur 30 Meilen pro Stunde erlaubt sind.

4.3.1 Wirtschaft

Virginia
Hauptprodukte sind: Tabak und Tabakerzeugnisse, chemische Produkte, Möbel, Textilien, Elektrogeräte, Papier, bitumenhaltige Kohle, Werftanlagen, Kies, Sand und Steine.

West-Virginia
Dieser im Herzen der Appalachenkette gelegene Staat produziert rund ein Viertel der in den USA benötigten Steinkohle. Hauptprodukte: Braun- und Steinkohle, Eisenerz, Erdgas und Erdöl, Holz, Metallindustrie, Glas, Werkstoffe und Synthetikfasern, Getreide, Obst, Milch, Geflügel.

Maryland
Der Staat resultierte aus rivalisierenden Bestrebungen der einstigen Kolonialmächte, die im Bürgerkrieg endeten. Fast 50 Prozent der Bevölkerung sind Schwarze. Hauptprodukte: Stahl und andere Metalle, Chemieprodukte, Elektrogeräte, Kautschuk, diverse Werkstoffe, Kohle, Steine, Zement, Glas, Holz, Tabak, Meeresprodukte, Getreide, Tomaten, Äpfel, Milchprodukte.

Delaware
Dieser Staat ist der zweitkleinste der USA und man zahlt – ähnlich wie im europäischen Liechtenstein – sehr niedrige Steuersätze. Dadurch sammelten sich hier viele Aktiengesellschaften an, die aber fast alle woanders ihre Produktionsstandorte haben. Der Boden ist nicht sehr ertragreich. Hauptprodukte: Chemieerzeugnisse, Steine, Sand, Obst, Gemüse, Hühner.

4.4 Der sonnige Süden

Florida, Georgia sowie North und South Carolina sind Staaten, die teilweise schon subtropisches Klima aufweisen und damit zu den sonnenverwöhnten Gebieten der USA gehören.
North Carolina ist das Mekka der Golfspieler. So kann man zum Beispiel in dem Erholungsort Pinehurst in einem Country Club logieren, auf dessen Grund sich sechs 18-Loch-Plätze befinden, dazu noch 24 Tennisplätze und ein ca. 80 Hektar großer See. Im Macon County dagegen lassen sich kleine Abenteuer verwirklichen. In einer Landschaft, die von Seen, Wasserfällen und Bergbächen geprägt ist, kann der Tourist nach Edelsteinen graben. In Franklin, wo sich die Cowee-Valley-Rubinbergwerke befinden, besteht die Möglichkeit, in einer Reihe von Minen nach den funkelnden Preziosen zu graben.
Auch die Küste North Carolinas hat einiges zu bieten. Auf den »outer banks«, der Küste vorgelagerten Sandbänken, erstreckt sich eine weite Dünenlandschaft. Hier ist Wassersport angesagt. Abends kehrt man gemütlich in einem der vielen Restaurants mit Meeresspezialitäten ein. In Nags Head kommen Drachenflieger auf ihre Kosten. Nahebei in Kitty Hawk machten auch zu Beginn des 20. Jahrhunderts die Gebrüder Wright ihre ersten Flugversuche mit einem Motorflugzeug. Diese Gegend hat in früherer Zeit auch durch die Aktivitäten von Strandpiraten einen zweifelhaften Ruf erhalten. Mit falschen Lichtsignalen irritierten diese Kriminellen herannahende Schiffe, um sie auflaufen zu lassen und anschließend auszurauben.
South Carolina ist für das in Charleston stattfindende alljährliche Spoleto-Festival von Gian Carlo Menotti bekannt, das von Ende Mai bis Anfang Juni dauert. In dieser Zeit sind die Straßen und Plätze der Stadt und der ganzen Umgebung von Musik und Tanz erfüllt. Im Frühjahr und Herbst können mit Pferdedroschken romantische Fahrten in der Abenddämmerung gemacht werden, bei denen traditionsreiche Villen aus dem 18. und 19. Jahrhundert besichtigt werden können. Myrtle Beach ist ein fast 90 Kilometer langer Strand und einer der schönsten der Vereinigten Staaten. Hier steht Baden und Strandleben ganz oben auf der Tagesordnung, zumal es Unterkünfte für jeden Geldbeutel gibt.
Fahren wir auf unserer Tour weiter nach Georgia. Hier wird Gastfreundschaft besonders groß geschrieben. Nehmen Sie die Möglichkeit war,

sogar den Gouverneur persönlich in seinem Haus in der Hauptstadt Atlanta zu besuchen. Atlanta ist eine harmonische Mischung aus Gegenwart und Vergangenheit, aus Gründerstilbauten und glasbedeckten Hochhaustürmen. Bummeln Sie einmal durch das »Peachtree Center« (Pfirsichbaum-Zentrum) und gehen Sie »shoppen« oder einfach nur auf »window shopping« (Schaufensterbummel). Hier ist der Boden, auf dem sich ergreifende Szenen wie die in Margret Mitchells »Vom Winde verweht« (Gone with the wind) abgespielt haben.

In einer anderen Großstadt, in Savannah, zeigen sich ebenfalls architektonische Beispiele vergangener Epochen wie der Zeit vor dem Bürgerkrieg. Man hat viel restauriert, um den Touristen etwas zu bieten, so zum Beispiel die Riverfront. Früher Schauplatz zechender und gröhlender Piratenhorden, ist der alte Kern heute geprägt durch Restaurants, Studios von Künstlern und urigen Kneipen. Auf »Jekyll Island« haben früher Millionäre ihren Urlaub verbracht, Prachtvillen zeugen von dieser Zeit. Heute ist es Florida, das die Urlauber aller sozialen Schichten anzieht wie das Licht die Motten.

Wir folgen nun dem weiteren Verlauf der I-95 nach Süden und gelangen nach Florida. Nicht weit von der Grenze stoßen wir auf die Stadt Jacksonville, die am Johns River liegt. Dieser entspringt östlich von Orlando und mündet hier in beachtlicher Breite in den Atlantik. Von hier sind es noch rund 700 Kilometer bis zum weltbekannten Miami, welches durch seine Millionäre, seine Rentner und Pensionäre, sein Nachtleben, seine Yachten und leider auch für den Umschlag illegaler Rauschmittel bekannt ist. Im Übrigen zieht Miami Menschen aller sozialer Schichten an, die sich hier ihren Teil vom großen Kuchen des amerikanischen Traums auf mehr oder weniger einfache Weise ergattern wollen. Seien Sie vorsichtig, um nicht ungewollt durch das Zutun Dritter in prekäre Beweisnot Ihrer Unschuld zu gelangen (»Drogenkurier«).

Der Highway 1 führt uns über St. Augustin, die älteste Stadt spanischer Gründer mit dem Kastell San Marcos, über eine lange Kette kleinerer und größerer Badeorte wie beispielsweise Daytona Beach, Fort Pierce, West Palm Beach, Fort Lauderdale und schließlich Miami selbst. In New Smyrna Beach und Daytona Beach ist es erlaubt, die Strände mit dem Auto zu befahren. Hier, am Westsaum des Atlantik, herrscht allenthalben hoher Wellengang, für Surfer ein Paradies, für Schwimmer weniger. Letzteren empfehlen wir, stattdessen auf der Seite des Golfes von Mexiko ihren

Urlaub zu verbringen. Da sind Orte wir Bradenton, St. Petersburg, Fort Myers, Naples und Sarasota zu nennen, weiter oben Pensacola und Panama City.
Florida mit seinen 2000 Kilometer Küste ist der Urlauberstaat der USA schlechthin. Für Rentner ist hier der Lebensunterhalt erschwinglich, die Sonne scheint (fast) ganzjährig und die Möglichkeit, zu den Kindern nach Hause zu fliegen, ist ebenfalls gegeben. Alle befinden sich ja in ein und demselben Land. Dazu gibt es Abwechslung je nach Geschmack, die »Walt Disney World«, das Raumfahrtcenter Cape Canaveral (vorm. Cape Kennedy), das »Epcot Center« in Orlando, die Everglades (Sumpf- und Binnenseelandschaft), die viele Kilometer langen Strände, botanische Gärten und Parks, Pelikane überall, die Seafood-Restaurants, Meeresaquarien, Shows mit Delphinen, Killerwalen, Alligatoren und Haien und vieles mehr, was hier nicht alles aufgezählt werden kann. Auch viele Deutsche Ruhestandseinwanderer hat es hierhin gezogen.
Fahren Sie auf dem No. 1 über Homestead, Key Largo und eine mehr als 100 Meilen lange Kette von mit Brücken verbundenen Inseln ganz nach unten, so gelangen Sie schließlich nach Key West, einem alten Seeräubernest mit spanischer Note, heute ein Sammelplatz für Aussteiger und Naturromantiker, wie einst schon Ernest Hemingway. Rechtmäßige Besitzer seines Hauses sind noch heute die Nachkommen seiner 52 Katzen, die von ihm seinerzeit als Erben eingesetzt wurden. Das Erbe wird von einer Stiftung verwaltet. Im Hafen von Key West ist eine alte Silbergaleone der Spanier erhalten worden, die als Museum zur Besichtigung offen steht. Key West ist ein Höhepunkt unter den touristischen Attraktionen.

4.4.1 Wirtschaft

North Carolina
Dieser Staat ist der größte Tabakproduzent der USA, noch vor Virginia. Bekannte Zigarettenmarken wie Lucky Strike, Pall Mall, Camel und Chesterfield sind hier ansässig. Ein vorübergehender Umsatzrückgang vor ca. 25 Jahren wurde durch neuentwickelte teerarme Tabake, andere Filter und Formate wieder wettgemacht. Darüber hinaus gibt es Verarbeitungsindustrie, Textilindustrie und Feldspat.

South Carolina

Ärmere Böden machten es dem südlichen Schwesterstaat nie möglich, im landwirtschaftlichen Bereich mit dem nördlichen gleichzuziehen. Ersatz dafür war eine verstärkte Industrieansiedlung. Der Südteil von South Carolina ist dennoch arm geblieben.

Hauptprodukte: Getreide, Erdnüsse, Süßkartoffeln, Pfirsiche, Baumwolle, Tabak, Geflügel, Kaolin (Porzellantonerde), Vermiculit (Isolierstoff), Holz, Glimmer, Amiant, Feldspat, Lithium, Talkum, chemische Produkte, Ziegelsteine, Textilien, Möbel.

Georgia

»Peach State« genannt wegen der saftigen Pfirsiche, die hier wachsen, Heimat von »Coca Cola« und vom rassistischen Geheimbund »Ku-Klux-Klan«. In der Hauptstadt Atlanta wurde Martin Luther King geboren. Wie Washington hat Atlanta heute eine Mehrheit unter der schwarzen Bevölkerung.

Hauptprodukte: Pfirsiche, Erdnüsse, Roggen, Kalk, Ton, Bausteine, Marmor, Zirkonium, Bauxit, Baryt, Papier, Teppiche, Textilien und Chemieprodukte.

Florida

Bekannt durch Miami, durch Zitrusfrüchte, Micky Mouse und das Raumfahrtzentrum. Seit ca. 20 Jahren hat es im Vergleich zu allen anderen US-Staaten das stärkste Wirtschaftswachstum erlebt. Ein Teil des Staates ist eine riesige Insel, die quasi auf ihrem Grundwasser »schwimmt«. Ein Drittel des Bruttosozialprodukts wird vom Tourismus erwirtschaftet.

Hauptprodukte: Obst, Gemüse, Feldfrüchte, Erdnüsse, Avocados, Zuckerrohr, Vieh, Geflügel, Fisch und Schalentiere, Baumwolle, Tabak, Lebensmittelfertigprodukte, chemische Produkte, Elektrogeräte, »Tupperware« (Stammsitz in Orlando).

4.5 Der tiefe Süden

Zum tiefen Süden zählen wir die Staaten Louisiana, Alabama, Kentucky, Tennessee und Mississippi. Nicht nur der typische Flair der Südstaaten macht diese Region aus, sondern zum Beispiel auch die weite Flusslandschaft des Mississippi, der mit dem Missouri das längste Flusssystem der Erde bildet. Noch heute kann man dort mit historischen Raddampfern Flussreisen unternehmen und einen Hauch der Stimmung aus den Zeiten von Mark Twains Romanfiguren Tom Sawyer und Huckleberry Finn genießen. Mark Twain selbst war ja einst als Lotse auf diesen Schiffen tätig gewesen. Natürlich finden wir auch hier am Golf von Mexiko die schönen feinsandigen Strände wieder.

Ein weiteres interessantes Merkmal dieser Gegend ist die kreolische Küche mit ihren scharfen Gewürzmischungen. In der Zeit des Karnevals wird das sogenannte Mardi-Gras-Festival abgehalten. In New Orleans, der Geburtsstadt des Jazz, gibt es alljährlich Ende April ein Jazz-Festival. Aber man kann dort in der Bourbon Street täglich den Straßenkonzerten von Dixieland-Bands zuhören.

Alabama wartet mit Höhlen auf, in denen nach Einschätzung von Archäologen schon vor 10.000 Jahren Menschen gelebt haben. Besuchen Sie dort das »Russel Cove National Monument«. Im »Space and Rocket Center« hingegen können Sie per Computersimulation in die Rolle des Astronauten schlüpfen und sogar Schwerelosigkeit erleben.

Kentucky wiederum ist bekannt für seine feudalen Herrensitze klassizistischer Prägung, gesäumt von den typischen weißen Lattenzäunen. Das Gras leuchtet hier so tiefgrün, dass es »blue grass« genannt wird. Danach hat auch eine Musikrichtung der Countrymusik ihren Namen bekommen. Dies ist ein Reiter- und Pferdeland, hier werden die besten Vollblüter Amerikas hervorgebracht. Fahrten mit einer Pferdekutsche von einer Ranch zur nächsten sind ein unvergessliches Erlebnis.

Tennessee liegt zwischen den Abhängen der Appalachen und dem »old man river« Mississippi. Hier war Daniel Boone aktiv, einer der legendären Westmänner, die als Pioniere die Wege in den weiten wilden Westen erkundeten. Auf ihren Spuren zogen später die vielen Siedler aus dem Osten heran. Aber auch durch Elvis Presley ist es bekannt geworden, dessen Grab in Memphis liegt. Eine Menge Unterhaltung ist in »Opryland« zu finden, einem Freizeitpark von 49 Hektar Größe. Im »Grand Old Opry House« treten die bekanntesten Bands der Countrymusik auf und tragen ihre Klänge und Botschaften aus dem Sendesaal hinaus in die Welt. Auf dem Cumberland River erwartet ein Raddampfer seine Gäste.

4.5.1 Wirtschaft

Louisiana
Diese einstige französische Kolonie links und rechts des Mississippi wurde nach Louis XIV benannt. Später wurde das Koloniegebiet verkleinert, heute erstreckt es sich auf das Mündungsgebiet des Flusses.
Hauptprodukte: Zuckerrohr, Reis, Meeresfrüchte, Vieh, Pelze, Erdöl, Erdgas, Schwefel, Salz, Chemieprodukte.

Alabama
Alabama ist ein Baumwollstaat. Es herrschen starke Spannungen zwischen Schwarz und Weiß. Im Jahre 1972 erlitt der Gouverneur George Wallace ein Attentat, weil er sich für die Rassentrennung einsetzte.
Hauptprodukte: Sojabohnen, Erdnüsse, Baumwolle, Holz, Kohle, Stahl, Papier.

Kentucky
Dieser Staat wurde durch Daniel Boone erkundet und für die Kolonialisierung vorbereitet. Auch die Brathähnchenkette »Kentucky Fried Chicken« stammt von hier. Der aus Mais hergestellte Bourbon-Whisky wird hier produziert.
Hauptprodukte: Lebensmittel, Tabak, Pferde, Erdöl, Erdgas, bitumenhaltige Kohle.

Tennessee
Dieser Staat ist durch seine gigantische Staustufeninstallation bekannt. Der Tennessee-River wurde durch 36 solcher Anlagen »gezähmt«. Dies hatte zwar Nachteile für die Landschaft und Umwelt, jedoch schuf es die Voraussetzung für eine riesige Kapazität von Hydroelektrizität. Schon im Zweiten Weltkrieg wurde dadurch die Vergasung von Uran 235 möglich und damit letztlich auch die Voraussetzung für den Bau der Hiroshima-Atombombe.
Hauptprodukte: Wasserkraft, Elektrogeräte, Textilien, Holz, Baumwolle, Tabak, Vieh, Mais, Unterhaltungsindustrie (Countrymusik).

Mississippi
Trotz einer Mehrheit der schwarzen Bevölkerung herrscht hier die weiße Rasse vor. Sie besitzt die Baumwollplantagen von alters her. Hier wie

auch in Alabama, Louisiana, Georgia und South Carolina gibt es politische Forderungen der Schwarzen nach einem Ausgleich für die schlimmen Zustände während der Sklaverei.
Hauptprodukte: Baumwolle, Holz, Schalentiere, Konserven, Holz, Erdöl, Erdgas.

4.6 Tore zum Westen

Fahren wir auf unserer Erkundungsreise durch die Vereinigten Staaten nun weiter westwärts, so begegnen wir einer neuen Gruppe von Staaten, die ihre wirtschaftliche Kraft und touristische Anziehungskraft durch das gewonnen haben, was hier bodenständig und in Überfülle vorhanden ist: Erdöl, Rinder, Cowboys, Indianer und Pferde. Auch Raumfahrt und Getreide spielen eine bedeutende Rolle. Es handelt sich um Texas, Missouri, Kansas, Oklahoma und Arkansas. Auch wer gern in die Berge fährt, kommt auf seine Kosten.
In Texas ist alles viel größer und großzügiger als anderswo in den Staaten. Das gilt sowohl für die Städte als auch für die Entfernungen und die Größe der Rinderfarmen. Texas ist besonders reich an ausgedehnten Ölfeldern, die im Laufe des 20. Jahrhunderts den Wohlstand dieses Staates hervorriefen. Der Lebensstil der Ölmillionäre von Houston und Dallas ist nicht zuletzt durch die TV-Serie »Dallas« bekannt geworden. Nur 40 Kilometer von Houston befindet sich das »Lyndon B. Johnson Space Center« (nach einem früheren US-Präsidenten benannt). Im »Mission Control Center« bekommt man Proben von Mondgestein, ein Mondfahrzeug, die Raumfahrzeuge Mercury, Gemini und Apollo und vieles andere aus der Geschichte der Raumfahrt zu sehen.
In Dallas wurde 1993 Präsident John F. Kennedy ermordet. Es heißt, die Ursachen und Umstände dieses Mordes lägen noch immer im Dunkeln, auch wenn es eine offizielle Version gebe, nach der dieses Verbrechen aufgeklärt sei. Nur etwa 40 Kilometer von der dynamischen Wirtschaftsmetropole Dallas entfernt liegt Fort Worth. Hier herrscht das Bild des alten »wilden« Westens vor, es gibt jede Menge Viehauktionen, Rodeos und Cowboytradition.
Spanische Kulturelemente finden wir hingegen in den Städten San Antonio, Alamo und Amarillo, Orte, die aus Missionsstationen hervorgingen.

El Paso und Ciudad Juárez (Mexiko) bilden eine Art Doppelstadt, beidseitig des Rio Grande gelegen, der hier die Grenze bildet. Die mexikanische Atmosphäre dieser Städte hat große Anziehungskraft auf den Tourismus. In Ciudad Juárez gibt es Flamenco-Shows, Stierkämpfe und Souvenirs.
Gehen wir nordwärts, so stoßen wir auf die Großstadt St. Louis, wo der Missouri in den Mississippi mündet. St. Louis ist seit alters her ein Verkehrsknotenpunkt und damit ein Tor zum Westen. Früher waren es Pferde, Eisenbahnen und Flussschiffe, heute sind es Autos und vor allem Flugzeuge, die hier zusammentreffen. Das Wahrzeichen von St. Louis ist der »Gateway Arch« (Torbogen), ein Bauwerk von gigantischem Ausmaß, das die Bedeutung dieser Stadt symbolisiert. Fahren Sie von St. Louis nach Springfield, so passieren Sie Meramec Caverns, einige der schönsten Höhlen Nordamerikas. Dort suchten einst Jesse James und sein Bruder Frank Unterschlupf vor den sie verfolgenden Polizisten.
In Oklahoma findet man den zweithöchsten Anteil an indianischer Bevölkerung in den USA. Besuchen Sie die bei Anadarko gelegene Indian City USA. Hier gibt es originalgetreue Rekonstruktionen von ganzen Indianerdörfern, die von den Pawnees, Wichitas, Comanchen, Navajos, Pueblos und Apachen in Stand gehalten werden. Auch in Oklahoma gibt es bedeutende Erdöllager.
Kansas hat sich durch seine großen Getreidegürtel und seine Rinderproduktion einen Namen gemacht. Hier war die Heimat von Buffalo Bill, der schon im 19. Jahrhundert Cowboy-Shows auf der Bühne inszenierte. Sein ehemaliges Hotelzimmer ist in Brooksville im Frontier Hotel zu besichtigen. Der ehemalige Präsident Dwight D. (»Ike«) Eisenhower stammt aus Abilene, dem Zentrum des Rinderhandels. Auch hier gibt es Rodeos und Relikte aus der Blütezeit der Cowboys zu sehen.
Arkansas zeichnet sich durch die Ozark-Bergkette aus, in deren Tälern Flüsse ihren Weg suchen und Bergseen das Himmelslicht wiederspiegeln. In der Hauptstadt Little Rock (kleiner Felsen) finden wir viele Parks und ein Capitol, das dem Vorbild in Washington sehr ähnelt. Man braucht nur eine Autostunde von Little Rock, um zum »Hot Springs National Park« zu gelangen. Heute wegen seiner warmen Quellen ein Kurort, war es schon in der Zeit der Spanier für die heilende Wirkung des warmen Wassers bekannt. Auch von den Indianern wurde dieses Naturwunder schon verehrt. Sie können persönlich auf Diamantensuche gehen, wenn Sie den

»Crater of the Diamonds State Park« besuchen. Die Nachkommen deutscher Einwanderer betreiben in St. Mary's Mountain den Anbau von Wein.

4.6.1 Texas

Auf Texas wollen wir wegen seiner Größe, seiner wirtschaftlichen Bedeutung und seiner Möglichkeiten für Einwanderer etwas näher eingehen als auf andere US-Staaten. Bevölkerungsmäßig an dritter Stelle in den USA, an der Grenze zum mittelamerikanischen Wirtschaftsraum gelegen und gewissermaßen in geografisch zwingender Rolle für eine Vermittlerposition zwischen Nord und Süd, Ost und West, hat Texas schon von jeher versucht, eigene wirtschaftspolitische Ziele zu verfolgen. Das NAFTA-Abkommen (North American Free Trade Agreement) hat diesen Möglichkeiten einen noch stärkeren Impuls gegeben.
Aus der Sicht potentieller Einwanderer, und damit für Sie, liebe Leser, ergeben sich für den Staat Texas folgende Vorteile:

1. Eine starke Zuwanderungsquote unter jungen Leuten hat ein geringes Durchschnittsalter zur Folge und damit auch einen niedrigen Krankenstand.
2. Die texanischen Firmen arbeiten um einiges produktiver als der amerikanische Durchschnitt und haben damit eine hohe Wettbewerbsfähigkeit.
3. Eine große Zahl von Universitäten und Forschungsstätten unterstützen die Wirtschaft.
4. Der Personen- und Güterverkehr fußt auf einer besonders guten Infrastruktur. Es gibt ca. 500.000 Kilometer Straßen, acht Interstate-Highways und 20.000 km Schienenstränge.
5. Texas verfügt über 27 Seehäfen, darunter drei unter den größten in den USA.
6. Über den »Golf Intercoastal Waterway« (Binnenwasserstraße entlang der Küste) können Waren günstig und problemlos bis nach Mexiko verschifft werden.

Darüber hinaus gibt es noch weitere Gründe, warum Texas heute eine der ersten Adressen für Investoren ist:

1. Auf Privateigentum wird keine Einkommensteuer erhoben, Körperschaftsteuern sind gering.

2. Die Grundstückspreise, Energie-, Versorgungs- und Lohnkosten sind günstig.
3. Der Binnenmarkt in Texas selbst ist bedeutsam, die Bevölkerung wächst ständig. Fast 400 Milliarden Dollar Bruttosozialprodukt bringen Texas in vergleichbare Größe zu Mexiko und Süd-Korea.
4. Arbeitgeber, Arbeitnehmer sowie staatliche Institutionen kooperieren hervorragend auf dem Arbeitsmarkt. Für Auswanderer aus Deutschland bestehen gute Chancen, wenn diese Sponsoren suchen.
5. Der Staat hilft durch Förderung bei der Finanzierung und durch Steuererleichterung.
6. Die Zulieferindustrie für Autohersteller in den USA, Mexiko und anderswo ist in Texas besonders stark vertreten. Führend in den Branchen Elektronik, Kunststoff- und Klimatechnik.
7. Es gibt hier 20 Forschungszentren für Kraftfahrzeugtechnik.
8. In den angrenzenden Bundesstaaten Mexikos sind mehr als 150 Kfz-Zulieferer ansässig.
9. Der Ausstoß an Automobilen in mexikanischen Werken steigt ständig.
10. Die Lohnkosten in der Automobilbranche von Texas sind geringer als in den übrigen US-Staaten.

4.6.2 Wirtschaft

Texas
Hauptprodukte: Erdöl, Erdgas, Asphalt, Magnesiumchlorid, Schwefel, Graphit, Salz, Brom, Helium, Elektronikteile, Automechanikteile, Baumwolle, Pfirsiche, Spinat, Hirse, Reis.

Missouri
Hier ist noch in vielen Orts- und auch Familiennamen die französische Vergangenheit lebendig.
Hauptprodukte: Mais, Getreide, Schweine, Rinder, Lebensmittel, Bier, Luftfahrttechnik, Automobile, Chemische Produkte, Schuhe.

Kansas
Das Wahrzeichen von Kansas ist der größte Getreidespeicher der Welt. In ihm lagert ein Fünftel des gesamten Wintergetreides der USA. Obwohl

Kansas auch den Beinamen »Sonnenblumenstaat« hat, überwiegt dennoch die Produktion von Weizen.
Hauptprodukte: Getreide, Vieh, Konserven, Holz, Erdöl, Erdgas, Helium, Maschinen, Chemische Produkte.

Oklahoma
Auf Grund der Abholzung der meisten Wälder zur Gewinnung von Ackerland ist dieser Staat besonders von Wirbelstürmen bedroht. Oklahoma ist nach Kansas und North Dakota der drittgrößte Weizenproduzent der USA. Dürrekatastrophen haben hier besonders starke Auswirkungen auf den gesamten Welthandel an Getreide. Missernten gingen der Weltwirtschaftskrise 1929/30 voraus.
Hauptprodukte: Wintergetreide, Hirse, Baumwolle, Schafe, Erdgas, Kohle.

Arkansas
Dies ist die ärmste Gegend der Vereinigten Staaten. Ein Viertel der schwarzen Bevölkerung lebt in der Hauptstadt Little Rock.
Hauptprodukte: Getreide, Baumwolle, Mineralwasser, Tabak, Holz, Bauxit, Diamanten, Erdöl, Erdgas.

4.7 Der Südwesten

Zum Südwesten zählen wir die Bundesstaaten Arizona, Colorado, New Mexico und Utah. Er ist eine Region, die reich an touristischen Attraktionen ist. Weite Ebenen, in denen man auf die Cowboys der Neuzeit und die Indianer in ihren Reservaten treffen kann. Utah wartet mit beeindruckenden Naturwundern auf, Colorado bietet hervorragende Wintersportmöglichkeiten, in New Mexico findet man noch immer die steinzeitlichen Behausungen (Pueblos) der Indianer und die sonnendurchfluteten Canyons und Vulkanrelikte Arizonas waren viele Male Filmkulisse.
Die majestätischen Rocky Mountains von Colorado, seine verlassenen Ortschaften, seine tiefen Schluchten und geheimnisumwitterten Ranches ziehen all diejenigen an, welche das Abenteuerliche lieben. Früher war die Hauptstadt Denver eine Goldgräber- und dann eine Silberminenstadt, heute hat sie bedeutende Industrien und ist Verkehrsknotenpunkt.

In Utah schufen mormonische Siedlerpioniere aus dem wilden Land eine ertragreiche Agrarkulturlandschaft. Berge und Seen, Wälder und Wüstengebiete mit Salzseen vermitteln ein abwechslungsreiches Landschaftsbild. Salt Lake City, am gleichnamigen See gelegen, ist die Hauptstadt dieses Mormonenstaates. Diese christliche Glaubensrichtung geht auf einen gewissen Joseph Smith zurück, der 1827 göttliche Botschaften auf goldenen und messingnen Tafeln erhalten haben will, die er im Erdboden gefunden zu haben angibt. Der große Tempel der Mormonen kann in Salt Lake City betreten werden. Es gibt dort auch einen bekannten Chor, den mormonischen Tabernacle Choir.
New Mexico besitzt eine vielfarbige Naturlandschaft, die ganz überwiegend aus sandsteinfarbenen Ebenen, weißgelben Kalksteinhöhlen und grünen Wäldern besteht. Hier findet man noch das traditionsreiche indianische Kunsthandwerk. Früher war Santa Fé Endstation der Eisenbahnlinien, die von Osten herankamen. Weiter westwärts ging's von hieraus mit Pferd und Wagen. In den »Carlsbad Caverns« findet der geologisch Interessierte ein interessantes Höhlensystem. Gallup bietet für Touristen zugeschnittene Indianershows. Albuquerque hat das alljährlich stattfindende weltgrößte Heißluftballonrennen. In Taos ist eine Künstlergalerie zu bewundern, die auch ausländische Besucher anlockt.

4.7.1 Wirtschaft

Arizona

Das Klima Arizonas eignet sich hervorragend zur Behandlung und Heilung von Menschen mit Erkrankungen der Atemwege. Es zeichnet sich durch Wärme, Trockenheit und Staubfreiheit aus. Entsprechend haben sich hier Sanatorien etabliert, die auf die Behandlung von Lungen- und Bronchialkrankheiten spezialisiert sind.
Da die staubfreie Luft eine hervorragende Voraussetzung für die Produktion empfindlicher Elektronikteile ist, werden in Arizona militärische Komponenten mit elektronischen Steuerungen hergestellt. Das hat zu einem gewaltigen Aufschwung im Bereich der Flugtechnik geführt. Dementsprechend ist dies auch eine Gegend für berufliche Karrieren im Bereich Elektronik und Datenverarbeitung. Dies hat sich auch positiv für die Belange potentieller Einwanderer ausgewirkt. Aber auch Touristen

besuchen diesen US-Staat wegen seiner landschaftlichen Besonderheiten.
Hauptprodukte: Luftfahrtindustrie, Elektrik und Elektronik, Eisenverhüttung.

Colorado
Inzwischen hat hier der Tourismus den früher bedeutsamen Bergbau in den Hintergrund gedrängt. Die einst dünne Besiedelung dieses Rocky-Mountain-Staates hat sich auch hier wie in Arizona enorm gesteigert. Dreh- und Angelpunkt aller wirtschaftlichen Aktivitäten ist natürlich die Hauptstadt Denver. Durch die Lage in einem Hochbecken zwischen zwei Gebirgsketten hat Denver Wasserprobleme. Die Beregnung der über 40 städtischen Parkanlagen wird durch Fernwasserleitungen aus den Rocky Mountains bewerkstelligt. Der Colorado River wurde durch mehr als 1300 Staustufen in seinen natürlichen Bedingungen total verändert und wird als Wasser- und Energielieferant »missbraucht«.
Hauptprodukte: Kohle, Erdöl, Gold, Silber, Zink, Molybdän, Uran, Fleisch, Zuckerrüben, Getreide.

New Mexico
Seine schwache Bevölkerungsdichte und halbwüsten- bis steppenartige Landschaft haben diesen Staat nach dem Zweiten Weltkrieg zur Experimentierlandschaft für die Atombombe gemacht. Das Projekt »Manhattan«, welches zum Bau der ersten Atombombe führte, fand in der Nähe von Los Alamos statt. Der Sprengsatz explodierte am 16. Juli 1945 an einer einsamen Stelle nahe der Sangre-de-Christo-Bergkette (Blut-Christi-Bergkette). Diese unselige Entwicklung in der Forschung zeitigte dann den atomaren Rüstungswettlauf mit dem Ostblock, so dass die Laboratorien in Los Alamos sich anschließend mit atomarer Verteidigung zu befassen hatten. Nach J. W. Goethe: Die gerufenen Geister blieben hartnäckig, wohin sie gerufen worden waren. Wer mehr zur Geschichte der A-Bombe und zum Schicksal der Atomforscher wissen möchte, dem sei das Buch von Robert Jungk empfohlen: »Heller als tausend Sonnen«. Heute besuchen mehr als 100.000 Touristen diese Stadt.
Hauptprodukte: Erdöl, Erdgas, Kupfer, Zink, Kalisalze, Uran, Gold, Silber, Holz, Glas, Baumwolle, Schafe, Hirse.

Utah
Drei Viertel der Einwohner Utahs sind Mormonen. Die Hauptstadt Salt Lake City wird von ihnen auch »Zion« genannt. Alle wichtigen Positionen in der Regierung und der Verwaltung haben Mormonen inne. Ein wenig an die Gewohnheiten anderer Sekten erinnernd, betreiben die Mormonen eine mehr traditionell und damit ökologisch ausgerichtete Landwirtschaft. Mehr Handarbeit und weniger Maschineneinsatz ist die Devise. Die mormonischen Bauern verstehen ihr Handwerk erstklassig und ringen den armen Böden bedeutende Erträge ab. Statt Monokulturen findet man vielfältigen Feldfruchtanbau. In Utah gibt es mehr Kühe als Einwohner. Dieser durch Halbwüsten und Trockensteppen geprägte Staat vermag es, jährlich für mehr als 350 Millionen Dollar landwirtschaftliche Produkte zu erwirtschaften. Auch im Stadtbild findet man die moralische Einstellung der Mormonen wieder: Alles ist sauber und ordentlich.
Hauptprodukte: Erdöl, Kalisalze, Kupfer, Gold, Blei, Molybdän, Vanadium, Asphalt, Raumfahrttechnik, Getreide, Zuckerrüben, Aprikosen, Kirschen, Schafe, Truthennen.

4.8 Der goldene Westen

Wir fassen unter diesem Titel die Staaten Kalifornien und Nevada zusammen, da hier die goldene Sonne besonders intensiv scheint und auch andere »goldene« Möglichkeiten zur Lebensverbesserung bestehen. Kaliforniens Stärken sind die Filmindustrie, die Elektronik und die Südfruchtproduktion plus Weinanbau. Empfehlenswert ist eine Besichtigung der »Universal Studios« in Hollywood auf jeden Fall. Mit etwas Glück begegnet man vielleicht einem der vielen international bekannten Leinwandakteuren und -akteurinnen. Die Fußabdrücke der berühmten Filmpersönlichkeiten sind in dem Betonboden vor dem »Mann's Chinese Theatre« verewigt. Zusätzlich kann, wer will, sich auch noch die Villen der schönsten und (erfolg)reichsten Filmschauspieler im Stadtteil Beverly Hills anschauen.
Das zirka 500 Kilometer weiter nördlich gelegene San Francisco wurde einst von Goldsuchern und Missionaren gegründet. Ein prachtvoller Naturhafen – ähnlich günstig wie der von Sydney (Australien) – hat die-

ser Stadt besondere Möglichkeiten verliehen. Jeder kennt die Golden Gate Bridge von Fotos, die den Hafeneingang überspannt. Von hieraus hat man einen wunderbaren Blick auf die Bucht und die sie umrundende Stadt der vielen Hügel. Aus Filmen sind die steilen Straßen bekannt und die Straßenbahnen (hier: Cable Cars), die von unterirdischen Kabeln die Berge emporgezogen werden. San Francisco hat ein fast ganzjähriges Frühlingsklima, was man am Beispiel der blumenübersäten Lombard Street bestätigt findet. Vor Fisherman's Wharf sollte man frisch gefangene und vor Ort gebrühte Krabben probieren.
Der kalifornische Wein hat mittlerweile Weltgeltung, ebenso wie die Weintrauben, Trockenpflaumen und anderen frischen Früchte, die dieser Staat produziert. Kaliforniens wartet auch mit Naturschönheiten auf. Im Redwood Nationalpark findet man die riesigen Sequoias, die mehr als 4000 Jahre zählen und bis über 100 Meter hoch werden. Monterey, südlich von San Francisco, ist ein malerischer Küstenort. Hier wird Fisch gefangen. Von hier aus kann man den »17 Mile Drive« entlang fahren und herrliche Ausblicke auf die Küstenlandschaft genießen. Östlich in der Sierra Nevada liegt der Yosemite Nationalpark (gespr.: josémiti) mit seinen gigantischen Granitmassiven, Wasserfällen und Nadelwäldern. Im Süden Kaliforniens findet man an der Grenze zu Nevada das berühmte Death Valley und die Mojave-Wüste.
Nevada ist für seine Spielerparadiese bzw. seine Spielhöllen Las Vegas und Reno bekannt. Die Steuern der Spielkasinos stellen für Nevada die Haupteinnahmequelle dar. Las Vegas ist praktisch von Spielautomaten, den sogenannten einarmigen Banditen, verseucht. Man findet sie sogar in Drugstores und im Postamt. Auch für diese Stadt gilt der Slogan »The city never sleeps«. Außer Spielhallen werden den Besuchern aber auch noch eine Menge anderer Unterhaltungsmöglichkeiten geboten. Auf dem fünf Kilometer langen, lichterhellten Boulevard »The Strips« gibt es Shows und Entertainment in Überfülle. Östlich der Stadt können Sie auf dem Stausee »Lake Mead«, den der Hoover-Staudamm hält, Bootsfahrten unternehmen oder darin baden. Durch den Stausee verläuft die Grenze zu Arizona. Flussaufwärts schließt sich der berühmte »Grand Canyon«, die Schlucht des Colorado River an.

4.8.1 Wirtschaft

Kalifornien

Während des Zweiten Weltkriegs wurden hier ständig neue Technologien entwickelt. Seit 1970 gibt es jedoch eine abfallende Wirtschaftsentwicklung, da anderswo Konkurrenz erwuchs. Dafür nahm die landwirtschaftliche Produktion zu. Dies ist in einem sehr regenarmen Halbwüstengebiet wie diesem nur durch aufwendige künstliche Bewässerung zu erreichen. Produkte wie Wein, Rosinen, Trockenpflaumen, Trockenaprikosen, Nüsse und Mandeln werden heute weltweit exportiert. Die Westküste ist sehr vom Einfluss Mexikos geprägt, was sich in Mode, Essen, Musik, Kunst und allgemeiner Lebensart ausdrückt. Viele Einwanderer aus diesem von Arbeitsplatznöten gezeichneten Nachbarland haben in Kalifornien eine Heimat gefunden, legal und leider auch illegal. Auch asiatische Einflüsse sind nicht zu verkennen (zum Beispiel Chinatown in San Francisco). Es hat sich eine Art pazifische Zivilisation entwickelt. Viele Europäer und Deutsche wanderten schon nach Kalifornien aus, denn Klima und Lebensart sind eben attraktiv.
Hauptprodukte: Filmindustrie, Raumfahrtindustrie, Chemische Industrie, Erdöl, Gold, Wolfram, Gips, Zement, Wein, Weintrauben, Tiefkühlprodukte, Konserven, Zitrusfrüchte, Feigen, Datteln, Mandeln, Nüsse, Oliven, Aprikosen, Pflaumen.

Nevada

Für Auswanderer nicht geeignet. Die Wirtschaft Nevadas begann einst mit dem Bergbau. Im Laufe von 40 Jahren wurden mehr als eine Milliarde Dollar Gold und Silber zutage gefördert. Hauptprodukt ist heute die Spiel- und Unterhaltungsindustrie.
Hauptprodukte: Vergnügungsindustrie, Gold, Silber, Quecksilber, Kupfer, Baryt, Holz, Tierzucht.

4.9 Der pazifische Nordwesten

Oregon, Washington, Idaho und Alaska sind die Bundesstaaten der USA, die über eine reiche, von Niederschlägen verwöhnte, üppige Vegetation verfügen und durch ihre geringe Bevölkerungsdichte ihren ursprünglichen

Landschaftscharakter bewahren konnten. Dennoch sind auch hier die Auswirkungen der modernen technischen Zivilisation zu bemerken. Damit ist auch dem Touristen die Möglichkeit gegeben, Unterkünfte zu finden, welche modernen Standards entsprechen.
Man kann hier stundenlang auf Nebenstraßen fahren, ohne einem anderen Fahrzeug zu begegnen. Die Weitläufigkeit und Ursprünglichkeit der Waldlandschaft erinnert durchaus an Skandinavien, das Klima – mit Ausnahme Alaskas – an Mitteleuropa. An der pazifischen Küste Washingtons, besonders auf der Olympic-Halbinsel, findet man den einzigen Regenwald der gemäßigten Klimazone auf der Erde.
Portland am Columbia River wartet alljährlich Ende Mai mit einem Rosenfest auf. Von dort können Sie nach Medford fahren, wo der 600 m tiefe Crater Lake inmitten von Felsklippen auf ihren Besuch wartet. Die Küste Oregons bietet pittoreske Ortschaften, Leuchttürme und Seelöwenherden. Im Indianerreservat Warm Springs in Kah-Nee-Ta (Nähe Madras) kann man an der ursprünglichen Lebensweise der Indianer teilhaben und in einem Tipi übernachten.
Die Südgrenze des Staates Washington zu Oregon bildet zum größten Teil der Columbia River, einst sehr fischreich, heute aber durch eine Unzahl von Staustufen in seinem Fischbestand drastisch reduziert. Hier findet man tiefe Wälder, schneebedeckte Berge und kristallklare Bergseen. Seattle liegt einmalig schön auf Hügeln an der Elliot Bay zwischen dem Puget Sound und dem Lake Washington. Bei gutem Wetter kann man von hier auf die Olympic Mountains im Westen und die Cascade Mountains im Osten schauen. Im »Pioneer Historic District« gibt es Gebäude aus dem 19. Jahrhundert zu sehen, Läden und kleine Restaurants. Fährt man mit dem Trolleybus (O-Bus) zur Waterfront Drive, kann man von dort mit Booten und Fähren die Inselwelt der Küste näher erkunden. Zwischen Washington und British Columbia in Kanada liegen verstreut 172 kleine Inseln. Auf ihnen findet man riesige Bäume, Anglercamps, Bootshäfen und Spezialitäten-Restaurants. Lachs gehört hier als Standard zur Speisekarte.
In der Bergwelt des Mount Rainier (4392 Meter) National Park können Sie zwischen Wasserfällen, Gletschern und Bergseen wandern. Die Täler sind von uralten Baumbeständen und wildblumenübersäten Wiesen bedeckt. Mehr südlich liegt der Mount St. Helens, ein noch tätiger Vulkan, der die umliegenden Bewohner zum letzten Mal 1979 in Panik versetzte,

als durch eine erneute Eruption eine ganze Bergseite abbrach und einen Bergsee durch herabströmende Lavamassen zerstörte.
Auch in Idaho finden Sie Natur satt. Neben Wäldern, Bergseen und Felsformationen trägt es ausgesprochen alpinen Charakter. Wer zur Jagd gehen möchte, angeln will, wer in verlassenen Minen nach Goldresten suchen oder Geisterstädte besuchen will, oder wer auf dem »River of No Return« (Fluss ohne Wiederkehr) eine Bootsfahrt machen möchte, alle kommen hier auf ihre Kosten. Sun Valley ist ein Wintersportort. Im Sommer kann man hier reiten, wandern, Tennis spielen und schwimmen. Im Hell's Canyon, weiter östlich gelegen, sieht man Formationen aus Vulkangestein, die zu Recht den Namen »Craters of the Moon« tragen. In der Hauptstadt Boise wohnen mehr Basken außerhalb Europa als an irgendeinem anderen Ort in der Welt. Idaho ist darüber hinaus bekannt für seine Idaho-Kartoffel, eine gebackene Kartoffel, die mit Butter oder »sour cream« bestrichen wird. Man isst sie zu Steakgerichten, inzwischen auch in Europa.
Alaska erinnert in vielen Teilen an Norwegen, ist jedoch grandioser. Fährt man nicht gerade im Winter dorthin, so erlebt man Vorfrühlings- oder Spätherbstwetter. Richtig warm wird es im Juli/August und dann sprießt eine farbenfrohe Pflanzendecke. Achtung: In dieser Zeit müssen Sie mit Mückenangriffen rechnen. Moskitonetze und Antimückenspray sind dringend zu empfehlen, wenn man im Freien oder im Camper übernachtet. In Alaska trifft man mitunter auch noch auf Totempfähle indianischer Volksgruppen, auf Reste aus der Goldgräberzeit, im »Denali Nationalpark« auf Karibus, Luchse, Elche und Biber, mit etwas Glück auch auf Bären.
Die im Süden Alaskas verlaufende Alaska-Gebirgskette schirmt den Süden von polaren Einflüssen ab, so dass dort gemäßigtes Klima herrscht. Die touristisch besuchten Städte Juneau (Hauptstadt) sowie Anchorage profitieren davon. Die Stadt Sitka im Alexander-Archipel war einst Hauptstadt Alaskas aus russischer Zeit und hat noch viele typische Häuser aus dieser Epoche aufzuweisen. Weitere lohnende Ziele sind Fairbanks jenseits der Alaskakette und die Waldgebiete am großen Yukon River. Ein Abstecher auf die Kodiak-Insel ergibt vielleicht die Möglichkeit, die größten Bären der Welt von weitem zu sehen. Sie sind aufgerichtet bis zu vier m hoch.
Erst in der zweiten Hälfte des 19. Jahrhunderts gelangten Jäger, Fischer, Abenteurer und danach auch Goldsucher und Händler mit dem Schiff

nach Alaska. Die Route lief von Vancouver über Seattle innerhalb der vorgelagerten Inselkette nach Sitka und weiter hinauf zum Golf von Alaska. Die Überwindung der Alaskakette mit dem Mount Mc.Kinley (6193 Meter) zu Fuß oder zu Pferd stellte damals eine Herausforderung dar. Heute ermöglichen Passstrassen und eine Eisenbahnverbindung von Anchorage nach Fairbanks den gefahrlosen Übergang.
Im Nordosten Alaskas hat man reiche Erdöl- und Erdgasfelder entdeckt. Eine Pipeline führt von Prudhoe Bay in der Beaufortsee über Fairbanks bis zum Hafen Valdez, wo das Öl in Tanker gepumpt wird.
Im Jahre 1942 wurde als Verbindung zum Hauptgebiet der Vereinigten Staaten der Alaska-Highway gebaut. Von Montana aus fährt man den Highway 15 hinauf zur kanadischen Grenze, nimmt dann den Highway 4, danach den Highway 2 und gelangt östlich von Calgary auf den Alaska-Highway. Dieser führt zunächst nach Edmonton, dann über verschiedene kleinere Orte bis hinauf nach Fairbanks und ist ca. 2500 Kilometer lang.
Der Lachs ist in Alaska Volksnahrung, daneben gibt es andere Meeresfrüchte wie beispielsweise die Königskrabben.
In Gakona, 320 Kilometer nordöstlich von Anchorage, befindet sich seit Mitte der 90er Jahre eine technische Installation, die sogenannte HAARP-Anlage (High Frequency Active Auroral Research Project), eine Antennen- und Sendeanlage, mittels derer im Endstadium mehr als 1,7 Milliarden Watt hochfrequenter elektrischer Energie in die äußere Schutzschicht der Erde, die Ionosphäre, gestrahlt werden sollen. Mit diesem »Ionospärenheizer« sollen zu wissenschaftlichen Versuchszwecken Löcher in diese Schicht gebrannt werden. Das Projekt stieß auf heftigen Widerstand in der ansässigen Bevölkerung und der Sohn des ehemaligen Gouverneurs von Alaska schrieb ein Buch darüber, mit der er diese offensichtlich gigantische, potentielle Umweltbedrohung, weltweit bekannt gemacht hat (Begich/Manning: »Löcher im Himmel«). Entgegen offizieller Darstellung, die nur von der Erforschung der physikalischen Vorgänge spricht, soll das Projekt wohl vor allem auch die Entwicklung weit fortgeschrittener Technologien wie zum Beispiel elektromagnetische Waffentechnik, ELF-Wellen-Technologie, Mikrowellen-Technologie, Wetterbeeinflussung und anderes mehr ermöglichen.
Der Wunsch manches Auswanderers, in einer Art Naturparadies zu leben, wird in den beschriebenen Staaten Oregon, Washington, Idaho und Alaska sicherlich lebendige Formen annehmen, stößt aber bei der Konfrontation

mit der Realität auf die Grenzen der Machbarkeit. Berufliche Möglichkeiten sind in diesen dünn besiedelten Gebieten eingeschränkt vorhanden, es sei denn, man betriebe ein Unternehmen, welches nicht standortgebunden ist. Dennoch gibt es Chancen für Personen aus den Bauberufen, aus der Land- und Forstwirtschaft und der Fischerei. Auch ökologische Berufe haben generell wie auch besonders in dieser Gegend beträchtliche Zukunftschancen.

4.9.1 Wirtschaft

Oregon

Oregon hat wenig Industrie. Lediglich Zellulosefabriken (Rohstoff Holz) sind erwähnenswert. Die anfänglichen ökologischen Folgeprobleme dieser Branche wurden durch neue Technologien beseitigt.
Hauptprodukte: Lachs, Hochseefischerei, Birnen, Kirschen, Schafe, Truthühner, Steine, Zement, Nickel, Hydroenergie.

Washington

Hier gibt es, ähnlich wie an der Ostküste, eine bunt zusammengewürfelte Bevölkerung aus Chinesen, Filipinos, Japanern und europäischen Rassen und Nationen, hierunter besonders Skandinavier. Diese Gegend trägt ein besonderes Rätsel in sich, denn die durchschnittliche Körpergröße der Menschen ist hier höher als anderswo. Aus diesem Grunde kommen viele großwüchsige, blondhaarige Basketball-Champions aus diesem Staat. Politisch gilt der Staat Washington als besonders liberal und fortschrittlich, fast sozialistisch, wie einige meinen.
Washington wird die humanste Gesetzgebung der USA nachgesagt. Gründe hiefür könnten in dem Einfluss der skandinavischstämmigen Bevölkerung und auch in der Nähe zum wesentlich sozialer als die meisten Staaten der USA eingestellten Kanada liegen. Dafür bestehe, so die Meinung von Kritikern, eine Neigung zu wirtschaftlichen Monopolen (Elektrizitätswirtschaft, Microsoft, Boeing ...). Diese besondere soziale Ader sollte sicherlich Auswanderungswillige hellhörig machen, die auf so etwas Wert legen.
Hauptprodukte: Flugzeug- und Raketenbau, Werfttechnik, Hydroelektrizität, Chemische Produkte, Zement, Sand, Kies, Silber, Blei, Zink, Holz, Papier, Fischerei, Früchte, Kartoffeln, Gemüse.

Idaho

Rund 40 Prozent der Staatsfläche Idahos sind Wald. Bis Ende des 19. Jahrhunderts war diese Gegend der USA noch nicht erschlossen, erlebte dann aber nach der Entdeckung reichhaltiger Silbervorkommen einen Silberrausch. Nach der Ausbeutung der Vorkommen blieb eine Reihe von Geisterstädten zurück, die heute Touristenattraktionen darstellen. Dann aber gewann ein nachwachsendes Naturprodukt: die Kartoffel. Günstige Bodenverhältnisse ermöglichten es dieser Feldfrucht, eine Monopolstellung in Idaho zu gewinnen. Die »baked potato« wurde schon weiter oben erwähnt. Im Sun Valley bildet der Wintersport eine Einnahmequelle für die örtliche Wirtschaft. Als Einwanderungsstaat ist Idaho weniger geeignet, es sei denn, im Bereich Tourismus oder Reitsport.
Hauptprodukte: Kartoffeln, Getreide, Zuckerrüben, Schafe, Rinder, Holz, Silber, Blei, Zink, Antimon, Kobalt, Vanadium, Quecksilber.

Alaska

Alaska ist der am wenigsten bevölkerte Staat der USA und dennoch der flächengrößte. Es ist rund viermal so groß wie Deutschland. Manche Touristen zieht es in dieses von Kälte und Kargheit, aber auch von landschaftlicher Schönheit geprägte Land. Das heute noch von Eskimos, Pelzjägern und Fischern bewohnte Alaska erwarben die Vereinigten Staaten 1867 durch die vergleichsweise kleine Summe von 7,2 Millionen Dollar von Russland.
Hauptprodukte: Fisch, Pelze, Holz, Erdöl, Erdgas, Braunkohle, Gold, Silber.

4.10 Spuren nach Westen

In diesem Kapitel wollen wir die Staaten Montana, North- und South Dakota, Nebraska und Wyoming behandeln. Sie liegen nördlich in der Mitte der USA und haben damit ein kontinental geprägtes Klima.: Heiße trockene Sommer, kalte schneereiche Winter. Auch an Sommerabenden kann es recht kühl werden. Die Kleidung orientiert sich am Stil der Viehtreiberromantik, man trägt Jeans und Stiefel.
Montana ähnelt in mancher Hinsicht der Schweiz. Die Indianer nannten es »Land des großen Himmels«. Bei Touristen ist der »Glacier National

Park« (Gletscher-N.P.) beliebt, der im Nordwesten in den Rocky Mountains liegt. Schneebedeckte Gipfel, tiefe Wälder, Wasserfälle, Bergseen (200 an der Zahl) und satte Talwiesen charakterisieren die Landschaft, wenn man von den mehr als 50 Gletschern einmal absieht. Zur Landschaftserkundung benutzt man das Pferd oder man wandert, wenn es die Distanzen zulassen. Sehenswert sind das Avalanche Basin (Lawinenbassin) mit tosenden Wasserfällen, die Saphirbergwerke mit der Möglichkeit zum Goldwaschen und die 4500 Jahre alten Indianerhöhlen. Wer will, kann auch an Fahrten mit dem Schneemobil teilnehmen oder an einem Hundeschlittenrennen. In Big Timber stehen sogenannte Freizeitfarmen zur Verfügung, die den Urlaubern aus der Stadt das ehemalige Leben der Pioniere nahe bringen. In Butte können Sie das immense Bergwerk eines früheren Silbercamps besichtigen, aus dem man jetzt noch große Mengen an Kupfer und Gold hervorholt.
Südlich Montanas schließt sich der Staat Wyoming an, der in seiner geometrisch exakten, rechteckigen Form auf jeder Landkarte hervorsticht. Hier hat man sich ganz der Cowboy »Romantik« verschrieben. Insofern keine Romantik, als hier tatsächlich noch eine ganze Menge hauptberuflicher Cowboys existiert. Mehr als eine Million Rinder und Schafe gilt es im Auge zu behalten und rechtzeitig zum Abtransport in die Schlachthöfe zu bewegen. Sogar Straßennamen und Autonummernschilder zeugen von dieser auf Viehzucht eingestellten Volkskultur. Ende Juli feiert man hier das sogenannte Frontier-Festival, wo Reiten und Lassowerfen zum Volkssport wird. Pfannkuchenbacken, Shows mit den Stars des Showbusiness und Squaredance ziehen Alt und Jung in ihren Bann.
Der Yellowstone Nationalpark sollte auf keinen Fall ausgelassen werden. Das Geysirbecken mit dem berühmten »Old Faithful« (alle 70 Minuten ein Ausbruch) ist der Höhepunkt einer ganzen Reihe von Naturschönheiten in diesem fast 9000 Quadratkilometer großen Naturpark.
Ein Zentrum des Wintersports in Wyoming ist Jackson Hole. In der Stadt Jackson überwintern große Herden von Elchen, die sich direkt am Stadtrand aufhalten und durch Fütterung am Leben erhalten werden. Auch im Sommer ist Jackson einen Besuch wert. Es gibt Kunstausstellungen, Feste und musikalische Komödien im Westernstil.
Die riesigen Rinderherden North Dakotas sind Steaklieferant für die ganze Nation. Das Fleisch ist auf Grund der Lebensweise im Freien zarter als in Europa, so wird behauptet. Deutsche Siedler gründeten einst die

Hauptstadt Bismarck. Das Parlamentsgebäude – man nennt es in den USA das Capitol – ist ein sehr modernes beeindruckendes Bauwerk, ein Wolkenkratzer in der Prärie. Besucher werden mit einem Fahrstuhl zur Aussichtsplattform gebracht. Historisches dagegen strahlt das Fort Abraham Lincoln aus. Hier übernahm der berühmte General Custer das Kommando zur Schlacht gegen die Männer des Häuptlings »Sitting Bull« am Little Big Horn. (Buch: »Begrabt mein Herz an der Biegung des Flusses«). In Bottineau wurde ein Friedensgarten geschaffen, der die Freundschaft zwischen USA und Kanada verkörpern soll. Man findet dort herrliche Gartenanlagen, eine Kapelle, einen Pavillon und ein Blockhaus. Fargo dagegen ist eine Stadt für Glücksspieler. 30 Kasinos laden zu einer Partie »Black Jack« oder anderen Spielen ein. Empfehlenswert ist ein Besuch des Theodore Roosevelt National Park mit seinen Bergmassiven, Canyons und Plateaulandschaften.
Im Westen South Dakotas befinden sich die »Black Hills«, eine waldbedeckte Berglandschaft, die sich bestens für Ausflüge eignet. Die »Black Hills« werden vom Missouri durchschnitten. Im 1800 Meter hohen Felsmassiv des Mount Rushmore finden sich jene berühmten Präsidentenköpfe in Stein verewigt, die mit ihren Namen Washington, Jefferson, Lincoln und Roosevelt in die amerikanische Geschichte eingegangen sind. Nachts wird dieses Monument von Scheinwerferlicht illuminiert und lockt in seiner Einmaligkeit jährlich rund zwei Millionen Besucher an. Ein weiteres gigantisches Denkmal stellt die Statue des Sioux-Häuptlings »Crazy Horse« dar, das aus der Spitze des »Thunderhead Mountain« geschlagen wurde. Er lebte zur Zeit des »Sitting Bull« und setzte damals den weißen Siedlern schwer zu. Im »Sioux Indian Museum and Crafts Center« in Rapid City kann man Näheres über die Geschichte und Kultur der Indianer erfahren und kunstgewerbliche Gegenstände kaufen.
Im »Fort Robinson State Park« in Nebraska können Sie im früheren Hauptquartier Kleidung, Hausrat und Waffen aus dem 19. Jahrhundert in Augenschein nehmen, denn Nebraska ist wie Wyoming ein Staat mit klassischer Mittelwest-Tradition. Schmiede, Stellmacherei und ehemaliges Offiziersquartier gehören ebenfalls dazu.
Für Touristen ist eine Fahrt in die Berge sehenswert, die Sie entweder mit dem Jeep oder mit der Postkutsche durchführen können. Zur Pauschaltour gehört eine Übernachtung im Freien sowie Verpflegung aus einem Original »chuck wagon«, einem Verpflegungswagen aus der Pionierzeit.

Fährt man auf der Route des einstigen Oregon-Trail (Planwagenzug nach Oregon), so kommt man auch nach Scotts Bluff, wo früher Goldsucher, Pelzjäger und die Reiter des Pony-Express (Vorläufer der Post) Station machten.
Weiter geht die Fahrt nach Omaha, der größten Stadt Nebraskas. Hier werden dem Touristen alle Möglichkeiten modernen kulturellen Genusses geboten. Sehenswert ist auch das State Capitol in Lincoln, ein architektonisches Meisterwerk mit internationaler Anerkennung.

4.10.1 Wirtschaft

Montana
Die knapp eine Million Einwohner leben auf einer Fläche, die fast so groß ist wie Deutschland. Hier paart sich landschaftlicher Reiz mit wenig entwickelter Zivilisation. Waren es früher Bergbauprodukte wie Kupfer, Silber und Gold, so ist es heute mehr die Landwirtschaft sowie die Weihnachtsbaumindustrie (vier bis fünf Millionen jährlich), die die Einnahmen bringen. Der Bergbau ist rückläufig, weswegen Arbeitskräfte abwandern.
Hauptprodukte: Holz, Weihnachtsbäume, Getreide, Zuckerrüben Schafe, Hydroenergie, Erdöl, Gold, Silber, Kohle, Hüttenindustrie.

North Dakota
Früher überwiegend deutsch, heute sind noch rund ein Drittel der Bevölkerung deutschstämmig, daher auch der Name der Hauptstadt Bismarck. Einen noch größeren Prozentsatz stellen heute skandinavische Einwanderer. Wer hier lebt, sollte richtige sibirische Kälte vertragen können, minus 50 Grad sind an der Tagesordnung. Es ist ähnlich wie in Alaska, nur im Sommer wärmer. Die heutige deutsche Einwanderung ist unbedeutend in der Zahl, hat aber bei manchen noch immer Familientradition.
Hauptprodukte: Getreide, Rinder, Erdöl, Erdgas, Braunkohle.

South Dakota
Hier stellt die Kultur der Sioux-Indianer noch immer einen bedeutenden Teil der Landeskultur dar. Ein Sechstel der Bodenfläche wurde den Sioux von den Weißen als Reservat »übertragen«, eine völkerrechtliche Ironie, wenn man daran denkt, dass diese einst die rechtmäßigen

Bewohner dieses Landes waren. Viele Denkmäler, Gebäude und Plätze weisen noch heute auf die erbarmungslosen Auseinandersetzungen hin. Den früheren Einwanderern, die das Land einst agrarwirtschaftlich nutzbar machten, folgte keine weitere nennenswerte Einwanderungswelle, da Karriere- und Berufsmöglichkeiten in South Dakota ihre engen Grenzen haben.

Nebraska
Mitten in den USA gelegen, und damit am weitesten von allen Orten außerhalb der USA entfernt, war Nebraska ein idealer Standort für eine militärische Kommandozentrale. In einem großen schussfesten Betongebäude mit weitläufigen unterirdischen Räumlichkeiten ist deshalb auch das Strategische Luftkommando untergebracht.
Die Bevölkerungsdichte ist schwach und liegt nicht wesentlich über der des Jahres 1900. Ohne spezielle persönliche Beziehungen ist dieser Staat seinen beruflichen Möglichkeiten nach für Einwanderer weniger geeignet.
Hauptprodukte: Getreide, Zuckerrüben, Vieh, Elektrik und Elektronik, Zubehörteile, Pharmazeutische Produkte, Erdöl, Sand, Zement.

Wyoming
Noch dünner besiedelt und landschaftlich noch unberührter als Nebraska ist Wyoming. Außer Aussteigern und Künstlern, die hier ihre Möglichkeiten haben, mögen kaum andere Einwohner in Wyoming Fuß fassen.
Hauptprodukte: Getreide, Zuckerüben, Rinder, Schafe, Erdöl, Erdgas, Eisenerz, Uran, Baumaterial, Elektronik, Nahrungsmittelindustrie.

4.11 An den Großen Seen

Auf jeder Karte Nordamerikas fallen sofort die fünf großen Binnenseen auf, die im Zentrum dieses Kontinents liegen: Oberer See (Lake Superior), Michigansee, Huronsee, Eriesee und Ontariosee. Als Schmelzwasserseen der nördlichen Polgletscher sind sie Relikte der Eiszeit. Sie bilden ein zusammenhängendes Seengebiet mit Fließrichtung von West nach Ost in Richtung Lorenzstrom und Atlantik. Als Grenze zu Kanada stellen sie nicht nur eine Verkehrsader für die Binnenschifffahrt dar, sondern sind

auch trotz des Vorhandenseins industrieller Ballungsräume ein Erholungsgebiet immensen Ausmaßes.
Sechs US-Staaten sind Anrainer dieser Seenplatte: Minnesota, Wisconsin, Illinois, Indiana, Michigan und Ohio, aus wirtschafts- und klimageografischen Gründen zählen wir auch Iowa noch dazu.
James Fenimore Cooper hat seine berühmten »Lederstrumpf-Erzählungen« in dieser Gegend spielen lassen. In mehr als 30 Sprachen übersetzt, fanden seine Werke eine weltweite Leserschaft. Seine Bücher schildern die Lebensverhältnisse und militärischen Auseinandersetzungen der Kolonisierungsepoche in dieser Gegend zu Beginn des 19. Jahrhunderts. Dabei kommt auch gebührender Respekt vor der Kultur der Indianer zur Geltung. Viele Auswanderer in Europa mögen nach der Lektüre der Lederstrumpf-Geschichten den Entschluss gefasst haben, in dieses weite Land überzusiedeln. Noch heute lebt hier eine große Zahl deutsch- und polnischstämmiger Menschen.
Chicago im Staate Illinois liegt mitten in diesem Gebiet. Obwohl das Wort Chicago in Übersee sehr schnell mit Kriminalität in Verbindung gebracht wird, ist diese Großstadt auch ein Ort bedeutender architektonischer Gestaltung gewesen. Architekten mit internationaler Reputation wie Mies van der Rohe, Frank Lloyd Wright und Louis Sullivan haben hier bedeutende Hochhauskonstruktionen nach neuen Ideen realisieren können. Gewissermaßen Accessoires dieser Gebäudekunst stellen zahlreiche Skulpturen und Plastiken auf den Plätzen und Promenaden der Stadt dar. Sommerliche Hitze treibt die Menschen an den Abenden und Wochenenden zu den Ufern des Michigansees, wo an kilometerlangen Sandstränden turbulentes Vergnügen herrscht. Es gibt viele Yachtclubs und auf der »Magnificent Mile«, die ein Teil der Michigan Avenue ist, kann man einkaufen wie auf der 5th Avenue in New York.
Auch der Jazz hat in Chicago seine langjährige Tradition mit eigener Stilrichtung. Von Juni bis September findet im Highland Park das »Ravinia Music Festival« statt, in den verschiedenen Parks der Stadt erleben Sie regelmäßige Musiksessions. In der Gegend von Springfield, dem Gouverneurssitz, können Sie den ehemaligen Wohnort Abraham Lincolns besichtigen, in dem er sechs Jahre lang lebte und der originalgetreu restauriert wurde.
Der berüchtigte Verbrecher Al Capone nahm hier in den 30er Jahren durch Glücksspiel, Prostitutionsbetrieb und Alkoholschmuggel illegal mehr als

100 Millionen Dollar ein. Schließlich wurde er aber »nur« wegen Steuerhinterziehung angeklagt und verurteilt.
Minnesota trägt viel Wald und lebt in erster Linie von Produkten der Land- und Forstwirtschaft. Sie können hier mit Kanus über Flüsse und Seen fahren oder dem Angelsport frönen. Hechte, Forellen und Weißfische in Fülle garantieren reiche Anglermahlzeiten. Urlaubsaufenthalte sind sowohl auf Campingplätzen als auch in Ferienhäusern zu empfehlen, wenn Sie sich in der waldreichen Landschaft erholen wollen.
Minneapolis am Mississippi wird auch die Stadt der 22 Seen oder »Lake City« genannt. Das Ryrone Guthrie Theatre und das Minnesota Orchestra sind über die Staatsgrenzen hinaus bekannt. Auf der anderen Seite des großen Flusses liegt St. Paul. Beide zusammen heißen die »Twin Cities«. Winterliche Vergnügungen wie Skirennen, Wettbewerbe im Schneeskulpturenbau, Skirennen und Schneemobilrennen sind hier bekannte und beliebte Veranstaltungen.
Weiter östlich liegt Duluth, die bedeutendste Hafenstadt Minnesotas am Oberen See. Direkt am riesigen Binnenmeer entlang verläuft der North Shore Drive, der Highway 61, der eine der schönsten Küstenstraßen der USA darstellt. Vom »Split Rock Lighthouse« hat man einen wunderbaren Blick über die weite Wasserfläche. An den Ufern des Sees bietet sich für Naturliebhaber, Angler und Wassersportler eine Fülle von Aktivitäten.
Unweit der Stadt Grand Rapids, westlich von Duluth, tritt der hier noch kleine Mississippi aus seiner Quelle hervor und durchfließt den Lake Itasca. Er beschreibt zunächst einige Bögen, ehe er sich dann endgültig nach Süden wendet. Unterhalb der Wasserfälle von Saint Anthony verbreitert er sich allmählich und wird dann zum Grenzfluss zu Iowa, Missouri, Arkansas und Louisiana im Westen sowie Wisconsin, Illinois, Kentucky, Tennessee und Mississippi im Osten. Von Cairo ab ist er bis 1400 Meter breit. Dämme zu beiden Seiten versuchen, seine Kraft zu bändigen, was aber nicht immer gelingt. Immer wieder künden große Überschwemmungen von der Kraft seiner Wassermassen, wenn im Norden der Schnee geschmolzen ist. Zusammen mit dem Missouri ist der Mississippi 6021 Kilometer lang, allein schon 3778 Kilometer.
Von Minneapolis bis New Orleans begleitet ein ganzjährig schiffbarer Seitenkanal den Strom. Jedes Jahr wächst das Flussdelta am Golf von Mexiko durch die Ablagerung von Sinkstoffen um 200 Meter nach vorn. Mit diesem Flusssystem, den Großen Seen und dem St. Lorenz-Strom an

der kanadischen Grenze ist eine Wasserverbindung zwischen dem Atlantik und dem Golf von Mexiko vorhanden, die durch Schleusen und Kanäle für die Frachtschifffahrt genutzt wird.
Iowa ist einer der bedeutenden Agrarproduzenten der Vereinigten Staaten. In »Living History Farms« können Sie die Geschichte des Lebens auf den Pionierbauernhöfen nacherleben sowie die Entwicklung amerikanischer Farmen bis in die Gegenwart erfahren. Für Anhänger der Eisenbahnromantik empfiehlt sich eine fahrt mit der »Borne & Scenic Valley Railroad«, die das Tal des DesMoines River kreuzt. Wo heute Urlauber ihre Ferien am Spirit Lake und am Lake Okoboji verbringen, waren einst die Sioux-Indianer beheimatet. Deutsche Immigranten, die sich »Inspirationists« nannten, gründeten 1854 die sieben »Amana Colonies«. Noch heute produzieren sie nach alter Handwerkertradition in den Amana-Werkstätten Möbel, Wollstoffe sowie Back- und Fleischspezialitäten.
Wisconsin hingegen ist »America's Dairyland«. Gute Böden und grüne Wiesen auf flachwelliger Landschaft haben hier der Milchwirtschaft zu besonderer Blüte und Bedeutung verholfen. Schon von weitem fallen die vielen roten Scheunen und die weißen Holzzäune ins Auge. Rund 15.000 (!) Seen laden hier zum Wassersport ein, während auf ausgedehnten Rasenflächen Golf gespielt werden kann. Der Ort Lake Geneva (Genfer See) ist einem Dorf in den Alpen nicht unähnlich.
Wisconsins größte Stadt ist Milwaukee am Lake Michigan. Wenn im Juli hier alljährlich ein großes Sommerfest abgehalten wird, spielen auf den Bühnen nahe des Ufers Country-, Jazz-, und Folkmusikgruppen. Man kann sagen, dass diese Stadt das München der Amerikaner ist. Nirgendwo sonst in den Staaten gibt es solche Biergärten, werden solche Lieder gesungen und gibt es die typisch deutsche »Gemutlichkeit« (ohne ü), ein Begriff übrigens, der sich nicht in andere Sprachen übersetzen lässt. Deutscher Wohnstil, deutsche Denkweise, sprachliche Eigenarten und deutsche Lebensart haben sich hier trotz Anpassung an amerikanische Verhältnisse bis heute in einmaliger Weise erhalten können.
Besonders die Bierbrauereien, die Bier nach deutschen Grundsätzen herstellen, sind hier ansässig und liefern den Getreidetrunk in die gesamten USA aus. Ein Schatten fiel auf diese deutschstämmige Gegend während der Regierung des »Herrn« Hitler, als patriotische Nacheiferer hier pronazistische Organisationen ins Leben riefen. Heute ist davon nichts mehr zu merken.

Michigan, im Wesentlichen zwischen dem Michigansee und dem Huronsee gelegen, ist besonders dadurch bedeutsam geworden, dass hier die amerikanische Autoindustrie ihre Geburtsstätte hat: »Motor City« Detroit, am Lake St. Clair zwischen Erie- und Huronsee gelegen. Früher unbestritten der wichtigste Automobilproduzent, bekam die Stadt in den 70er Jahren starke Konkurrenz durch die ökonomisch und zum Teil auch technisch überlegenen Fahrzeuge aus Japan, später auch durch deutsche Automarken der gehobenen Klasse. Langfristig haben sich diese Einflüsse heute auf eine Verkleinerung, »Kompaktisierung« und Ökonomisierung der klassischen US-Straßenkreuzer ausgewirkt. Die typischen, von luxuriösem Karosserie-Zierrat geschmückten Streetcruiser der fünfziger und die nur noch großen eckigen Kästen der sechziger Jahre findet man heute kaum mehr im Straßenbild, wenn man einmal von der Sonderform der überlangen Stretch-Limousinen absieht, die einer superreichen Klientel als Fortbewegungsmittel zwischen Hotel, Opernhaus und Flughafen dienen. Mit der alten englischen Straßenbahn in Detroit zu fahren ist ein Vergnügen besonderer Art. Eine Tour mit dem Minibus ins Zentrum der Stadt tut's aber auch.

Wer Oldtimer liebt, sollte sich das »Henry Ford Museum« im nahegelegenen Dearborn anschauen.

Wer die beschauliche Urlaubsinsel Mackinac im Norden besuchen will, muss wissen, dass hier absolutes Autoverbot herrscht. Pferdedroschken und Fahrräder sind die einzigen erlaubten Verkehrsmittel. Fort Mackinac zeigt, wie viele andere Orte in den Staaten auch, wieder einmal einen Ausschnitt aus dem Leben während der Pionierzeit. Restaurants und Hotels bieten delikate Fischgerichte, die aus den Coho- oder Chinook-Lachsen der Großen Seen zubereitet werden.

Ohio wird südlich vom Ohio River und nördlich vom Eriesee begrenzt. Wasserstraßen und Seen bedecken auch hier mit 42.000 Hektar einen bedeutenden Teil des Staatsgebietes. Angler und Wassersportler treffen deswegen auch hier auf hervorragende Bedingungen. Im Winter ist Eissegeln angesagt. Im Tal des Ohio leben nachkommen deutscher Auswanderer, die noch heute einen weitgehend traditionell geprägten Lebensstil halten. Es wird weitgehend auf das Auto verzichtet und dafür mit Pferdewagen gefahren. Eine bekannte Gruppe dieser Traditionalisten sind die »Amish People«, die ihre nach ökologischen Grundsätzen angebauten Produkte im nahen Millersburg auf dem

Markt verkaufen. Jedes Jahr im August erlebt die Hauptstadt Columbus ihre große Staatsmesse. Cincinnati ist durch sein überragendes »Riverfront Stadium« am Ohio bekannt. Cleveland, einst Indianersiedlung an der Kreuzung alter Pfade, wurde 1796 von Kolonisten als Stadt gegründet und ist heute eine bedeutende Automobil- und Schwerindustriestadt am Eriesee.
Kaum zu glauben, aber wahr, der Staat Indiana weist fast tropisches Klima auf. Hier gedeihen Orchideen. Im »Dunes State Park« am Michigansee können Sie die Pflanzen- und Tierwelt Indianas auf kleinem Raum erleben. Im »Park County« im Westen des Staates gibt es eine Ansammlung alter, überdachter Brücken, die sich »Covered Bridge Capital of the World« nennt. In der Hauptstadt Indianapolis wird jedes Jahr im Mai ein weltweit bekanntes Autorennen durchgeführt, das 500-Meilen-Rennen der Formel-I-Rennwagen. Alle sechs US-Staaten an den Großen Seen verfügen über gute Arbeitsmöglichkeiten für potentielle Einwanderer, da sie teilweise innerhalb des »manufacturing belt« liegen.

4.11.1 Wirtschaft

Minnesota
Zwei Drittel allen Eisenerzes, das in den USA verarbeitet wurde, kam seit jeher aus Minnesota, wurde über den Hafen Duluth verschifft und zu den jeweiligen Hüttenwerken weitertransportiert. Wie viele andere Rohstoffe auch lagert das Erz dicht unter der Oberfläche und kann deswegen im Tagebau abgebaut werden. Zur Schonung der heimischen Ressourcen haben die USA jedoch ihre Politik verändert und führen seit einiger Zeit Eisen aus Labrador (Kanada) und aus Brasilien ein.
In Rochester liegt die weltberühmte »Mayo-Klinik«, die 1883 aus kleinsten Anfängen entstand und von den Söhnen des William Worall Mayo zu einem riesigen Gesundheitszentrum ausgebaut wurde. Diese Klinik machte wegen ihrer teilweise spektakulären Behandlungserfolge und ihrer wohlhabenden und oft auch prominenten Patienten immer wieder Schlagzeilen. Jährlich werden hier 350.000 Patienten behandelt.
Hauptprodukte: Eisenerz, Holz, Maschinenbau, Elektrische Geräte, Chemieprodukte, Gesundheitsfürsorge, Milchwirtschaft, Viehzucht, Zuckerrüben, Konserven.

Wisconsin
Der überwiegende Teil der Einwanderer nach Wisconsin kam aus Deutschland, später kamen Polen hinzu. Weil unter den Deutschen eine Anzahl von Bierbrauern war, entstand hier im Laufe der Zeit eine Brauerei nach der anderen. Heute ist Wisconsin der Produktionsschwerpunkt der amerikanischen Brauereien, die den gesamten Kontinent beliefern. Auch wenn das US-Bier süßlicher und milder ist als das deutsche, hat es doch überall großen Anklang gefunden.
Ein weiteres Standbein der Wirtschaft ist die Herstellung von Milchprodukten. Auch hierbei ist der Staat US-weit führend. Die Käsereien decken etwa die Hälfte des amerikanischen Bedarfs ab. Hygienevorschriften haben besonders strenge Standards und die Gesundheitsbehörden kontrollieren regelmäßig alle Produktionsprozesse auf einwandfreien Ablauf. Milch wird in den USA anders als bei uns in großen Zwei- bis Drei-Liter-Containern verkauft und hält sich im Kühlschrank auch viel länger als hierzulande.
Hauptprodukte: Milchprodukte, Früchte, Getreide, Rinder, Konserven, Holz, Elektroindustrie, Zink, Zement.

Illinois
Der Staat Illinois erhält seine besondere Prägung durch Chicago. Hier befindet sich der größte Getreidemarkt der USA, hier werden die meisten Kaugummis hergestellt und hier stehen einige der größten Stahlwerke. Dennoch gibt es auch 135 Parkanlagen im Stadtgebiet.
Seit Beginn der Technisierung war Chicago der größte Eisenbahnknotenpunkt der Vereinigten Staaten. Von hieraus gingen Züge ab nach New York, Boston, Washington, Baltimore, Ohio, Santa Fé, San Francisco, Los Angeles und Denver. Als Vorläufer der Autos und Flugzeuge des 20. Jahrhunderts war die Eisenbahn das Fernverkehrstransportmittel schlechthin. Gefährliche, strapaziöse und unsichere Fahrten mit der Pferdekutsche gehörten durch den Einsatz der Dampfmaschine nun der Vergangenheit an. Durch das Aufkommen von Auto und Flugzeug ging jedoch das Interesse am Eisenbahntransport allmählich immer mehr zurück, so dass die großen Eisenbahnkompanien ihre Strecken nach und nach schließen mussten. Ende der 60er Jahre entdeckte man jedoch ökonomische und ökologische Vorteile im Schienentransport. So wurde unter der Führung von AMTRAK ein neues Schienentransportsystem auf die Beine gestellt,

das die Zielsetzung hat, den Personenfernverkehr zu reaktivieren. Dies ist teilweise schon gelungen, wodurch Chicago seine Bedeutung als Schienenknotenpunkt teilweise zurückgewonnen hat.
Hauptprodukte: Bitumenhaltige Kohle, Erdöl, Flussspat, Elektrogeräte und Elektronikgeräte, Werkzeugmaschinen, Schmiedeprodukte, Transportmittel, Lebensmittel, Zuchtvieh, Feldfrüchte.

Indiana

Wie in vielen anderen US-Staaten auch, gibt es hier sowohl Landwirtschaft als auch Industrie. Das seit 1911 stattfindende 500-Meilen-Rennen von Indianapolis hat den Staat bekannt gemacht.
Hauptprodukte: Stahlindustrie, Elektroausrüstung, Chemische Produkte, Kohle, Bauholz, Zement, Bausteine, Mais.

Ohio

In Toledo werden Jeeps und Zündkerzen produziert sowie Erdöl aufbereitet. In Dayton werden Kühlschränke und Registrierkassen hergestellt. Hier findet auch alljährlich die weltweit größte Ausstellung für Amateurfunkgeräte und -zubehör statt, die »Hamvention«. Akron kann man »Metropole der Gummiproduktion« nennen, denn hier sitzen die Firmen Firestone Phenix, Goodyear und Goodrich sowie US-Rubber. Eine ganze Reihe von US-Präsidenten rekrutierten sich aus Ohio: Garfield, Grant, Harding, Harrison, Hayes und Taft. Am 2. Mai 1970 machte Ohio negative Schlagzeilen, als im Zuge der auch hier stattfindenden Studentenunruhen ein Gebäude der militärischen Wissenschaften in Brand gesteckt wurde. Die Nationalgarde musste eingreifen. Das Ergebnis waren vier Tote und zwölf Verletzte. Daraufhin gab es US-weite Protestkundgebungen. An 400 Schulen und Hochschulen wurde gestreikt. Auch in New York und Washington eskalierten die Auseinandersetzungen. Hunderttausende von Studenten überfluteten die Bundeshauptstadt, um mit dem damaligen Präsidenten Richard Nixon zu diskutieren. Dieser kam der Herausforderung nach, um Schlimmeres zu verhindern. Ein jugendlicher »Bürgerkrieg« sollte schließlich nicht daraus entstehen. Er schaffte es, die gegen das »Establishment« aufgebrachten Studentenmassen zu beruhigen.
Hauptprodukte: Autoreifen, Elektronik, Werkzeugmaschinen, Elektrische Hausgeräte, Flugzeuge, Metallprodukte, bitumenhaltige Kohle, Koks, Seife, Keramik, Spielkarten, Zuchtvieh, Milchprodukte, Feldfrüchte.

Michigan
Der Staat Michigan ist die Wiege der amerikanischen Automobilindustrie, obwohl die Standort- und Produktionsbedingungen in den Neuenglandstaaten zu Beginn des 20. Jahrhunderts viel günstiger gewesen wären. Dies hängt immer mit individuellen Unternehmerentscheidungen zusammen. Das vorsichtige und konservative Denken der Ostküstenunternehmer war schließlich gegenüber den jungen wagemutigen Männern in Michigan im Nachteil. Männer wie C. W. Nash, W. P. Chrysler, R. E. Olds, Davis Buick, Louis Chevrolet, W. C. Durant und Henry Ford kratzten ihre letzten Dollars und Kredite zusammen und gründeten Autowerke.
Die großen Entfernungen und ein Mangel an öffentlichen Verkehrsmitteln (trotz Eisenbahn) innerhalb der Vereinigten Staaten schufen für US-Autohersteller ganz andere Ausgangsbedingungen als für diejenigen in Europa. Hier war ein Massenbedarf vorhanden. Was dann kam, waren ganz erstaunliche Leistungen. Henry Ford erfand schließlich noch die Fließbandproduktion und produzierte seine »Tin Lizzy« (Ford-T-Modell der 30er Jahre). Andere Hersteller zogen nach. Von Beginn an war das Auto in den Staaten ein Gebrauchsgegenstand, kein Statussymbol wie oft hierzulande. Das ist bis heute so geblieben. Trotz einer wechselvollen Marktentwicklung und Einflüssen aus dem Ausland hat sich die US-Autoindustrie bis heute behauptet, wenn auch teilweise mit drastischen Opfern unter der Arbeitnehmerschaft. Das ist aber in anderen Teilen der Welt nicht anders.
Hauptprodukte: Automobile, Eisen, Kupfer, Zement, Kalk, Gips, Salz und Salinenprodukte.

4.12 Hawaii – Perle im Pazifik

Seit 1959 gehört die Gruppe der Hawaii-Inseln als 50. Staat zu den Vereinigten Staaten. Bekannt wurde der Hafen von »Pearl Harbor« (Perlenhafen) durch den japanischen Überfall auf die US-Kriegsmarine, die hier einen großen Teil ihrer Schiffe stationiert hatte. Das geschah am 7. Dezember 1941 und ist unlängst durch eine Verfilmung »verklärt« worden. Als grausiges Denkmal ragt noch heute ein Teil des Schlachtschiffes »Arizona« aus dem Wasser des Hafens. Eine andere tragische Begebenheit in dieser Gegend war der Tod des berühmten Captain James Cook, der hier, wie es heißt, durch ein Missverständnis der Eingeborenen von diesen umgebracht wurde, als er kurz nach seinem ersten Besuch mit seiner Mannschaft überraschend nach Hawaii zurückgekehrt war.

Die Inselgruppe umfasst 20 einzelne Inseln, von denen aber nur die sechs größten eine Rolle spielen. Sie heißen: Hawaii, Maui, Oahu, Kauai, Molokai und Lanai, der Größe nach geordnet. Schon Mark Twain beschrieb diese Inselgruppe in romantischer Weise, als er schrieb, diese sei »die lieblichste Flotte von Inseln, die je im Meer vor Anker lag«.

Für potentielle Auswanderer bieten sich auf Hawaii Existenzmöglichkeiten etwa im Bereich Modebranche, Wassersport, Fitness, Kosmetik/Parfümerie, Ferienwohnungsvermietung, Gastronomie und anderen touristikrelevanten Dienstleistungen. Dennoch wird es nicht leicht sein, für diese Gegend eine Greencard zu erhalten.

Hauptprodukte: Rohrzucker, Ananas, Bausteine, Zement, Basalt, Erdöl, Stahl.

Hauptinsel ist Oahu mit der Hauptstadt Honolulu und dem Strand von Waikiki. Sie ist das begehrteste Urlaubsziel der Inselgruppe. Hier gibt es vor allem Wassersport, Nachtleben, Restaurants, Geschäfte und Zerstreuung aller Art.

Die Insel Hawaii bietet Strände mit schwarzem, vulkanischem Sand und herrliche Naturlandschaft, in die Kaffeeplantagen eingestreut sind. Die beiden Vulkane Kilauea (4208 Meter) und Mauna Loa(4194 Meter) sind noch aktiv. Sie liegen über einer exotischen tropischen Urwaldlandschaft. Im »Hawaii Volcanos National Park« gibt es markierte Wanderwege und Reitmöglichkeiten.

Wer nach Maui fährt, findet dort beste Sportmöglichkeiten vor: Wassersport, Golf, Tennis, Reiten, Angeln. Der Vulkan Haleakala (3055 Meter) ist nicht aktiv. Auf dem Highway gelangt man zu den »Seven Pools« im Ohe'o Stream (Fluss), wo einst die hawaiianischen Könige gebadet haben sollen.

Die Insel Kauai wird auch die Garteninsel genannt, da Berge und Täler überall von üppigem Pflanzenwuchs bedeckt sind. Hier ging Captain Cook vor über 200 Jahren an Land und war von der exotischen Pracht überwältigt.

Auf Molokai kann man ebenfalls dem Wassersport nachgehen, aber auch Hochseeangeln, Tennis und Golf betreiben. Man nennt sie wegen der Eigenart ihrer Bewohner auch die freundliche Insel.

Auf Lanai wird vor allem Ananas angebaut. Daneben gibt es die Norfolk-Tanne (eine Araukarie), die hier weit verbreitet ist. Diesen Baum findet man übrigens in vielen warmen Klimagebieten wie in Australien, Südamerika und dem Mittelmeerraum. Vom Aussichtspunkt Lanaihale hat man einen herrlichen Blick über die gesamte Inselgruppe.
Zwischen den Inseln bestehen Fähr- und Flugverbindungen.
Hauptprodukte: Rohrzucker, Ananas, Bausteine, Zement, Basalt, Erdöl, Stahl.

4.13 Wirtschaftsräume und ihre Bedeutung für die USA

Aus den am Anfang des Kapitels schon genannten Gründen und aus Standortvorteilen entwickelte sich der Nordosten der Vereinigten Staaten zum industriellen Kernraum. Zu den schon vorhandenen Unternehmen kamen im Laufe der Jahrzehnte nach Ende des Krieges weitere Produktionsbetriebe im Raum New York–Detroit–Chicago–St. Louis hinzu. Der »Manufacturing Belt« dehnte sich auch noch nach Süden und Westen aus. Die Baumwoll- und Textilindustrie der Golfküste bildete hier die logische Grundlage für die Entstehung der Kunstfaserproduktion. Die ursprünglich in und um Pittsburgh beheimatete Stahlindustrie dehnte sich zu den Ufern des Michigansees und nach Detroit und Cleveland aus. Die Erdölvorkommen in der Golfküstenebene von Texas zogen petrochemische Industriebetriebe nach sich.
Auch an der Westküste entwickelten sich in den Räumen Los Angeles, San Francisco und Seattle neue Industrien. Die Erfindung des Transistors (der zunächst nicht aus Silizium, sondern aus Germanium bestand) in den Bell Laboratories 1947 begründete die Entstehung des »Silicon Valley« und damit auch die Weiterentwicklung der Computertechnologie. Die Computer selbst dagegen wurden von Bill Gates und seinen Freunden in Seattle entwickelt. Zuliefer- und Dienstleistungsfirmen waren hier wie anderswo die Folge jeder grundlegenden Industrieansiedelung.

4.13.1 Historische Wurzeln

Die Wurzeln der amerikanischen Wirtschaftsgeschichte liegen sehr weit zurück. Sie bildeten sich bereits in der ersten Zeit des jungen Staatenbundes und sind damit organischer Bestandteil des gesamten Wirtschafts-»Körpers«. Die erstarrten Gesellschaftsordnungen des damaligen Europa hatten viele junge Einwanderer an die andere Seite des Atlantik getrieben, wo sie ihre Kreativität, ihr Sendungsbewusstsein und ihr Erfolgsstreben unter Beweis stellen konnten. So gesehen war das Schlagwort von den unbegrenzten Möglichkeiten nicht nur hohle Phrase, sondern lebensnotwendige reale Utopie im Sinne selbstbestimmter Zukunftsgestaltung. Nach vorn war plötzlich alles offen, natürlich auch das Scheitern.

Die enthusiastischen Immigranten ließen sich weder durch klimatische Unbilden, noch durch die Konkurrenz zu den Ureinwohnern oder unstrukturierte soziale Anfangsbedingungen von ihren Zielen abbringen. Für Bauern und Handwerker boten sich unermessliche Wirtschaftsräume und Absatzmärkte für die stetig steigende Bevölkerungszahl. Die Zusammenarbeit vieler unter ihnen sowie der Existenzdruck ließ eine große Zahl innovativer Produkte entstehen. Als Beispiele mögen dienen: Der Stahlpflug eines *John Deere*, der Telegraf eines *Samuel Morse* sowie der Repetierrevolver (Trommel) eines *Samuel Colt*.

Das Bedürfnis nach Kommunikation und Begegnung führte zur Gründung der ersten Eisenbahngesellschaften (um 1840 ca. 300 Stück), Straßenbaufirmen sowie Post- und Fernmeldegesellschaften. Auch der Schiffbau und der Bau von Kanälen und Wasserwegen trug entscheidend zur Entwicklung des Staatenbundes bei.

Aus dem Verkehrswesen schöpften Industriebosse wie Cornelius Vanderbilt und Andrew Carnegie unermessliche Gewinne. Später setzten sich diese Erfolge in den Flugzeugwerken, den Fluggesellschaften und im Automobilbau fort.

5. Amerikanisches

5.1 Maßeinheiten

Längemaße

1 inch (in.)	2,54 cm
1 foot (ft.) = 12 in.	30,48 cm
1Yard (yd.) = 3 ft.	91,44 cm
1 mile (mi.)	1609,34 m
1 km	0,621 miles
1 m=1,09 yd.	3,38 ft.
1 cm	0,39 in.

Flächenmaße

1 square inch (sq.in.)	6,45 cm^2
1 square foot (sq.ft.)	0,092 m^2
1 acre (a.)	4047 m^2
1 square mile (sq.mi.)= 640 a.	2,59 km^2

Hohlmaße

Trockenmaße

1 dry pint	0,55 l
1 dry quart	1,1 l
1 bushel	35,24 l

Flüssigkeitsmaße

1 liquid gill	0,118 l
1 liquid pint	0,473 l
1 liquid quart	0,946 l
1 gallon	3,785 l
1 barrel = 31,5 gallons	119 l
1 barrel petroleum = 42 gallons	158,97 l

Handelsgewichte

1 grain (gr.)	0,0648 g
1 dram = 27,34 gr.	1,77 g

1 ounce (oz.) = 16,0 drams	28,35 g	
1 pound (lb.) = 16,00 oz.	0,453 kg	453 g
1 stone (st.) = 14 lb.	6,35 kg	
1 quarter (qr.) = 25 lbs.	11,33 kg	
1 hundredweight = 100 lbs.	45,36 kg	
1 Apotheker-ounce	31,104 g	
1 Apotheker-pound = 12 oz.	0,373 kg	

Kleidergrößen

Damen

Röcke, Kleider, Mäntel

USA	8	10	12	14	16	18
Europa	38	40	42	44	46	48

Blusen, Pullover

USA	10	12	14	16	18	20
Europa	38	40	42	44	46	48

Schuhe

USA	4,5	5	5,5	6	6,5	7	7,5	8	8,5	9	9,5	10
Europa	35,5	36	36,5	37	37,5	38	38,5	39	39,5	40	40,5	41

Kindergrößen

USA	3	4	5	6	6
Europa	98	104	110	116	122

(bei älteren Kindern entsprechen die Größennummern meist dem Lebensalter)

Schuhe

USA	8	9	10	11	12	13	1	2	3
Europa	24	25	26	27	28	29	30	32	33

Herren

Anzüge, Hosen, Jacketts, Pullover

USA	34	36	38	40	42	44	46	48
Europa	44	46	48	50	52	54	56	58

Hemden

USA	14,5	15	15,5	16	16,5	17	17,5	18
Europa	37	38	39	41	42	43	44	45

Schuhe

USA	7	8	9	10	11	12	13
Europa	39,5	41	42	43	44,5	46	47

Bei Handschuhen sind die Größenbezeichnungen gleich denen in Europa.

Matratzengrößen in USA
Twin Size, entspricht der Größe für eine Person
Länge 75 in. = 190,5 cm, Breite 39 in. = 99 cm
Full Size, schmales Doppelbett
Länge 75 in. = 190,5 cm, Breite 54 in. = 137 cm
Queen Size, mittelgroßes Doppelbett
Länge 80 in. = 203 cm, Breite 60 in. = 152 cm
King Size, breites Doppelbette
Länge 80 in. = 203 cm, Breite 76 in. = 193 cm

5.1.1 Celsius und Fahrenheit

Man muss sich als Neu-Amerikaner wohl oder übel daran gewöhnen, die Temperatur künftig nicht mehr in Grad Celsius (°C), sondern in Grad Fahrenheit (°F) abzulesen und zu benennen. Wie lange es dauert, bis man dies in sein persönliches Wärmeempfinden übertragen hat, ist von der Person abhängig.
Die Umrechnungsformel von Fahrenheit nach Celsius lautet:
$(F-32)\cdot 5/9 = C$
Das bedeutet, man subtrahiert zunächst 32 und multipliziert dann mit 5/9 (was etwa soviel ist wie durch 2 dividiert), also ganz grob: F - 32 : 2 = C
Beispielrechnung: 70 °F - 32 = 38, dann 38 x·5/9 = 21 °C

Vergleichstabelle (überw. gerundet):

°F	**°C**
100	38
80	27
70	21

65	18
60	16
55	13
50	10
45	7
40	4
32	0
25	-4
20	-7
15	-9
10	-12
5	-15
0	-17,8
-10	-23

5.2 Feiertage (Holidays) und Feste

Es gibt in den Vereinigten Staaten eine ganze Reihe offizieller Feiertage. Sie werden im gesamten Bundesgebiet begangen. Behörden, Schulen, öffentliche Einrichtungen und Banken haben an diesen Tagen geschlossen. Öffentliche Verkehrsmittel und Museen dagegen arbeiten wie an Sonntagen. Viele Läden haben auch an diesen Tagen geöffnet. Wenn ein Feiertag auf einen Sonntag fällt, verschiebt sich dieser auf Montag. Das Weihnachts- und das Osterfest haben jeweils nur einen Feiertag.
Wichtige Feiertage der USA sind:

New Year's Day	1. Januar
Martin Luther King Jr. Day	3. Montag im Januar
President's Day	3. Montag im Februar
Memorial Day	letzter Montag im Mai
Independence Day	4. Juli
Labor Day	1.Montag im September
Columbus Day	2. Montag im Oktober
Veterans' Day	11. November
Thanksgiving	4. Donnerstag im November
Christmas Day	25. Dezember

Es gibt in den USA eine ganze Reihe weiterer Feiertage, die im Folgenden aufgeführt sind:

Januar

Chinese New Year: Ende Januar/Anfang Februar beginnt das chinesische Neujahrsfest, das zwei Wochen dauert. Umzüge, Feuerwerk und Essensorgien gehören dazu. In San Francisco feiert man zu diesem Anlass die »Parade des Goldenen Drachen«.

Tournament of Roses Parade: In Pasadena, einem Vorort von Los Angeles, feiert man auf dem Colorado Boulevard eine Neujahrsparade mit großen blumengeschmückten Festwagen.

Februar

Valentine's Day: Dieser große Tag aller Verliebten findet am 14. Februar statt und ist inzwischen auch bei uns bekannt. Dieser Tag wird in den USA mit Liebe und besonders mit Romantik in Verbindung gebracht. Allenthalben findet man rote Blumen und rote Herzen, unverhoffte Briefe von Verehrern oder Verehrerinnen und unerklärlichen Dingen mehr. Sogar das Empire State Building wird von einem riesigen Lichterherz geschmückt.

Speed Weeks: Dies ist eine dreiwöchige Feier mit dem bekanntesten »Stock-Car-Rennen« der Welt. Ende Februar findet sie in Florida im »Daytona International Speedway« statt.

Mardi Gras: Ende Februar/Anfang März wird am Tag vor Ascherrmittwoch das Mardi-Gras-Fest (mardi = Dienstag, gras = fett, also »fetter Dienstag«). In New Orleans und anderen Städten des tiefen Südens gefeiert, stellt es das Ende der Karnevalszeit dar, die am 6. Januar beginnt. Im »French Quarter« von New Orleans erreicht das närrische Treiben der Kostümierten seinen Höhepunkt.

März

St. Patrick's Day: Dieser Tag des irischen Schutzheiligen wird immer am 17. März gefeiert. Die landesgemäße Tracht für alle Teilnehmer dieses Volksfestes ist grün. Große St. Patrick's-Paraden finden in New York und Boston statt. In Chicago färbt man sogar den Fluss grün ein.

Das *Osterfest* wird in den USA ebenso mit Eierbemalen und Verstecken derselben sowie dem Verstecken und Auffinden von Süßigkeiten gefeiert. Osterhase heißt »Easter Bunny«, Karfreitag (»Good Friday«) ist kein Feiertag.

April

Spring Break, was soviel wie Frühlingspause heißt, das sind die Osterferien der Collegestudenten, die für gewöhnlich zwei Wochen dauern und von vielen mit reichlich Alkoholkonsum, Tanz und erotischer Betätigung verbunden sind. Spezielle Treffpunkte solcher Feiern sind in Palm Springs (California), Daytona und Panama Beach (Florida) sowie Myrtle Beach (South Carolina).

New Orleans Fest: Dieses sollte jeder Jazzliebhaber besuchen. Es findet Ende April/Anfang Mai an zwei Wochenenden statt.

Mai

Cinco de Mayo: Die Mexikaner feiern dieses Fest anlässlich der Erinnerung an den Sieg über die französische Armee 1862. Die mexikanischen Immigranten haben es mit in die USA gebracht, wo es heute von vielen anderen Amerikanern mitgefeiert wird. Mexikanisches Essen und Trinken sind angesagt.

Mother's Day: Der Muttertag am zweiten Sonntag im Mai wird ebenso gefeiert wie in Europa.

Carnival: Obwohl nicht in der üblichen Karnevalszeit, findet dieser Karneval in San Francisco dennoch statt, einen Monat übrigens nach dem Karneval in Rio.

Indianapolis 500: Es ist das große 500-Meilen-Rennen, das regelmäßig von 500.000 Amerikanern besucht wird.

Juni

Father's Day: Am 3. Sonntag im Juni kommen endlich auch mal die Väter an die Reihe. In Gruppen (in Horden??) ziehen sie los, ganz wie hierzulande, und trinken dabei nicht nur Milch und Orangensaf t...

Chicago Blues Festival: Drei Tage lang dauert das Musikfest, welches am ersten Wochenende im Juni im »Grant Park« stattfindet.

A Taste of Chicago: Im Juni oder Juli jeden Jahres findet dieses große Schlemmerfest statt. Zirka vier Millionen Gäste speisen in den Restaurants der Stadt und verzehren dabei das Beste, was diese zu bieten haben.

Juli

Independence Day Concert & Fireworks: Bereits am 3. Juli (man feiert in den 4. hinein) wird ebenfalls wieder im Grant Park der »Independence

Day« (Unabhängigkeit der einstigen Kolonien vom englischen Mutterland) gefeiert.
Boston Pops Fourth of July Concert: Ebenfalls eine Feier zum 4. Juli.
Kutztown Folk Fetsival: In Kutztown in Pennsylvania findet dieses Volksfest der Volksgruppe der »Pennsylvania Dutch« statt.
Cheyenne Frontier Days: Das größte Rodeo-Festival der Welt findet in Cheyenne (Wyoming) in der letzten Juliwoche statt.

August
Der August ist der Monat der Landwirtschaftsmessen, die in fast allen Bundesstaaten stattfinden. Die größten finden in Wisconsin, Milwaukee, Illinois (Anfang August) sowie in Minnesota (Ende August/Anfang September) statt.

September
US Open Tennis Tournament: Im »National Tennis Center« im »Flushing Meadows Park« im New Yorker Stadtteil Queens finden die »US Open«, dieses herausragende Ereignis, in den ersten beiden Septemberwochen statt.
Pioneer Days: Man kleidet sich im Westernstil und stößt auf die alten Zeiten an. Wo? In Texas natürlich, in Fort Worth. Hoch lebe John Wayne & Co.
Mississippi Blues Festival: Dieses findet in Greenville (Mississippi) statt und zählt zu den besten Bluesfestivals.

Oktober
The State Fair of Dallas: Dieses dreiwöchige Volksfest ist eine Art nationales Heiligtum im Staate Texas. Man sieht Preisverleihungen von Rindern und viel Western-»Outlook«.
Halloween: Die Nacht des 31. Oktober wird von Kindern ebenso gefeiert wie von Erwachsenen. Spaß, Ulk und An-der-Nase-herumführen sind angesagt. Masken und Kostümierungen in allen erdenklichen Richtungen der Fantasie ergänzen das lästerliche Treiben.

November
Day of Dead: Die Mitglieder mexikanischer Kirchengemeinden feiern am 2. November den Tag der Toten, bei dem sie ihrer verstorbenen Angehörigen gedenken.

Election Day: Der zweite Dienstag im November ist in den USA der Tag, an dem politische Wahlen stattfinden.
Thanksgiving Day Parade: Das New Yorker Unternehmen »Macy's« sponsert dieses gigantische Volksfest, welches am 4. Donnerstag im November auf dem Broadway abgehalten wird. Der Festumzug zieht sich durch die Straßen Manhattans von Central Park West/86th Street bis zum Kaufhaus Macy's in der 34th Street/7th Avenue.

Dezember
Chanukah: Es wird auch Hannukkah genannt und ist das hebräische Fest des Lichts. Die Juden feiern damit den Sieg der Makkabäer über die syrischen Armeen.
Kwanzaa: Vom 26. bis 31. Dezember wird das afro-amerikanische Erntedankfest gefeiert.
The National Christmas Tree Lighting/Pageant of Peace: Dies ist ein Fest, das mit der Beleuchtung des präsidialen Weihnachtsbaumes vor dem Weißen Haus beginnt.
Christmas: Auch das amerikanische Weihnachtsfest ist durch den vorweihnachtlichen Einkaufsrummel mit all seinen mehr oder weniger lästigen Nebenerscheinungen geprägt. Am Rockefeller Center können Sie am Dienstag nach Thanksgiving einen riesigen Weihnachtsbaum erstrahlen sehen. Dann ist die Zeit der alten Stars der Unterhaltung gekommen: Die Stimmen von Nat King Cole, Doris Day, Frank Sinatra, Dean Martin und anderen ertönen aus den Lautsprechern, vor allem aber Bing Crosby mit seinem »I'm dreaming of a white Christmas«. Dies ist auch die Zeit der Wohltätigkeit und überall läuft Charles Dickens' »A Christmas Carol«.
Orange Bowl Parade: In Miami wird das neue Jahr mit Festwagen-Paraden, Folklore, Clowns und Feuerwerk begrüßt.
New Year's Eve: Man nennt es hier nicht Silvester, aber man feiert genauso wie in Deutschland und Europa in das Neue Jahr hinein.

5.3 Zeitzonen und Sommerzeit

Die große Ost-West-Ausdehnung des Staatengebietes der USA machte es erforderlich, verschiedene Standardzeiten nach den Zeitzonen einzuteilen. Diese sind:

Eastern Time, an der Ostküste bis nach Florida, Georgia; Indiana und Michigan, entspricht MEZ minus 6 Stunden.

Central Time, von Texas bis North Dakota und auf der anderen Seite von Alabama bis Minnesota, entspricht MEZ minus 7 Stunden.

Mountain Time, von Montana im Norden bis nach New Mexico und Arizona, entspricht MEZ minus 8 Stunden.

Pacific Time, von Washington im Norden bis nach California im Süden, entspricht MEZ minus 9 Stunden.

Alaska Time, entspricht MEZ minus 10 Stunden.

Hawaiian-Aleutian Time, entspricht MEZ minus 11 Stunden.

Die **Sommerzeit** (daylight saving time) gilt vom ersten Sonntag im April bis zum letzten Sonntag im Oktober (plus 1 Stunde). Wegen der Deckungsgleichheit mit der europäischen Sommerzeit ergeben sich bis auf wenige Tage keine Verschiebungen.

5.4 Umgangsformen

Wie schon anderer Stelle angesprochen, sollten Sie sich in den USA auf einen lockeren Umgangsstil einstellen. Die Anrede beim Vornamen ist landesüblich und nicht schichtenspezifisch. Auch der Chef wird von seinen Angestellten geduzt. Da es kein »Sie« gibt wie im Deutschen oder Spanischen, hat das »Du« eine andere, eine allgemeingültige Qualität. Respektsbezeugungen werden von Fall zu Fall auf andere Weise hergestellt.

Auf der anderen Seite hält sich der Amerikaner sehr an Vorschriften und Regeln, auch an ungeschriebene, wie das vorbildliche Sich-anstellen in einer Reihe. Drängeleien wie in Deutschland sind unbekannt. Man organisiert sich in der Gruppe selbst, ohne Einpeitscher von oben und ohne Vorschriften. Dies ist auf jeden Fall eine mitmenschliche Qualität, die das Alltagsleben sehr angenehm machen kann. Daran, so meinen wir, sollten sich die Deutschen ein Beispiel nehmen. In England übrigens findet man ähnlich positive Erscheinungen, so dass hier wohl auf eine importierte Tradition geschlossen werden kann.
Dennoch können Sie natürlich auch in den Vereinigten Staaten in schlechte Gesellschaft geraten. Das kann niemand vorhersehen. Sie selbst sind es, der bzw. die herausfindet, wo es für ihn bzw. sie langgeht. Hierbei sind Unvoreingenommenheit, Anpassungsfähigkeit, Respekt vor dem Andersartigen und guter Wille entscheidende Helfer.

5.5 Eigenarten

Ohne in Verallgemeinerungen zu verfallen, die auf dünnes Eis führen, kann man mit Fug und Recht behaupten:
Amerikaner sind selbstbewusst, optimistisch und begeisterungsfähig. Das kommt auch in sprachlichen Begriffen zum Ausdruck. Es ist auch eine Erklärung dafür, dass sich viele Produkte und Neuerungen in relativ kurzer Zeit durchsetzen. Dies kommt auch in der Begeisterung für ihr Land zum Ausdruck, dem Patriotismus, welcher kein hohles Wort darstellt, sondern der überall mit Leben erfüllt wird.
Das Singen der Nationalhymne bei feierlichen Anlässen, das Hissen des »Stars-and-Stripes«-Banners in Klassenzimmern, Gerichtssälen, Sportstadien und anderen Versammlungsorten sind Gepflogenheiten aus alten Pionierzeiten, die den Zusammenhalt der Nation demonstrieren. Das ist anders als in Deutschland, wo Nationalstolz und Patriotismus auf Grund einer unseligen Vergangenheit nicht »angesagt« sind.
Auch andere Völker waren keine Vereinigungen von Engeln, sondern haben schwarze Flecken in ihrer Vergangenheit. Die teils massenhafte Ermordung der Ureinwohner Nordamerikas, das Einführen des Alkohols, das Aufzwingen christlicher oder auch nur vermeintlich christlicher Grundsätze, das Übertölpeln und Kuhhandeln mit ihren Vertretern, der

Bruch abgeschlossener Verträge und die Sklavenhaltung haben viel Unrecht und Leid über scheinbar unterlegene ethnische Gruppen gebracht, deren ökologische, transzendental geprägte, nicht-materiell ausgerichtete Lebensweise derjenigen der weißen Eindringlinge sicherlich in manchen Aspekten überlegen war, auch wenn das Leben des Einzelnen und damit der Begriff des individuellen Menschenrechts bei ihnen einen anderen Stellewert besaß.
Kriege untereinander zeigen außerdem, dass auch die Indianer keine Engelswesen waren und sind, sondern unter ähnlichen Symptomen leiden wie die weiße Gesellschaft. Neid, Hass, übertriebenes Konkurrenzdenken, Eifersucht, Aggression und Gewalttätigkeit sind auch ihnen leider nicht fremd und wohl typische Merkmale von patriarchal geführten Gesellschaften.
Der Amerikaner achtet auch sehr auf »political correctness«, was bedeutet, dass Sie sich als Neuamerikaner aus bestimmten Diskussionen lieber heraushalten sollten beziehungsweise ihre »deutsche« Meinung nicht gleich überall zum Besten geben sollten. Was in Hamburg als Witz verstanden wird, könnte Sie in Boston oder New York in heikle Situationen bringen. Beispielhafte Themen sind u.a. die Frage der Todesstrafe, der Waffenbesitz, religiöse Fragen, Probleme bei Rassenunterschieden oder die Abtreibung. Seien Sie bei Diskussionen, die sich um diese Fragen drehen, äußerst vorsichtig, um nicht in Schwierigkeiten zu kommen. Hier hat offensichtlich die Toleranz vieler Amerikaner ihre Grenzen.

5.6 American way of life

Der englische Philosoph Thomas Morus beschreibt schon wenige Jahre nach der Inbesitznahme Amerikas für Europa durch Kolumbus in seiner Erzählung »Utopia« ein dem Paradies nachempfundenes gesellschaftliches Gemeinwesen. Dieses Bild wurde von seinen Zeitgenossen aufgegriffen und zur Verwirklichung uralter menschlicher Träume im neuentdeckten Amerika eingesetzt. Hier war ihr gelobtes Land, auch wenn hier nicht Milch und Honig flossen, so wartete doch zumindest eine Fülle naturräumlicher Möglichkeiten zur Bewirtschaftung auf die potentiellen Pioniere. Das Verkehrsmittel »Schiff« rückte die Verwirklichung dieser Vorstellungen nun tatsächlich in greifbare Nähe. Arbeitslosigkeit, Unterdrückung durch Feudalherrschaft und Verfolgung wegen abweichender religiöser Vorstellungen waren die wesentlichen Triebfedern der europäischen Emigranten.

Wie schon weiter oben erläutert, ist es vor allem der ungebrochene Optimismus, der den Amerikaner in seiner Lebensart charakterisiert, mit einer Einschränkung in Bezug auf all diejenigen, die auch in den USA im harten Kampf um die Existenz auf der Strecke blieben. Dennoch bleibt festzuhalten, dass kaum jemand – auch der wenig Erfolgreiche – auf die Idee käme, sein Heil in einer Auswanderung nach Europa oder andere Teile der Welt zu suchen.

Amerika, das ist ein Lebensgefühl, in welchem immer noch ein Rest jenes überragenden Pioniergeistes mitschwingt, der die Alten erfasst hatte und der von einer Generation zur nächsten weitergegeben wurde. Man schließt sich zusammen, man bildet eine nationale Gemeinschaft, man ist eine Art flächendeckende Großfamilie, als deren Repräsentant man sich auch als Einzelner empfindet. So ist auch zu erklären, dass es keineswegs dem Drang nach Freiheit widerspricht, wenn man sich geduldig in eine Warteschlange einreiht oder auf dem Highway die Geschwindigkeitsbegrenzung (im Wesentlichen) einhält. Und es hat auch mit Respekt vor den staatlichen Organen – wie zum Beispiel der Polizei – zu tun. Rasende Überholer haben wir nie gesehen, ebenso nicht Drängler und Dichtauffahrer.

Trotzdem: Konkurrenz wird ausgelebt, zum Beispiel in der Berufs- und Wirtschaftswelt. Sie ist aber etwas Selbstverständliches, etwas Belebendes, ist der Antrieb zur ständigen Erneuerung. Man sieht sie eher von der sportlichen, als von der bedrohlichen Seite.

Dennoch gibt es in den Staaten Probleme, so zum Beispiel mit dem Waffenbesitz. Die Vorlage der »Social Security Card« oder des Führerschein genügt als Legitimation, in den Besitz einer Handfeuerwaffe zu kommen. Etwa jeder Vierte Amerikaner besitzt eine und würde sie im Falle einer Bedrohung durch Einbrecher in seinem Haus ohne Zögern auch benutzen. Das Recht auf Waffenbesitz wird als Grundrecht durch die Verfassung garantiert, ein Relikt aus der Pionierzeit. Jedem ist klar, dass damit dem Missbrauch, besonders auch durch junge und unreife oder fanatische Menschen Tür und Tor geöffnet sind, was spektakuläre Fälle in den Medien immer wieder belegen. Jährlich kommen durch private Schießereien etwa 25.000 bis 30.000 Menschen zu Tode; der größte Teil davon sind die Auslöser dieser Konflikte selbst.

War in den 1920er und 30er Jahren des 20. Jahrhunderts wegen der Prohibition (Alkoholverbot) der Alkoholschmuggel (Al Capone!) eine lohnende kriminelle Beschäftigung, machte dieser danach dem illegalen Rauschgifthandel Platz, in welchem die sizilianische Mafia eine wesentliche Rolle spielt. Sie konnte aufgrund der liberalen Lebensart in den USA gut Fuß fassen, ist heute aber über die ganze Welt ausgebreitet. Ihr Einfluss reicht bekanntermaßen bis in höchste politische und ökonomische Führungskreise.

In der Wohnkultur herrscht Großzügigkeit vor, sofern der Geldbeutel dies zulässt. Dies bezieht sich vor allem auf die Größe der Häuser. Die Einrichtung ist dagegen häufig sehr sparsam, keinesfalls überladen. Der Durchschnittsamerikaner liebt Zweckmäßigkeit, nicht Luxus. Dafür passt stilistisch in den Häusern alles gut zusammen, selbst die Farben der Handtücher harmonieren mit denen der Wände und Teppiche. Ebenso sind delikate Speisen für ihn wichtiger als goldene Bestecke und erlesenes Porzellan. Bei den Transportmitteln ist es ähnlich. Zwei oder drei weniger teure Autos in der Familie, die der Unabhängigkeit dienen, sind ihm wichtiger als etwa ein einzelner wertvoller Mercedes, BMW, Bentley oder Rolls Royce, welcher ja vor allem Statussymbol wäre. Dennoch findet man die Modelle der Luxusklasse auch in den Vereinigten Staaten, bei denen, die es sich leisten können.

Im Bereich der Bildung gibt es Unterschiede. Gute Bildungsmöglichkeiten sind vor allem die privaten Institute, angefangen von der privaten Grundschule bis zur privaten Universität. Der öffentlichen, kostenlosen Bildung wird oft ein niedrigerer Stand nachgesagt, was sicherlich nicht immer zutreffen muss.

Allgemeinbildung zählt im großen Bevölkerungsdurchschnitt nicht sehr, da der Amerikaner Bildung wie alle anderen Bereiche des Lebens vor allem im Hinblick auf ihre Funktionalität sieht.

Das bedeutet schlicht: Bildung ist eigentlich von vornherein auf Aus- und Berufsbildung angelegt, nicht so sehr auf kulturelle oder geistig-moralische Werte ausgerichtet. Auch dies eine Tradition aus Pionierzeiten, wo es einfach aufs Überleben ankam.

5.7 Ausblick

Wir glauben, mit diesen Ausführungen genügend deutlich gemacht zu haben, was Sie als Einwanderer in den Vereinigten Staaten von Amerika erwartet und wir sind der Überzeugung, dass auch und umso mehr nach dem 11. September 2001, als die gesamte westliche Welt ob der furchtbaren Geschehnisse in Manhattan und Washington in Schrecken erstarrte, dieses ein Land ist, in dem Hoffnung, Optimismus, Mut, Tatkraft und Visionen weiterhin berechtigte, bestimmende und bedeutende menschliche Eigenschaften sein werden, die es auch Ihnen persönlich ermöglichen können, dort Fuß zu fassen und sich Ihren eigenen »american way of life« aufzubauen. Wir wünschen Ihnen bei Ihrem Vorhaben viel Erfolg und hoffen, Ihnen mit den hier zusammengetragenen Informationen gedient zu haben. Für Verbesserungsvorschläge, Ergänzungen und kritische Anmerkungen sind wir jederzeit offen.

Kontakt: Ulrich Sackstedt,
Lechstr.6
27283 Verden
Tel.: (04 231) 985 997
Email: anaundulrich@aol.com

6. Adressen und URLs

6.1 US-Vertretungen im deutschsprachigen Raum

Deutschland
Botschaft der USA
Neustädtische Kirchstr.4-5
10117 Berlin
Tel.: 030-8305 1200
Visa-Info-Dienst: von außerhalb Deutschlands
0900 1-09131 772 2270 (15 € pro Anruf, mit Kreditkarte zu bezahlen) in Deutschland:
0900 1-850055
0900 1-850058(Fax), beide 0900-Nr. 1,89 € pro Minute
Internet: *www.germany.usembassy.gov*

Generalkonsulat der USA
Gießener Str. 30
60435 Frankfurt/Main
Tel.: 069-75350

Generalkonsulat der USA
Königinstr. 5
80539 München
Tel.: 089-28880, Fax 089-280 9998
Email: *ConsMunich@state.gov*

Österreich
Botschaft der Vereinigten Staaten, Abt. für Einwanderungsvisa
Parkring 12a
A-1010 Wien
Tel. 0043-1-3133 97591
Fax 0043-1-5125 835
Email: *ConsulateVienna@state.gov*
Postanschrift der Botschaft:

Boltzmanngasse 16
A-1090 Wien
Email: *embassy@usembassy.at*

Schweiz
Embassy of the United States Bern
Sulgeneckstr.19
CH-3007 Bern
Tel.: 0041-31-3577 011

6.2 Einwanderungsbehörden (USCIS Field Offices)

Nachfolgend haben wir all jene Adressen zusammengestellt, die in der »List of Field Offices« als Distriktsbüros verzeichnet sind. Bei der Fachkräfte-Einwanderung sind dies auch die zuständigen Kontaktstellen für den US-Arbeitgeber. Es empfiehlt sich bei Anfragen zur Einwanderung der schriftliche Weg. Pro Bundesstaat ist nur eine Adresse aufgeführt, auch wenn es in manchen Staaten mehrere Büros gibt (Stand: Oktober 2008):

Achtung:
Im Kopf jeder Anschrift muss stehen: ... (Bundesstaat) Field Office

Alabama
siehe Georgia

Alaska
620 East 10th Ave, Suite 102
Anchorage, AK 99501

Arizona
2035 North Central Ave
Phoenix, AZ 85004

Arkansas
siehe Tennessee

California
300 North Los Angeles St
Los Angeles, CA 90012

U.S. Federal Building
880 Front St
San Diego, CA 92101
444 Washington St
San Francisco, CA 94111

Colorado
4730 Paris St
Denver, CO 80239

Connecticut
450 Main St, 1st Floor
Hartford, CT 06103-3060

Delaware
1305 Mc D Drive
Dover, DE 19901

District of Columbia (Washington D.C.)
2675 Prosperity Ave
Fairfax, VA 22031

Florida
7880 Biscayne Blvd
Miami, FL 33138

Georgia
2150 Parklake Dr
77 Forsyth St SW
Atlanta, GA 30345

Hawaii
595 Ala Moana Blvd
Honolulu, HI 96813

Idaho
1185 South Vinnell Way
Boise, ID 83709

Illinois
101 West Congress Parkway
Chicago, IL 60605

Indiana
siehe Illinois

Iowa
210 Walnut St, R.369
Federal Building
Des Moines, IA 50309

Kansas
9747 Northwest Conant Ave
Kansas City, MO 64153

Kentucky
Gene Snyder US Courthouse and Custom House
601 West Broadway, Suite 390
Louisville, KY 40202

Louisiana
Metairie Centre, Suite 300
2424 Edenborn Ave
Metairie, LA 70001

Maine
176 Gannett Dr
So. Portland, ME 04106

Maryland
Fallon Federal Building
31 Hopkins Plaza
Baltimore, MD 21201

Massachusetts
USINS Boston District Office
John F.Kennedy Federal Building
Government Center, Room E-160
Boston, MA 02203

Michigan
333 Mt.Elliot
Detroit, MI 48207

Minnesota
2901 Metro Dr, Suite 100
Bloomington, MN 55425

Mississippi
2901 Metro Dr, Suite 100
Bloomington, MN 55425

Missouri
siehe Kansas

Montana
2800 Skyway Dr
Helena, MT 59602

Nebraska
1717 Avenue H
Omaha, NE 68110

Nevada
3373 Pepper Lane
Las Vegas, NV 89120

New Hampshire
803 Canal St
Manchester, NH 03101

New Jersey
Peter Rodino Federal Building
970 Broad St, Room 136
Newark, NJ 07102

New Mexico
1720 Randolph Rd Southeast
Albuquerque, NM 87106

New York City
Jacob Javits Federal Building, 3rd Floor, Room 3-310
26 Federal Plaza
New York City, NY 10278

New York State
Federal Center
130 Delaware Ave, 1st Floor
Buffalo, NY 14202

North Carolina
6130 Tyvola Centre Dr
Charlotte, NC 28217

North Dakota
siehe Minnesota

Ohio
A.J.C. Federal Building
1240 East Ninth St, Room 501
Cleveland, OH 44199

Oklahoma
4400 Souht West 44th Street, Suite A

Oklahoma City, Oklahoma 73119

Oregon
511 NW Broadway, Room 117
Portland, OP 97209

Pennsylvania
1600 Callowhill St
Philadelphia, PA 19130

Rhode Island
200 Dyer St
Providence, RI 02903

South Carolina
siehe Georgia

South Dakota
siehe Minnesota

Tennessee
842 Virginia Run Cove
Memphis, TN 38122

Texas
U.S. Immigration and Naturalization Service
8101 North Stemmons Freeway (via I-35)
Dallas, TX 75247

Houston INS District Office
126 North Point Dr
Houston, TX 77060

USINS San Antonio District
8940 Fourwinds Dr
San Antonio, TX 78239

USINS El Paso District Office
1545 Hawkins Blvd
El Paso, TX 79925

Utah
5272 South College Dr, Suite 100
Salt Lake City, UT 84123

Vermont
64 Gricebrook Rd
Saint Albans, VT 05478

Virginia
Norfolk Commerce Park
5280 Henneman Dr
Norfolk, VA 23513

Washington (State)
12500 Tukwila Internat. Blvd
Seattle, WA 98168

West Virginia
210 Kanawha Blvd West
Charleston, WV 25302

Wisconsin
310 East Knapp St
Milwaukee, WI 53202

Wyoming
150 East B Street, Room 1014
Casper, WY 82601

6.3 Kontaktadressen für Studium und Ausbildung

Deutscher Akademischer Austauschdienst (DAAD)
Kennedyallee 50
53175 Bonn
Tel.: 0228-8820, Fax 0228-882 444
Email: *postmaster@daad.de*

Deutsches Kommitee der AIESEC
Kasernenstr.26
53111 Bonn
Tel.: 0228-289 800 Fax 0228-289 8010
Email: *info@aiesec.de*

Carl-Duisberg-Centren
Hansaring 49-51
50670 Köln
Tel.: 0221-1626 266, Fax 0221-1626 256
Email: *info@cdc.de*

Language First
Schüleraustausch/Sprachreisen, Inh. Matthias Brotel
Kornblumenstr.11
74889 Sinsheim
Tel.: 07261-949 5020 Fax 07261-949 5022
Email: *info@languagefirst.de*

AYUSA International GmbH
Gieseberechtstr.10
10629 Berlin
Tel.: 030-843 9390
Fax: 030-8439 3939

Englischkurse/Schüleraustausch:
INTRAX International Institute
600 California St, 10th Floor
San Francisco, CA 94118
Email: *info@intraxinstitute.edu*

ISKA Sprachreisen
Hausener Weg 61
60489 Frankfurt/M
Tel.: 069-978 4720 Fax 069-783 029
Email: *info@iska.de*

Experiment e.V. (Schüleraustausch, Gastfamilienaufenthalte, Sprachkurse, Au-pair)
Gluckstr. 1
53115 Bonn
Tel.: 0228-957220
Fax: 0228-358 282
Email: *info@experiment-ev.de*

GIVE e.V. (Schüleraustausch)
c/o Stefan Pfau
Haller Weg 13/1
89522 Heidenheim
Internet: *www.ausgetauscht.de*

Europractica International (Highschool- u. Studentenaustausch)
Freiberger Str. 39
01067 Dresden
Tel.: 0351-496 1203, Fax 0351-496 1205

Internationale Begegnungen in Gemeinschaftsdiensten e.V.
Schlosserstr. 28
70180 Stuttgart
Tel.: 0711-649 0263
Fax: 0711-649 9867
Email: *info@ibg-workcamps.org*

Au Pair Stellen
Sung IT Services
Lötzener Str.10
76139 Karlsruhe
Website: *www.aupairUSA.de*
Email: *yvonne@aupairusa.de*

6.4 Goethe-Institute

Goethe-Institut in ...

New York
1014 Fifth Ave
New York, NY 10028
Tel.: 212-439 8700
Fax.: 212-439 8705
Email: *info@newyork.goethe.org*

Boston
170 Beacon St
Boston, MA 02116
Tel.: 617-262 6050
Fax.: 617-262 2615
Email: *info@boston.goethe.org*

Washington, D.C
814 Seventh St NW
Washington, D.C., 20001-3718
Tel.: 202-289 1200
Fax: 202-289 3535
Email: *info@washington.goethe.org*

Chicago
150 North Michigan Ave, Suite 200
Chicago, IL 60601
Tel.: 312-263 0472

Fax: 312-263 0476
Email: *info@chicago.goethe.org*

Los Angeles
5750 Wilshire Blvd, Suite 100
Los Angeles, CA 90036
Tel.: 323-525 3388
Fax: 323- 934 3597
Email: *info@losangeles.goethe.org*

San Francisco
530 Bush St
San Francisco, CA 94108
Tel.: 415-263 8760
Fax: 415-391 8715
Email: *info@sanfrancisco.goethe.org*

Atlanta
Colony Square, Plaza Level
1197 Peachtree St, NE
Atlanta, GA 30361-2401
Tel.: 404-892 2388
Fax: 404-892 3832
Email: *info@german-institute.org*

6.5 Deutsch-Amerikanische Handelskammer

Ziel und Aufgabe der Deutsch-Amerikanischen Handelskammer (GACC) ist die wechselseitige Anbahnung von gegenseitigen Geschäftsbeziehungen zwischen Unternehmen aus beiden Ländern. Über den Deutschen Industrie- und Handelstag (DIHT) bestehen Verbindungen mit allen deutschen IHKs und mit allen AHKs mit Büros in über 70 Ländern der Erde. Es werden den Mitgliedern der GACC verschiedenste Dienstleistungen angeboten. Dazu gehören Seminare, Vorträge, Marketing-Service, Kommunikationsdienste, Information über Praktika und Jobs, Inkasso-Service und die Herausgabe von Publikationen.

New York
German American Chamber of Commerce, Inc.
75 Broad St, 21st Floor
New York, N.Y. 10004
Tel.: 212 974 8830
Fax: 212 974 8867
Email: *info@gaccny.com*

Los Angeles
German American Chamber of Commerce California, Inc.
555 West Beach St, Suite 450
San Diego, CA 92101
Email: *info@gaccca.org*

San Francisco
German American Chamber of Commerce California Branch, Inc.
201 California St, Suite 450
San Francisco, CA 94111
Tel.: 415 248 1240
Fax: 415 627 9169
Email: *info-ca@gaccny.com*

Chicago
German American Chamber of Commerce of the Midwest, Inc.
401 North Michigan Ave, Suite 3330
Chicago, IL 60611-4212
Tel.: 312 644-2662
Fax: 312 644-0738
Email: *info@gaccom.org*

Atlanta
German American Chamber of Commerce, Inc.
530 Means St, Suite 120
Atlanta, GA 30318
Tel.: 404 586 6800
Fax: 404 ...20
Email: *info@gaccsouth.com*

Houston
German American Chamber of Commerce of the Souther U.S., Inc.
Texas Office
Adresse siehe Atlanta

Philadelphia
German American Chamber of Commerce, Inc.
Four Penn Center, Suite 200
1600 John F. Kennedy Blvd
Philadelphia, PA 19103-2808
Tel.: 215 665-1585
Fax: 215 665-0375
Email: *info@gaccphiladelphia.com*

Hinweis:
In der Mehrzahl der Städte über 10.000 Einwohner findet sich eine **örtliche** Handelskammer (Chamber of Commerce). Falls nicht, wenden Sie sich an die Gemeindeverwaltung und fragen nach der nächstgelegenen zuständigen Kammer. Darüber hinaus besteht die Möglichkeit, sich schon vorab in Europa bei den Zweigstellen für deutsch-amerikanischen Geschäftsverkehr zu erkundigen. Im Folgenden führen wir die einzelnen Adressen dazu auf.

6.6 Wirtschaftsförderungsunternehmen

German American Business Association (GABA)
German American Business Association
of California, Inc.
1715 Villa St, Suite G
Mountain View, CA 94041, USA
Tel.: 001 (650) 386 5015
Fax: 001 (415) 276 2375
Email: info@gaba-network.org
Die GABA hat ähnliche Zielsetzungen wie die Deutsch-Amerikanische Handelskammer, nämlich die Anbahnung wechselseitiger wirtschaftlicher Kontakte und den Absatz deutscher Produkte in den USA. Ihre Service-

Schwerpunkte liegen in Delegationsreisen, Kooperationsbörsen und einem Firmenpool.

World Wide Business Opportunities (WWBO)
Internet: http://wwbo.homepage.t-online.de/index1.htm
Schwerpunkte sind: Weltweiter Handel mit verschiedensten Produkten und Dienstleistungen, wie zum Beispiel Agrarprodukte, Gebrauchtmaschinen, Finanzinvestment, Stellenmarkt sowie nützliche und umfassende Informationen für Geschäftsleute.

Global Contact Incorporated
Tel: 856-988 0559
Fax: ... 0609
Email: *globalc@ix.netcom.com*
Internet: *www.globalcontact.com*
Schwerpunkte sind: Produkte, Dienstleistungen und Herstellerverzeichnisse weltweit

Council of American States in Europe (C.A.S.E.)
Mainzer Landstr.176
60528 Frankfurt/Main
Tel: 069-9735 8315
Fax: ...8101
Email: *case-europe@mainoffice.de*

6.7 Deutsch-Amerikanische Institute

Deutsche Gesellschaft für Amerikastudien e.V
Prof. Dr. Peter Schneck
Fachbereich Sprach-und Literaturwissenschaft
Institut für Anglistik und Amerikanistik
Universität Osnabrück
Neuer Graben 40
49069 Osnabrück
Email: *schneck@dgfa.de*

Deutsch-Amerikanisches Institut Heidelberg
Sofienstr.12
69115 Heidelberg
Tel.: 06221-60 730
Fax: 06221-60 7373
Email: *sekr@dai-heidelberg.de*
Direktor/Programm:
Jakob J. Köllhofer 06221-60730
Email: *jjk@dai-heidelberg.de*
Schwerpunkte sind: Kultureller und gesellschaftlicher Austausch, Geschäfts- und Kulturveranstaltungen, Bibliothek, Englischkurse, Workshops

Amerikazentrum Hamburg e.V.
Am Sandtorkai 5
20457 Hamburg
Tel.: (040) 7038 3688
Fax: (040) 4321 8780
Email: *info@amerikazentrum.de*
Bayerisch-Amerikanisches Zentrum
im Amerika-Haus
Karolinenplatz 3
80333 München
Tel.: 089-5525 370
Fax: 089-5525 3737
Email: *info@amerikahaus.de*

Carl-Schurz-Haus
Deutsch-Amerikanisches Institut e.V.
Eisenbahnstr. 58–62
79098 Freiburg
Tel.: 0761-556 527-0
Direktorin: Frau Prof. Dr. Eva Manske
Email: *direktion@carl-schurz-haus.de*

Deutsch-Amerikanisches Institut (DAI)
Zweigstellen:

Sofienstr. 12
69115 Heidelberg
Tel.: (06221) 6073 0
Fax: (06221) 6073 73
Kennedyhaus
Holtenauer Str. 9
24103 Kiel
Tel.: (0431) 554 866
Fax: (0431) 555 483

Gleißbühlstr. 13
90402 Nürnberg
Tel.: (0911) 23069 0
Fax: (0911) 23069 23

Haidplatz 8
93047 Regensburg
Tel.: (0941) 52476
Fax: (0941) 52198

Berliner Promenade 15
66111 Saarbrücken
Tel.: (0681) 31160
Fax: (0681) 372 624

Karlstr. 3
72072 Tübingen
Tel.: (07071) 34071
Fax: (07071) 31873

6.8 Deutsch-Amerikanische Clubs

Verband der Deutsch-Amerikanischen Clubs e.V.
Menzelstr. 44
47053 Duisburg

Es gibt 30 dieser Clubs in Deutschland. Nähere Angaben findet man unter: *www.vdac.de/vdac*

Vertretungsberechtigte:
Annette Thor, Präsidentin
Menzelstr. 44
47053 Duisburg
Tel.: (0203) 6693 144
Fax: (0203) 6693 142
Email: *president@vdac.de*

Kerstin Steinhauer, Vice President
Gartenfeldplatz 10
55118 Mainz, Germany
Tel.: ++49 (6131) 6291 933
Email: *vice-president@vdac.de*

6.9 Hilfe für Aus-/Einwanderer

New York Association for New Americans (NYANA)
2 Washington St
New York, N.Y. 10004
Tel.: 001-212-425 2900
Internet: *www.nayna.org*

American Immigration Lawyers Association
Suite 300, 1331 G Street, NW
Washington, DC 20005-3142
Tel.: 202-507-7600
Fax: 202-783-7853
Metro: Blue/Orange/Red lines: Metro Center

Attorney Referral Service
Tel.: 1-800-954-0254
Email: *ilrs@aila.org*
Internet: *www.aila.org*

6.10 Umzüge nach Übersee

Internationale Transport Organisation (ITO): *www.umzug-uebersee.de*
Henk International Euromovers: *www.henkinternational.eu/site/umzug/ueberseeumzug/umzug-in-die-usa*
Internationale Umzüge: *www.internationalerumzug.de/*
Schenker Deutschland AG: *www.schenker-btl.de*

Gruppe internationaler Möbelspediteure (GIM) e.V.
Schulstr. 53
65795 Hattersheim/Main
Tel.: 06190-989 811
Fax: ...20

6.11 Arbeitsplatzsuche

Auslands- und Fachvermittlung der Bundesagentur für Arbeit (früher: Arbeitsamt): *www.arbeitsagentur.de*

Internationale Jobportale:

www.careerbuilder.com
www.careercity.com
www.comminternational.com/arbeiteninusa.htm
www.cooljobs.com (»exotische« Tätigkeiten)
www.coolworks.com
www.developers.net (IT-Berufe)
www.employmenttodayonline.com
www.headhunter.net
www.hotjobs.com
www.jobbankusa.com
www.job-hunt.org
www.job-search-engine.com
www.jobstar.org
www.jobtrak.com
www.jobweb.com
www.monster.com
www.nationjob.com
www.net-temps.com
www.statejobs.com
www.uscareers.com

7. Amerikanisches Englisch

Im Amerikanischen finden sich viele Begriffe, die nicht mit denen des traditionellen britischen Englisch identisch sind. Einen kurzen Überblick über die wichtigsten gibt nachfolgende Tabelle:

Amerikanisch	**Britisch**	**Deutsch**
apartment	flat	Wohnung
bangs	fringe	Lohnnebenleistungen
bathing suit	swimming costume	Badeanzug
bathroom, restroom	toilet, lavatory	Toilette
buck, clam	dollar	Dollar
bud(dy),pal	mate	Freund, Kamerad
call (on the phone)	ring	anrufen
candy	sweets	Süßigkeit
sweater with buttons	cardigan	Strickjacke
cookies	biscuits	Kekse
cot	campbed	Campingliege
crib	cot	Kinderbettchen
curb	kerb	Bordsteinkante
dessert	pudding	Pudding
diaper	nappy	Windel
drugstore	chemist	Drogerie
downtown	city centre	Innenstadt
eggplant	aubergine	Aubergine
elevator	lift	Fahrstuhl
exit	way out	Ausfahrt, Einfahrt (Highway)
(french) fries	chips	Pommes Frites
faucet	tap	Wasserhahn
fender	mudguard	Kotflügel
garbage, trash	rubbish	Müll
garbage can	rubbish bin	Mülltonne
gas, gasoline	petrol	Benzin
to give s.o. a ride	give s.o. a lift	
a grand, a »K«	a thousand dollars	1000 Dollar

hood (of the car)	bonnet	Motorhaube
business hours	opening times	Öffnungszeiten
mail	post	Post
napkin	serviette	Serviette
pacifier, soother	dummy	Nuckel, Schnuller
pail	bucket	Eimer
pen	biro	Füller
pissed (off)	angry, irritated	ärgerlich, böse
raincoat	waterproof	Regenmantel
sausage	banger	Würstchen
sidewalk	pavement	Bürgersteig, Fußweg
skillet	froing pan	Bratpfanne
soother	(child's) dummy	Schnuller
stroller	pram	Kinderwagen
suspenders	braces	Hosenträger
sweater	jumper	Pullover
trashcan, wastebasket	bin	Mülltonne
truck	lorry	Lastwagen,auch großer Kombi
trunk	boot	Kofferraum
TV	telly	Fernsehen
underwear, briefs, boxers		underpants Unterhose
vacation	holiday	Ferien, Urlaub
vest	Waistcoat	Weste
windshield	windscreen	Windschutzscheibe
wrench	spanner	Schraubenschlüssel
to yield	to give way	Vorfahrt gewähren

Ein ausführliches Verzeichnis von Slangbegriffen, populärem Wortschatz sowie Sprechweisen unterschiedlicher Regionen (Vernacular Englisch) und ethnischer Gruppen der USA finden Sie in: *USA Phrasebook, by Lonely Planet Publications, 1995*

8. Erfahrungsbericht

Erfahrungsberichte von Auswanderern können sehr unterschiedlich ausfallen. Es hängt viel davon ab, mit welchen Erwartungen und unter welchen Ausgangsbedingungen die Betreffenden ihre Auswanderung vollzogen und mit welchem Geschick sie die anstehenden Probleme bewältigt haben. Hüten wir uns also hier vor Verallgemeinerungen, auch wenn der größere Teil der Auswanderer meist überwiegend Positives zu berichten weiß und negative Erfahrungen gern unter den Teppich kehrt. Der folgende Beitrag eines im Ruhestand lebenden Ehepaares mag sicherlich für vieles, was mit Einwanderung in die USA zusammenhängt, nicht repräsentativ sein. Dennoch wirft er ein Schlaglicht auf wesentliche Schritte, die mit dieser Entscheidung untrennbar verbunden sind:

Zu unserer Auswanderung muss ich sagen, dass diese ganz und gar unspektakulär verlief: Meine Frau und ich lieben die USA seit vielen Jahren, ohne jemals dort gewesen zu sein. Wir lernten die Country-Musik bereits in den 60iger Jahren kennen und lieben und kauften uns lieber Country-Platten als Rock-and-Roll-Platten. Über all die Jahre war Amerika unser unerfüllter Traum.

Wir hatten beide unseren Beruf, ich selbst war Polizeibeamter in B. Durch den Kauf eines Hauses in B. in Verbindung mit einer hohen Hypothek war es uns wiederum lange Jahre nicht möglich, wenigstens Urlaub in Amerika zu machen.

Erst 1994 erfüllten wir uns den Traum eines Fluges nach Amerika, mieteten dort ein Auto und fuhren für ca. 5 Wochen kreuz und quer durch viele Staaten der USA, besuchten dann bei der Gelegenheit meine Tante und meinen Onkel in Arkansas, mit denen wir vorher fast keinerlei Kontakt hatten.

Nach diesem Urlaub interessierten wir uns für die Möglichkeiten, in die USA auszuwandern, wenn ich drei Jahre später pensioniert sein würde. Als die beiden einzigen Möglichkeiten sahen wir: entweder einen »Winkeladvokaten« in Anspruch zu nehmen (Arbeitsvermittlung gegen ein Erfolgshonorar von ca. DM 10.000) oder aber an der Greencard-Lotterie teilzunehmen. Nach einiger Zeit hatten wir uns informiert und die Lotterie-Unterlagen eingesandt – keine Rückmeldung!

Im darauffolgenden Jahr flogen wir wieder in den Urlaub in die USA, mieteten wieder ein Auto und fuhren diverse Ziele, nun vorgeplant, an. Wieder besuchten wir unsere Verwandten und wieder sandten wir unsere Lotterieunterlagen nach dem Urlaub ein – wieder ohne Rückmeldung!
Auch im dritten Jahr waren wieder dort im Urlaub und ein drittes Mal beteiligten wir uns, ohne jede Hoffnung, an der Lotterie. Wir waren uns einig, im darauffolgenden Jahr, dem Jahr meiner Pensionierung, diesen »Advokaten« zu nehmen, auch wenn es viel Geld kosten würde und mit allen Unwägbarkeiten verbunden war.
Und dann im September 1997 erhielten wir die Benachrichtigung, dass wir in der Lotterie gewonnen hätten! Der Termin im Konsulat sei im Januar 1998, vorausgesetzt, dass bis zum Termin unsere Unterlagen, die Qualifizierung usw. klar sein würden. Beiden waren wir wie vom Donner gerührt. Einerseits wollten wir natürlich unseren »Kindertraum« erfüllt sehen, andererseits hätten wir alles, aber auch wirklich alles aufzugeben und einen völlig neuen und fremden Lebensabschnitt zu beginnen: Unsere sämtlichen Freunde, Kollegen und Verwandten und unsere erwachsene Tochter lebten ja in Deutschland. Wir hatten ein kleines, wunderschönes Haus in B., meine Frau stand mitten im Berufsleben, ich selbst war in meinem Beruf erfolgreich und würde erst Ende des Jahres pensioniert sein. Was tun??? Die Lotterie sausen lassen?
Lange haben wir bei dem Gedanken gezaudert, was wir alles würden aufgeben müssen. Andererseits waren wir beide mit den politischen und wirtschaftlichen Gegebenheiten in Deutschland schon seit Jahren nicht mehr einverstanden. So listeten wir alle Aspekte nach GUT oder NICHT GUT auf. Bei diesem »brain storming« gewöhnten wir uns schließlich immer mehr an den Gedanken, doch auszuwandern.
Wir annoncierten unser Haus und fanden Interessenten, die es dann im Dezember kauften. Dann war der Januar da und unser Termin beim Konsulat in Frankfurt am Main. Der ganze Tag dort verging mit Befragung und ärztlicher Untersuchung usw. und wir fuhren zurück mit der Hoffnung, das Visum in vier Wochen zu haben. Wir erhielten es dann mit der Vorgabe, bis Mitte Juli 1998 einzuwandern. Sofort kündigte meine Frau ihre Stellung und wir mussten uns eine Übergangswohnung suchen, um das Haus termingerecht übergeben zu können. Wir verkauften eines unserer beiden Autos und beauftragten einen Spediteur, einen Container zu stellen, der dann etwas später in die USA zu senden wäre.

So räumten wir unseren gesamten Hausinhalt in einen 10-Meter-Container, bezogen dann mit Restmobiliar unsere angemietete Wohnung und veranlassten die Spedition, den Container 10 Tage nach unserer Einreise in die USA an die Adresse meiner Tante in Arkansas zu schicken, bei der wir zuerst »unterkriechen« durften. So flogen wir endgültig von B. aus nach Chicago, erledigten dort unsere Einwanderungsformalitäten und fuhren von dort mit einem Mietauto nach Arkansas.
Dort angekommen, sahen wir uns gleich mit einem Makler verschiedene Häuser an, denn die Umgebung erschien uns für unsere Zukunft perfekt. Bereits am zweiten Tag hatten wir uns für ein Haus entschieden, machten den Kauf innerhalb einer Woche perfekt und als unser Hausstand mit dem Container eintraf, konnten wir ihn gleich zu unserem neuen Heim umdirigieren und unser Haus einrichten.
Vier Wochen später musste ich allerdings noch einmal nach Deutschland zurück, um meinen Dienst bis zu meiner Pensionierung zu Ende zu bringen. Meine Frau war in dieser Zeit allein in den USA, aber durch die Kontakte zu unseren Verwandten war es für sie erträglicher.
Nach Ablauf meiner Dienstzeit löste ich dann kurzfristig die Wohnung auf, verkaufte das Zweitauto und war wenige Tage später, nun »for good« bei meiner Frau in unserer neuen Heimat.
Nun feiern wir bald unsern »4. Geburtstag« in unserer neuen Heimat und haben beide diesen Entschluss bisher nicht einen einzigen Tag bereut. Sicherlich ist auch hier in den USA »nicht alles Gold, was glänzt«, vieles ist befremdlich, zum Beispiel geht hier die Polizei auf den Landstraßen rigoroser gegen die Bürger vor (durch meinen Beruf erkenne ich gerade diese Unterschiede zu Deutschland), der »gläserne« Mensch ist hier Wirklichkeit geworden (Alptraum jedes Deutschen), denn über die Social Security Number (SSN) ist jede Bewegung, jeder Kredit, jede Krankheit und jeder Verkehrsverstoß registriert. Viele Deutsche wären davon geschockt.
Für uns selbst als »retiree« (Rentner, Pensionäre, d.V.) ist das Leben hier natürlich angenehm. Speziell in dieser Region hätten wir nämlich als jüngere Einwanderer keine berufliche Überlebenschance, außer vielleicht als »greeter« (Begrüßer) im »Wal-Mart« oder als »sweeper« (Ausfeger) bei »McDonalds«. So aber haben wir unsere finanzielle Absicherung aus Deutschland (auch wenn der Eurokurs unser Budget monatlich schmälert) und können uns ganz und gar der Erkundung der Umgebung, unserem

Haus oder anderen Interessen wie beispielsweise dem Reisen nachgehen. Wir lieben unsere neue Heimat und denken keinen Augenblick an Rückkehr.

9. Geschichtlicher Überblick

9.1 Frühgeschichte Amerikas

Die Ursprünge menschlicher Besiedelung reichen in Nordamerika sicherlich mehrere zehntausend Jahre zurück. Die ältesten Siedlungsstrukturen der Indianer und Eskimos (Inuit) sind bis auf ein Alter von 10.000 v. Chr. nachgewiesen. Mit dem Aussterben des Mammuts breitete sich allmählich der Bison als beherrschendes Großsäugetier in den Grassteppen und Wäldern aus. Es lieferte den frühen Bewohnern Fell und Fleisch. Als Nahrungsergänzung oder Ersatz wurden Beeren und Früchte gesammelt. Seit ca. 3000 v. Chr. entwickeln sich die Anfänge der Vorratswirtschaft in Form eines mehr oder weniger geregelten Landbaus, der Jagd und Sammeln ergänzte. Die ersten in einer frühen Form der Landwirtschaft kultivierten Nahrungspflanzen waren Mais, Bohnen und Kürbisse. Feste Siedlungen sind seit der Zeit um 300 v. Chr. nachgewiesen. In den Flussauen und Niederungen gab es um diese Zeit auch schon Bewässerungssysteme. Handelsbeziehungen unter den indianischen Stämmen entwickelten sich zu dauerhaften Formen.
Die Kultur und Religion dieser Menschen war aufs Engste mit den Erfordernissen ihres täglichen Lebens und dieses wiederum mit dem schonenden Umgang mit der natürlichen Umwelt verbunden. Dabei spielte nicht in erster Linie die individuelle Person, sondern das Wohl des Volksstammes eine tragende Rolle. Nur durch ihn war auch der Einzelne lebens- und überlebensfähig. In dieser Naturgesellschaft galten andere Regeln als diejenigen, die später die weiße Rasse mit ihrem Dominanzanspruch über alle anderen Lebensformen in diesen Kontinent hineintrug, was zwangsläufig zu großen Konflikten führen musste.
Etwa um das Jahr 1000 n. Chr. erreichten die ersten Weißen aus Nordeuropa das nordamerikanische Festland in großen Ruderbooten: Wikinger aus Island unter der Führung des Norwegers Erichs des Roten (orig. Erik Raude), der unseres Wissens als erster Europäer 981/982 die Insel Grönland betrat. Nachdem er aus seiner Heimat Norwegen verbannt worden war, fuhr er nach Island und heiratete dort. Dort wurde er erneut verbannt. Diesmal für drei Jahre. Er muss wohl ein ziemlich gewalttätiger Mensch gewesen sein. Als Zwangsauswanderer fuhr er 981 in Richtung Westen

und entdeckte ein Land, welches ihn mit seiner Fjordlandschaft und seinen grünen, fruchtbaren Tälern beeindruckte und ihn an seine norwegische Heimat erinnerte. Mit diesem Wissen fuhr er nach Island zurück und erzählte dort von einem großen grünen Land, welches er im Westen entdeckt habe. Womit der Name »Greenland«, heute Grönland, erfunden war. Nun machte er sich erneut nach »Grünland« auf, diesmal mit einer Expedition von 500 Männern und Frauen in 25 Booten. Es erreichten aber nur 14 ihr Ziel.

Diese »Wikinger« genannten Menschen gründeten auf Grönland die erste europäische Siedlung: Brattahlid (heute: Qassiarsuk) sowie zwei weitere Ortschaften. Fundamentreste von Häusern von Brattahlid sind noch heute zu besichtigen.

Später führte Eriks Sohn Leif Eriksson das Werk des Vaters fort und brachte den ersten christlichen Missionar von Norwegen nach Grönland. Als Leif später weitere Landstriche in Kanada entdeckte und benannte, wurde er damit der erste Europäer, der amerikanisches Festland betrat, denn Grönland ist ja nur eine Insel.

Im Jahre 1492 segelte ein italienischer Seefahrer aus Genua im Auftrag des spanischen Königs von Palos de la Frontera an der spanischen Westküste in Richtung Westen, um »El Dorado« (= der Goldene) zu entdecken, eine sagenhafte Königsgestalt in einem unbekannten Land, dessen Körper mit purem Gold bedeckt sein sollte, wie man sich erzählte. Schulden bei der Bank waren schon zu jener Zeit nicht unbekannt und drückten den Haushalt der spanischen Krone allzu sehr. Da man nicht wusste, wie man diese Schulden zurückzahlen sollte, kam man auf eine ausgesprochen praktische Idee: Neues Geld (= Gold) besorgen von irgendwoher, wo man keine Gegenleistung dafür erbringen musste, zu Deutsch also: stehlen.

Mit dem Auftrag, ein einträgliches Geschäft abzuwickeln, fuhr Kolumbus also mit seinen Schiffen Santa Maria, Pinta und Niña, nach Westen, um, wie es hieß, den westlichen Seeweg nach Indien zu finden, wo man das viele Gold vermutete. Was für ein Pech, er blieb auf halber Strecke stecken, denn der amerikanische Kontinent versperrte ihm den Weg. Am 12. Oktober 1492 ließ er vor der Insel Guanahani (heute: San Salvador) Anker fällen. Kolumbus selbst war es nie vergönnt, den neuen Kontinent zu betreten und El Dorado zu begegnen, dies taten für ihn seine Nachfolger umso gründlicher. Innerhalb von nur 40 Jahren bauten spanische Eroberer und Abenteurer im Auftrag der spanischen Krone von den neuen spanischen Besitzungen aus, die auf Kolumbus zurückgehen, unter massivster Gewalteinwirkung gegen die ansässige Bevölkerung der Inkas und Mayas ein riesiges Imperium in Mittel- und Südamerika auf. Dabei nutzten sie geschickt die religiöse Haltung der Einheimischen aus, die nach ihrem Glauben auf die Ankunft »weißer Götter« warteten. Unter dem Tarnkleid christlicher Mission (einer Religion der Gewaltfreiheit!) nahmen sie den Ansässigen ihre Würde und ihre Freiheit, töteten rücksichtslos diejenigen, welche ihnen zunächst Vertrauen geschenkt hatten und stahlen das im Überfluss vorhandene Gold, nach welchem sie vor allem lechzten. Dies alles geschah vor allem unter der Führerschaft von Francisco Pizarro und Hernando Cortez im Zeichen des Kreuzes. Welcher Missbrauch!

Während die spanischen Eroberer und Missionare den Süden der heutigen USA erkundeten und schließlich besetzten, machten den nördlichen Teil der heutigen USA italienische Reisende wie zum Beispiel Giovanni da Verrazano aus Florenz bekannt, der schon 1524 im heutigen North Carolina an Land ging und von dort aus bis in die Gegend nördlich des heutigen New York hinaufsegelte.

9.2 Die Kolonialzeit

Aus wirtschaftlichen, politischen und religiösen Gründen motiviert, begannen im 17. Jahrhundert die ersten Auswanderer aus England auf dem nordamerikanischen Kontinent einzutreffen. Die erste englische Kolonie befand sich in Jamestown (Virginia) und wurde dort 1607 errichtet.

13 Jahre später überquerten die »Pilgrim Fathers« (= Pilgerväter) den Atlantik und gründeten die Siedlung Plymouth Colony im heutigen Massachusetts.

1681 bekam der einflussreiche Quäker William Penn ein beträchtliches Stück Land zugewiesen, welches er vor allem mit religiösen Abweichlern besiedelte. Dazu gehörten die Amish People, die Mennoniten, die Herrnhuter, die Quäker und die Baptisten. Auch deutsche Auswanderer waren unter den Siedlern und gründeten 1683 im Lande William Penns, in Pennsylvania (= Penns Waldland) die erste deutsche Ansiedlung. Im Laufe der folgenden 50 Jahre entstanden auf diese Weise 13 englische Kolonien.

Während der größte Teil der Siedler aus England stammte, schlossen sich jedoch auch Holländer, Schweden, Spanier, Portugiesen, französische Hugenotten und die bereits genannten Deutschen den Auswandererströmen an. Da die Überfahrt recht teuer war, unterwarfen sich die meisten Neueinwanderer Arbeitsverträgen, um damit den erhaltenen Kredit abzuarbeiten.

Ein besonderes trauriges Kapitel der Besiedelung stellte der »Import« von afrikanischen Sklaven dar, die häufig mit Zustimmung ihrer Stammeshäuptlinge gegen wertlose Ramschwaren an reiche weiße Kaufherrn verkauft wurden, damit diese sie auf ihren Tabak-, Baumwolle-, Zuckerrohr- und anderen Plantagen als kostenlose Arbeitskräfte einsetzen konnten. Dies alles begann 1619 in Virginia.

Bereits in der Frühzeit der weißen Besiedelung kristallisierten sich unterschiedliche soziale und wirtschaftliche Strukturen in den verschiedenen Kolonien heraus. Da Boden- und Klimaverhältnisse in den heutigen Neuenglandstaaten (nördliche Kolonien) sich für die landwirtschaftliche Produktion weniger eigneten, verlegten sich die Bewohner dieser Landstriche schon früh auf Dienstleistung, Handel, Fischfang, Industrie und Gebrauchsgüterproduktion. Knotenpunkte des wirtschaftlichen Lebens wurden die Häfen an der Atlantikküste. Das kulturelle Leben war auf Grund der Herkunft britisch geprägt.

Dagegen lebte weiter südlich in den mittleren Kolonien ein Vielvölkergemisch, das von kultureller und sprachlicher Vielfalt sowie von religiöser Toleranz geprägt war. Philadelphia ist dafür ein gutes Beispiel. Zu jener Zeit waren deutsche Farmer in Pennsylvania wegen ihres Könnens besonders angesehen. Weiter landeinwärts siedelten sich gern Menschen aus Schottland und Irland an, um dort nach Rodung der natürlichen Wälder Landwirtschaft zu betreiben.

Besonders ausgeprägt war die landwirtschaftliche Tätigkeit in den südlichen Kolonien. Maryland und Virginia hatten hervorragende Böden und machten die Anlage riesiger Plantagen (Tabak) möglich. In North und South Carolina wurde Reis zu einem bedeutenden Exportgut. Die großen Plantagen ließen bei den Besitzenden Wohlstand und Reichtum anwachsen (Großgrundbesitzer) und förderten den politischen Einfluss dieser Bevölkerungsschicht. Damit entstand eine politische Spannung zwischen diesen und den königlich-englischen Gouverneuren, die die Kolonien verwalteten. Die neuen reichen Herren stimmten nun selbstbewusst über die

Einführung neuer Steuern und neuer Gesetze ab, ohne den Gouverneur danach zu fragen. Allmählich ging auf diese Weise ohne größere Gewalttätigkeit die Macht von den von England eingesetzten Gouverneuren auf gesetzgebende Versammlungen der Volksvertreter in den Provinzhauptstädten über.

9.3 Die Entstehung einer neuen Nation

Die Entstehungsgeschichte neuer Staaten war fast immer blutdurchtränkt, so auch die der neuen, riesigen amerikanischen Nation, die ja eigentlich eine Multination aus vielen Einzelstaaten darstellt. Die ersten Schüsse fielen zwar erst 1775, zur Ablösung der neuen amerikanischen Staaten von der Mutternation England kam es aber bereits im Jahre 1763, am Ende des Siebenjährigen und des französisch-indianischen Krieges.
Zuvor kontrollierte die englische Krone halb Nordamerika, nämlich alle Gebiete östlich des Mississippi einschließlich des heutigen Kanada. Waren die Kolonien mittlerweile seit langem an Selbständigkeit gewöhnt, verlangten sie nun auch nach mehr Freiheit vom Mutterland. De facto regierten sie sich bereits seit vielen Jahren selbst. Die englische Regierung verfolgte andere Vorstellungen. Sie wollte eine zentrale Verwaltung für die neuen Kolonien etablieren und diese sollte durch erhöhte Steuern in den Kolonien finanziert werden. Dem aber wollten sich die Kolonien nicht beugen. Mit dem Schlagwort »no taxation without representation« verdeutlichten sie ihren Willen nach Selbstbestimmung und Selbstverwaltung. Die Zuspitzung dieses Konfliktes zeigte sich darin, dass King George III. die amerikanischen Kolonien am 23. Auguts 1775 der offenen Rebellion bezichtigte. Kein Jahr später, am 4. Juli 1776, wurde von den Kolonien die Unabhängigkeitserklärung verabschiedet. Noch weitere sieben Jahre zog sich der Konflikt hin und wurde auch mit Waffen ausgetragen. 1783 endlich wurde im Vertrag von Paris die Unabhängigkeit, Freiheit und Souveränität der 13 neuen Kolonien anerkannt und festgeschrieben. Die Grenzen dieser neuen Staaten waren im Westen der Mississippi, im Norden Kanada und im Süden Florida, welches damals an Spanien ging. Die Staaten hatten bereits ihre eigenen Verfassungen, aber noch keine zentrale, vereinte Nation. Der neu gewählte zentrale Kongress aller 13 ehemaligen Kolonien empfahl diesen, nun auch neue Regierun-

gen zu bilden. 1781 wurden die »Articles of Confederation and Perpetual Union« rechtswirksam. 1787 versammelte sich in Philadelphia eine Gruppe von Politikern, die eine neue Verfassung mit dem Ziel der Stärkung der zentralen Gewalt einerseits und der gegenseitigen Kontrolle der drei Einzelgewalten erarbeitete.

9.4 Sklavenhaltung, Bürgerkrieg und Ausdehnung nach Westen

Obwohl die Sklaverei im Jahre 1808 international abgeschafft worden war, hielten die Südstaaten der neuen amerikanischen Nation an diesem Modell ökonomischer Vorteilsnahme fest. Der Anbau von Zuckerrohr, Baumwolle und Tabak wurde durch diese Form der Ausbeutung menschlicher Arbeitskraft eine lukrative Sache, die man so schnell nicht aufzugeben gedachte. Es kam zur Spaltung der Nation in zwei Gruppen von Einzelstaaten, die Befürworter und die Gegner der Sklavenhaltung. Nachdem es auch in den 50er Jahren des 19. Jahrhunderts zu keiner Lösung dieses Problems gekommen war, wurde 1860 Abraham Lincoln Präsident der amerikanischen Union. Prompt traten elf Einzelstaaten aus dem Verbund aus und erklärten sich selbst zu den »Konföderierten Staaten von Amerika«. Dadurch brach der Sezessionskrieg aus, der vier Jahre währte, bis die Konföderierten schließlich aufgaben. Damit war die Sklaverei in ganz Nordamerika beendet. Mit einem 13. Zusatzartikel wurde dieser Tatbestand in der Verfassung verankert und 1865 vom Kongress ratifiziert.
Schon während der ersten 20 Jahre des 19. Jahrhunderts entstanden sechs neue Staaten: Indiana, Illinois, Maine, Mississippi, Alabama und Missouri. Der Hunger nach neuem Siedlungsland verschob die Grenzen des neuen Staatenverbunds nun auch mehr und mehr nach Westen über den Mississippi hinaus. Dies provozierte neue Konflikte mit den Ureinwohnern.
Während die Staaten an der Atlantikküste bis hinauf zu den Neuenglandstaaten sich zum Hauptsitz der Warenproduktion entwickelten, war im Süden und allmählich auch im mittleren Westen die Landwirtschaft zu Hause. Die großartigen Prärien wurden nach und nach zu Kornanbaugebieten umfunktioniert. In Kalifornien setzte der Goldrausch ein. Neue

Transportwege wurden mit Hilfe der Eisenbahn geschaffen. Diese verband nun die Ostküste mit dem mittleren Westen.
Nun strebten neue Einwanderer ins Land der »unbegrenzten Möglichkeiten«. Die politischen, ökonomischen und religiösen Verhältnisse des frühkapitalistischen Europa ließen Millionen von Menschen nach Amerika strömen. Während des Sezessionskriegs wurden die Einwanderer auch als Soldaten angeworben.

9.5 Zeit der Veränderung

Der Sezessionskrieg brachte den Südstaaten einen starken Rückschlag in der Ökonomie. Die Bevölkerung war verarmt und demoralisiert, die Staaten verschuldet und die sozialen Bedingungen dementsprechend auf einem Tiefpunkt. Um die Nachkriegssituation zu verbessern, erließ der Kongress 1872 eine Amnestie für die Bevölkerung der Südstaaten mit Ausnahme einiger Hundert unverbesserlicher Föderationsanhänger. Weiterhin galt aber hier eine strenge Trennung von Weiß und Schwarz, gemäß der üblen Idee der Sklavenhaltung.
Allmählich entwickelten sich nun die Vereinigten Staaten von Amerika zu einer Industrienation. Neben der Entstehung riesiger Fabrikanlagen wandelte sich aber auch die Landwirtschaft zu einer industriellen Produktionsstätte mit Farmflächen von unermesslicher Größe. 1869 war die erste transkontinentale Eisenbahn fertig und das Schienennetz der USA war länger als dasjenige Europas.
Neuartige technische Erfindungen wurden wirtschaftlich genutzt: Die von dem Deutschen *Heinrich Goebel* 1854 erfundene Glühbirne »erfand« *Thomas Alva Edison* ein zweites Mal (!), besser gesagt, er setzte diese, wie auch viele andere Erfindungen, zu einem anwendungstechnisch verwertbaren Produkt um. Ebenso machte es der USA-Schotte *Alexander Graham Bell*, der das Telefon, welches seinem Prinzip nach von dem deutschen *Philip Reis* erfunden worden war, zu einem technisch verwertbaren Produkt umarbeitete. Vergessen wir hier nicht den großen, jedoch bis heute nicht richtig gewürdigten USA-Jugoslawen *Nicola Tesla*, der die Grundlagen für die gesamte moderne Dreh- und Wechselstromtechnik schuf und darüber hinaus in seinem New Yorker Labor mit aufsehenerregenden physikalischen Apparaten und Experimenten von sich Reden

machte. Edison verstand es, seine eigenen sowie die Erfindungen Teslas wirtschaftlich zu vermarkten und ging nach dem Fehlschlag seiner Gleichspannungstechnik ebenfalls zum Wechselstrom über.
Die Gebiete des Westens waren bis 1890 erschlossen, so dass die USA nun vom Pazifik bis zum Atlantik reichten. Die indianischen Ureinwohner wurden mehr und mehr auf wirtschaftlich uninteressante Flächen zurückgedrängt und ihrer traditionellen Rechte beraubt.
Gegen Ende des 19. Jahrhunderts vergrößerten die USA ihr Staatsgebiet über die bisherigen kontinentalen Grenzen hinaus auf Inseln im Pazifik und in der Karibik sowie auf Staaten und Gebiete in Mittelamerika. 1867 kam das bis dahin russische Alaska dazu. Als das Inselkönigtum von Hawaii im Jahre 1893 ankündigte, den amerikanischen Okkupationsdrang abzuwehren, kam es zu einem Zusammenschluss dort ansässiger US-Geschäftsleute mit Hawaiianern, die kurzentschlossen eine neue Regierung einsetzten, welche die Einverleibung Hawaiis in den US-Staatenverbund 1898 vorbereitete.
Der Absicht einiger potenter Wirtschaftsunternehmen, durch Zusammenschluss Monopolstellungen aufzubauen und den freien Wettbewerb zu behindern, trat die Regierung 1890 mit einem Antitrustgesetz entgegen. Gerade auch auf der Seite der Arbeitnehmer stand nicht alles zum Besten, wie man bei einem neu entstandenen, auf freier Willensbildung basierenden Staatsgebilde vermuten sollte. Es gab wie auch in Europa wieder ein »unten« und »oben«, ein »arm« und »reich«, wie hätte es auch anders sein können. Schlimm war, dass Arbeiter und kleine Angestellte auch in guten wirtschaftlichen Zeiten niedrige Löhne erhielten und unter oft gefährlichen Arbeitsbedingungen zu leiden hatten. Die laufende technische Weiterentwicklung der Produktionsprozesse führte zu weiterem Absinken des Bedarfs an ausgebildeten Arbeitern. Dafür stieg der Bedarf an Ungelernten an. Gleichzeitig führten Wirtschaftskrisen zu weiteren Lohnabsenkungen.
In den Jahren von 1880 bis 1910 wanderten weitere 18 Millionen Menschen in die USA ein. Dies führte zu Wohnungsnot in den Großstädten und miserablen Lebensverhältnissen.

9.6 Der Erste Weltkrieg und seine Folgen

Die ungerechten Verhältnisse der frühkapitalistischen Ära sowie die sich ausbreitende Korruption ließen eine politische Situation entstehen, die die Gründung einer Reformbewegung zwingend notwendig machte. Sie nannte sich »Fortschritt« und öffnete allen führenden Politikern des Landes ihre Tür. Die Euphorie des ersten amerikanischen Jahrhunderts war verflogen, äußere Gegner nicht erkennbar, aber innere Widersprüche zeigten sich umso stärker. Die neue Bewegung setzte sich zum Ziel, mehr Demokratie zu verwirklichen, die Lebens- und Arbeitsbedingungen zu verbessern sowie soziales Empfinden und den Geist der Solidarität aller zu stärken. Dazu wurden vor allem in den Jahren von 1902 bis 1908 neue Gesetze erlassen. Kinderarbeit und Nachtarbeit wurden stärker eingeschränkt sowie die Tagesarbeitszeit verkürzt. Ebenso wurde die allgemeine Schulpflicht eingeführt.

Als Präsident Wilson sich zunächst durch Neutralitätsbekundung aus dem Krieg in Europa heraushalten wollte, machte ihm die damalige deutsche Regierung einen Strich durch die Rechnung. Kaiser Wilhelm traf die unglückselige Entscheidung eines U-Bootkrieges gegen alle mit den Alliierten verbündeten Länder. Darauf erklärte der US-Kongress Deutschland zwangsläufig den Krieg. Nachdem der Vorschlag Wilsons, nach Ende des Krieges einen internationalen Völkerbund zu bilden, zwar in den Vertrag von Versailles aufgenommen, aber nicht vom US-Senat ratifiziert wurde, zogen sich die USA aus dem Völkerbund, dem Vorläufer der heutigen UNO, zurück und wandten sich wieder verstärkt ihrer Innenpolitik zu.

Zwischen 1920 und 1930 entwickelte sich die amerikanische Kultur in ungeahntem Ausmaß. Kunst, Musik, Theater, Film und Radio wurden auch zu wichtigen wirtschaftlichen Faktoren. Die massenhafte Ausbreitung des Automobils sowie die zunehmende Popularität des Kinofilms ließen eine neue amerikanische Kultur entstehen, deren Einfluss bis hinüber nach Europa reichte. Auch der massenhafte Radioempfang trug dazu bei. Steigende Gewinne und niedrige Bankzinsen ließen die Konjunktur hochschnellen, bis an jenem »schwarzen Donnerstag«, dem 24. Oktober 1929, der Aktienhandel an der Wall Street wie eine gigantische Seifenblase zerplatzte. Die hochgeschraubten Gewinnerwartungen waren nicht mehr zu halten gewesen. Dieser Zusammenbruch läutete eine landesweite Wirtschaftskrise ein, die bis Anfang der 1930er Jahre währte.

Ähnlich wie in Deutschland waren auch in den USA die Jahre zwischen 1920 und 1930 sogenannte »goldene zwanziger Jahre«. Dies galt jedoch nur für eine relativ kleine Gruppe der amerikanischen Gesellschaft. Der Wohlstand Weniger überdeckte tiefer sitzende Probleme. Waren es auf der einen Seite einflussreiche, intolerante Gruppen, die den Alkohol öffentlich verboten (»Prohibition«), wuchs dafür auf der anderen Seite die Kriminalität. Dennoch hielt der Strom der Einwanderer in die USA unvermindert an. Von überall her kamen sie, aus Europa, aus Japan, aber auch aus Kanada und aus Mexiko. Dies veranlasste den Kongress 1921, restriktivere Einwanderungsgesetze zu erlassen.

9.7 Die Krise der Weltwirtschaft

Als 1929 der Börsenhandel zusammenbrach, waren 40 Prozent der Stammaktienwerte vernichtet. Die daraus resultierende Weltwirtschaftkrise ließ den Aktienwert innerhalb von vier Jahren um 80 Prozent sinken. Die Arbeitslosigkeit war bis 1932 auf 25 Prozent angewachsen. Die Menge der produzierten Waren war um vieles größer, als die, welche die Binnennachfrage aufnehmen konnte, eine Folge der Automatisierung. In dieser schwerwiegenden Situation verstand es der Präsidentschaftskandidat Franklin D. Roosevelt (nach dem später der »Teddy« benannte wurde), mit seinen Ideen eines »New Deal« (= Neue Lösungen, Reformen) die Mehrheit der Bevölkerung für die Wiederherstellung sozialer Gerechtigkeit zu begeistern. Mit unglaublichem Tempo verstand es Roosevelt, seine Reformgesetze in die Praxis umzusetzen. Die öffentliche Hand investierte in den Bau neuer Straßen und Bauwerke, Flughäfen und Parkanlagen. Dies schaffte viele Arbeitsplätze. Ein Agraranpassungsgesetz ermöglichte es den Farmern, ihre Einkommen anzuheben und eigene Investitionen in neue Maschinen zu ermöglichen. Auch andere Produktionsbereiche wurden vom New Deal positiv beeinflusst. Dennoch reichten die getroffenen Maßnahmen nicht aus, so dass ein weiteres Reformprogramm (Second New Deal) aufgelegt wurde. Eine neue Behörde, die »Works Progress Administration«, machte den Versuch, Arbeit anstelle von Sozialhilfe zu organisieren. Mit verschiedenen Projekten sollte auch Künstlern aller Art neue Arbeit verschafft werden. Der wichtigste Programmpunkt der erweiterten Reform stellt der »Social Security Act« von

1935 dar, die Grundlage für eine neue allgemeine Sozialversicherung. Sie finanzierte sich aus Abgaben der Arbeitnehmer wie der Arbeitgeber. Roosevelt wurde daraufhin 1936 für eine weitere Amtsperiode gewählt.

9.8 Der Zweite Weltkrieg

Obwohl sich herausgestellt hatte, dass das nazistische Deutschland, Italien und Japan ihre kriegerischen Aggressionen nicht einstellen wollten, setzte die Regierung Roosevelt zunächst auf Neutralität. Kein an den Konflikten beteiligtes Land sollte von den USA Hilfe erhalten. Nachdem Hitler Frankreich erobert hatte und im Begriff war, auch Luftschläge gegen Großbritannien zu beginnen, horchte man im amerikanischen Kongress auf. Es fand sich eine Mehrheit, die ein Eingreifen in den Krieg befürwortete. Es gab eine Übereinkunft mit Kanada und den Ländern Lateinamerikas, sich gemeinsam gegen die aggressiven Länder zu verteidigen. Der Kongress bewilligte riesige Summen für den Waffenkauf und ermöglichte es dem Präsidenten, diese auch an hilfesuchende Länder liefern zu lassen. Roosevelt wurde in diesen Kriegszeiten 1940 ein drittes Mal zum Präsidenten gewählt, was eine Ausnahme darstellte. Als die Japaner am 7. Dezember in einer nicht für möglich gehaltenen Aktion einen Großteil der US-Flotte in Pearl Harbor zerstörten, führte dieses Trauma am darauffolgenden Tag zur Kriegserklärung der USA an Japan. Bis heute hat sich dieses traumatische Erlebnis tief im Bewusstsein der amerikanischen Nation verankert.
Das Unvermeidliche trat ein: Nazi-Deutschland und das faschistische Italien erklärten als Solidarpartner Japans daraufhin den USA den Krieg. Als Folge davon trat eine allgemeine Kontrolle aller Wirtschaftsbereiche der USA für Zwecke der Verteidigung in Kraft, was zum direkten oder indirekten Kriegseinsatz von etwa 65 Millionen US-Bürgern führte. Trotz Pearl Harbor konzentrierten sich die Anstrengungen der Alliierten auf Europa, mit dem Ziel, die westlichen Demokratien von den herrschenden totalitären, intoleranten und humanitär irregeführten Systemen zu befreien. Am 6. Juni 1944, dem »D-Day«, landeten die Alliierten in der französischen Normandie. Ende August bereits war Paris von den deutschen Eroberern befreit und im Frühjahr 1945 vollzog sich der endgültige Vorstoß tief nach Deutschland hinein. Am 8. Mai war in Europa der Krieg

mit der Kapitulation Deutschlands zu Ende. Unser Land konnte aufatmen. Amerikanische Zigaretten, Kaugummi und Coca Cola wurden zu einer Art Ersatzwährung und waren bei der Jugend begehrt. Amerikanische Filme und Musik hielten in Deutschland Einzug.
Nachdem die Amerikaner ihre mit Hilfe deutscher Wissenschaftler entwickelten Atombomben im Versuchszentrum Los Alamos (New Mexico) erfolgreich getestet hatten, bereiteten sie diese schreckliche Waffe zum Einsatz vor. Am 6. und 8. August 1945 erzwangen die über Hiroshima und Nagagsaki abgeworfenen Atombomben die Kapitulation Japans. Daraufhin stimmte die japanische Regierung den bereits am 26. Juli in Potsdam festgelegten Bedingungen des Abkommens der vier Siegermächte USA, England, Frankreich und Sowjetunion zu. Damit war am 2. September 1945 nach sechs sinnlosen Kriegsjahren dieser ebenso wahnsinnige wie unnötige Krieg zu Ende.

9.9 Nach dem Zweiten Weltkrieg

Nachdem sich im April 1945 50 Nationen der Erde zur Gründung der United Nations (UN) in Francisco zusammengefunden hatten, ratifizierte auch der US-Senat den Beitritt zu dieser Organisation. Damit war der Isolationismus beendet. Solange ein gemeinsamer Gegner vorhanden gewesen war, gab es mit der Sowjetunion keine größeren Spannungen. Als dieser aber nach dem Krieg wegfiel, entwickelten sich diese auf Grund der unterschiedlichen Gesellschaftssysteme zu einem Krieg ohne Waffeneinsatz, dem sogenannten »Kalten Krieg«. Besonders deutlich trat dieser in der Aufteilung von Nachkriegsdeutschland zu Tage, in dem es zunächst eine Ostzone sowie eine Einheit aus drei westlichen Zonen gab. Wegen der ungünstigen, ideologisch bedingten Wirtschaftslage in der Ostzone setzte ein großer Flüchtlingsstrom in Richtung Westen ein, der 1961 zum Bau der Berliner Mauer führte.
Auf Grund der Meinungsverschiedenheiten mit dem Westen bauten die Sowjets eine Blockade rund um Berlin. Dies führte zu einer einjährigen Luftbrücke, bei der US-Flugzeuge Berlin mit Nahrungsmitteln und Brennstoffen versorgten. Unter dem Nachkriegspräsidenten Truman betrieben die Amerikaner eine Politik der Eindämmung der sowjetischen Macht. Dies führte auch zum sogenannten »Marshall Plan«, einer umfas-

senden Wirtschaftshilfe für Westeuropa. Natürlich war dies auch im eigenen Interesse, denn die Länder Europas waren die zukünftigen Handelspartner der USA.
Darüber hinaus wurde 1949 die NATO gegründet, die ein wesentlicher Teil der US-Sicherheitspolitik wurde. Nachdem die Sowjets mit dem erfolgreichen Start ihres ersten Weltraumsatelliten »Sputnik« in den USA einen Schock ausgelöst hatten, begann ein Wettlauf um die Entwicklungen der Weltraumtechnik, letztendlich mit militärischem Hintergrund. Weitreichende Interkontinentalraketen erzwangen auch eine weitreichende Erdbeobachtung, die nur durch Satelliten möglich war.
Durch einen enormen Konjunkturanstieg waren die USA 15 Jahre nach dem Krieg erneut zur führenden, wirtschaftlich reichsten Nation der Welt geworden. Im Zuge dieser Entwicklung trat in den USA eine Stagnation bei der Weiterentwicklung der gesellschaftlichen Ideen ein. Das Materielle hatte das Ideelle zu sehr in den Hintergrund gedrängt. In diese Lücke drang eine neue Bürgerrechtsbewegung vor, die von Afro-Amerikanern getragen wurde. Die bis dato praktizierte Benachteiligung dieser Bevölkerungsgruppe führte 1957 zu einem neuen Gleichstellungsgesetz, dem »Civil Rights Act«, welches der Bundesregierung Interventionsmöglichkeiten bei Nichtbeachtung gab.
Weitere wichtige Ereignisse der 60er Jahre waren die Kubakrise, die Präsidentschaft des Erneuerers John F. Kennedy, seine bis heute nicht vollständig aufgeklärte Ermordung, die Landung der Amerikaner auf dem Mond sowie die großen Rassenunruhen und die Ermordung des Schwarzenführers Martin Luther King.
Auf die weitere zeitgeschichtliche Entwicklung wollen wir hier nicht eingehen, da wir meinen, dass sie jedem aus Schule, Film und Fernsehen genügend bekannt sind.
Wir hoffen, allen Lesern mit diesem kurzen historischen Abriss einen Einblick in das Auf und Ab der amerikanischen Geschichte gegeben zu haben, einer Nation, die – aus eigener Erfahrung klug geworden – den Demokratien in aller Welt bis heute Beistand geleistet hat und auf deren Hilfe wir nicht gern verzichten wollen. Mögen alle zukünftigen Auswanderer in den USA das persönliche Glück und die Verwirklichung ihrer Vorstellungen finden, das diese sich erträumt haben.

Ulrich F. Sackstedt, im Oktober 2008

10. Quellenverzeichnis und weiterführende Literatur

1. Schliewert, USA – Handbuch für Auswanderer, Stuttgart, 2. Aufl. 1997
2. Näth, New York – Ihre zweite Heimat, Stuttgart, 2000
3. Schwartz, Mehnert, Apostel, Der amerikanische Traum, Berlin, 2000
4. Wohlgeschaffen, Mit dem Partner ins Ausland, Bonn, 2000
5. Otte, Amerika für Geschäftsleute, Frankfurt/M, 2. Aufl. 1999
6. Spallek, Aufbruch ins Land der unbegrenzten Möglichkeiten, USA, 1999
7. Watzlawik, Gebrauchsanweisung für Amerika, München, 24. Aufl. 2000
8. Thomä, Unter Amerikanern, München, 2000
9. P. u. C. Tögel, Briefe, die das Leben schrieb, Münster, 1995-2000
10. Krauter, Schmitt, Ludewig, Geographie von A bis Z, Stuttgart 1983
11. Steilberg/Flemmming, Chronik Handbuch Amerika, Gütersloh 1998
12. Mikatavage, Immigrants & Refugees – Create Your New Life in America, Pioneer Living Series, USA, 2. Aufl. 1998
12. Cotter, Crotty, Schütz, USA Phrasebook, Australia, Lonely Planet USA, UK, Frankreich 1995
13. Helbig/Scheicher, Leute aus Amerika, München, 1991
14. Wernick, Handbuch Einwanderung USA, Bonn, 2000
15. Leger,Studieren in USA und Kanada, Frankfurt/M, 1998
16. Blum, Alltag in Amerika, conbook medien Verlag, Kaarst, 2008
17. Schachmann, Arbeiten im Ausland, München, 1997

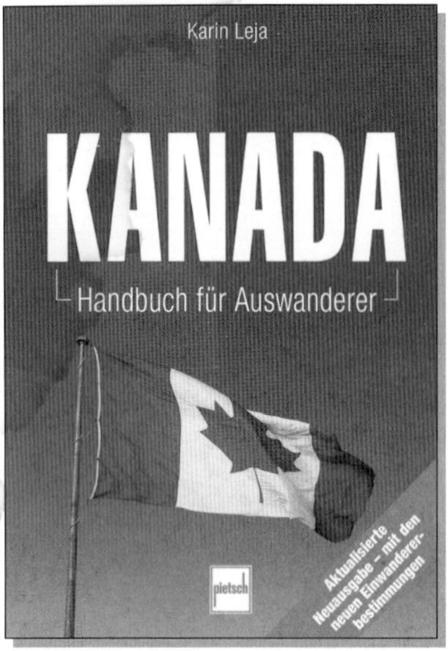

Fernweh

Karin Leja, **Kanada**
Diese aktualisierte Neuauflage zeigt alle Schritte auf dem Weg, die kanadische Staatsbürgerschaft zu erhalten und in der neuen Heimat Fuß zu fassen.
360 Seiten, 42 Farbbilder
Bestell-Nr. 50572 **€ 24,90**

Ulrich F. Sackstedt, **Australien**
Die aktualisierte Neuauflage informiert über Chancen und Risiken in Australien, erläutert Bestimmungen und enthält viele Tipps zum Thema »Travel & Work«.
352 Seiten, 28 Farbbilder
Bestell-Nr. 50573 **€ 24,90**

Jan Leek, **Schweden**
Eine Fülle an Tipps und Adressen, die es leichter machen, in Schweden, aber auch in Norwegen, Finnland, Island und Dänemark Fuß zu fassen.
240 Seiten, 100 Farbbilder
Bestell-Nr. 50601 **€ 24,90**

IHR VERLAG FÜR RATGEBER
Postfach 10 37 43 · 70032 Stuttgart
Tel. (0711) 2108065 · Fax (0711) 2108070
www.paul-pietsch-verlage.de

pietsch

Stand Januar 2009
Änderungen in Preis
und Lieferfähigkeit vorbehalten